信用蓝皮书

社会信用体系建设年度报告

2019

厦门国信信用大数据创新研究院·编著

XINYONG LANPISHU

SHEHUI XINYONG TIXI JIANSHE NIANDU BAOGAO 2019

中国市场出版社
China Market Press
·北京·

图书在版编目（CIP）数据

社会信用体系建设年度报告.2019／厦门国信信用大数据创新研究院编著.—北京：中国市场出版社，2019.12

（信用蓝皮书）

ISBN 978-7-5092-1903-4

Ⅰ.①社… Ⅱ.①厦… Ⅲ.①信用制度-建设-研究报告-中国-2019 Ⅳ.①F832.4

中国版本图书馆CIP数据核字（2019）第277280号

社会信用体系建设年度报告（2019）
SHEHUI XINYONG TIXI JIANSHE NIANDU BAOGAO (2019)

编　　著：	厦门国信信用大数据创新研究院
责任编辑：	宋　涛（zhixuanjingpin@163.com）
出版发行：	中国市场出版社
社　　址：	北京市西城区月坛北小街2号院3号楼（100837）
电　　话：	（010）68034118/68021338/68022950/68020336
经　　销：	新华书店
印　　刷：	河北鑫兆源印刷有限公司
开　　本：	170mm×240mm　1/16
印　　张：	26.25　　　　　　　　　字　数：420千字
版　　次：	2019年12月第1版　　　　印　次：2019年12月第2次印刷
书　　号：	ISBN 978-7-5092-1903-4
定　　价：	78.00元

版权所有 侵权必究　　印装差错 负责调换

《社会信用体系建设年度报告（2019）》

编委会

特别顾问　魏礼群　吴晶妹　黄　伟
主　　编　曾光辉
编写顾问　韩家平　石新中　吴小雁　张　瑜
　　　　　仲丽华
编　　委　（排名不分先后）
　　　　　蓝　军　满　岩　张宇航　何春明
　　　　　顾　斌　黄春晖　张峥妍　王　超
　　　　　金　斌　张丹清　张　红　郭文波
　　　　　林明华　李　伟　张金波　傅　春
　　　　　周　超　吕培超　郭晓凤　李桂超
　　　　　曾　亮　骆　立　陈晟涌　张碧峰

努力为我国社会信用体系建设作贡献

2019年是新中国成立70周年。70年来，我国逐步从传统社会向现代社会转变，社会领域发生着根本性的变革，现代社会治理制度和社会治理体系初步建立。社会信用体系是现代社会治理制度和社会治理体系的重要组成部分，是经济社会发展的重要基础。大力推进社会信用体系建设，有利于转变政府职能、创新监管机制、提高监管能力和水平，有利于促进社会资源优化配置、优化城市营商环境、激发市场主体活力，有利于不断完善社会主义市场经济体制，推动社会主义市场经济健康发展，推进信用经济形成和信用社会建设。

党中央、国务院高度重视社会信用体系建设工作。早在2002年党的十六大报告中就提出："健全现代市场经济的社会信用体系。"2014年，国务院颁布《社会信用体系建设规划纲要（2014—2020年）》，开启了社会信用体系建设的新阶段，引导和推进社会信用体系得以前所未有的发展，社会信用体系建设步入快车道并取得了显著成效。国家社会信用标准体系初步建立，统一社会信用代码制度全面实施，地方信用立法工作获得重大进展，各级信用信息共享平台不断完善，信用联合奖惩成效逐渐显现。2019年出台的《国务院办公厅关于加快推进社会信用体系建设 构建以信用为基础的新型监管机制的指导意见》，加强了以信用为基础的新型监管机制的构建，有力推动着经济高质量发展。

随着全国社会信用体系建设不断向纵深推进，各部门、各地方、各行业、各领域越来越多的工作者投入到社会信用建设的大潮中。社会各界迫切需要一部能快速、准确、有效地掌握社会信用体系建设成效及趋势的读物，以利于政策制定、咨询服务、科学研究和教学等工作。目前国内虽然有一些社会信用建设的书籍，但多聚焦在某一个或某几个细分领域，还缺乏从整体上涵盖社会信用体系建设各方面的书籍。厦门国信信用大数据创新研究院（以下简称国信研究院）编著的信用蓝皮书《社会信用体系建设年度报告（2019）》，集知识性、研究性与实操性为一体，是一部能给人们带来思考和启发的出版物。蓝皮书以总体篇、平台篇、城市篇、专题篇四个篇章，全面、系统、准确地展现了我国社会信用体系建设现状以及2019年各项工作取得的创新性成果，集中反映了我国社会信用体系建设发展脉络，分析了当前社会信用体系建设存在的问题，从学术角度和实用方面为推进我国社会信用体系建设提供了有价值的思考与建议。

厦门国信研究院是集"产、学、研、用、资"为一体的核心应用创新平台，在国家公共信用信息中心和厦门市发展和改革委员会直接指导下，聚焦信用大数据领域，敢为天下先，勇于探索，大胆创新，开拓前进，在服务全国社会信用体系建设、推动信用大数据创新应用、建设信用高端智库等方面做了大量工作，取得了明显成绩，虽然建院时间不长，但开局良好。本书是国信研究院组织编撰出版的第一本信用蓝皮书，从平台构建、城市信用、专题分析等多方面汇集了理论探索和实践创新的成果，这里凝聚了国内信用领域众多专家和实务工作者的心血和智慧。尽管此书中还存在一些有待深入探讨的方面，但总体来说这是一部理论和实践密切结合、知识性和实用性兼具的研究社会信用体系的重要读物，能为广大干部群众特别是信用工作者提供重要参考。我作为国信研究院专家委员会主任，对本书的出版感到欣慰。

中国社会信用体系已进入全面建设的时期，必将随着我国社会主义市场经济不断发展和社会治理现代化不断推进而快速发展,社会信用建设大有可为,前景不可限量。我相信,国信研究院还会再接再厉,奋发进取,取得更多的学术创新、理论创新和实践创新的优质成果,为我国社会信用体系建设做出应有的贡献。

在信用蓝皮书《社会信用体系建设年度报告(2019)》即将问世之际,应约写了以上这些文字。是为序。

魏礼群

2019 年 11 月

前言 PREFACE

信用是获得信任的资本，良好的社会信用关系是全社会的资本与财富。信用社会的创建离不开社会信用体系建设，社会信用体系建设是社会治理的重要一环，是市场经济体制中重要的创新性制度安排，在法律和道德之间有着很大发挥空间，无论在道德层面还是经济层面，信用建设都越来越受到各级政府、各行各业人们的重视。

2018年11月，厦门国信信用大数据创新研究院挂牌成立，应国家公共信用信息中心邀请，我有幸受聘成为国信研究院的名誉院长。在当时的座谈会上，我谈到国信研究院要在国内乃至国际产生影响，应该联合国内的信用大数据领域所有科研力量和有实力的业界企业，同时还要联合国际方面的资源，快速做大做强。一年下来，我很高兴地看到国信研究院以建设国家级信用高端智库为目标，联合许多国内信用方面的专家，在信用界不断发声，做出了一些成绩。

信用蓝皮书《社会信用体系建设年度报告（2019）》是国信研究院成立一周年的重要成果之一。本书共分为四篇：一是总体篇，简要总结了截至2019年社会信用体系建设的主要成效，包括信用立法、信用信息平台、联合奖惩、城市信用监测及个人信用建设，探讨了目前的主要困境和未来的整体发展方向。二是平台篇，主要从信用信息归集、共享、应用及其标准化的角度，介绍了全国性、地方性、行业性信用平台建设情况。三是城市篇，以城市信用建设为主线，概括了全国城市信用监测、信用竞赛评比、信用示范城市创建及多个典型城市信用建设的创新做法。四是专题篇，针对信用立法、联合奖惩、信用承诺、信用修复、信用信息安全、行业协会与行业信用建设、个人信用建设、信用基金会等多个当前社会信用体系建设的重点热点，客观展现了当前的建设情况并提出下一步建设建议。

本书在构思编写之初即希望能为读者展现出一幅完整、全面的社会信用体系建设画卷，因此在当前四个篇章的基础上，还包含行业篇、市场篇、区域篇和国际篇，这四个篇章系统总结了政务诚信、商务诚信、社会诚信、司法公信建设，信用服务机构、产品、人才、产业市场，以及京津冀、长三角、粤港澳大湾区、两岸信用、"一带一路"乃至国际信用评级建设发展情况，但在实际出版时，考虑到体量过大等原因，为提高可读性，将此四个篇章规划至2020年初出版，作为对《社会信用体系建设规划纲要（2014—2020年）》的总结。本书组织编写的时间较为仓促，内容也有不尽完善和有待进一步探讨之处，但相信两本信用蓝皮书都能为信用工作者们带来一些思考和启发。

信用作为市场经济运行的前提与基础，伴随着我国市场经济体制的日益完善而不断发展，在信息技术日新月异蓬勃发展的今天，社会信用体系建设也迎来了崭新的春天，信用建设之路渊远而流长。

中国人民大学财金学院教授
信用管理研究中心主任
吴晶妹
2019年11月

目录

第一篇 总体篇

一、社会信用体系建设主要成效 /003

（一）信用法制化取得积极进展 /003

（二）信用信息化基础设施建设优化升级 /004

（三）联合奖惩机制有效落地 /004

（四）信用为基础的新型监管机制初步建立 /005

（五）城市信用监测与信用示范成效显著 /005

（六）个人信用建设取得突破 /006

二、存在主要问题 /006

（一）法治规范和组织机构有待加快建立完善 /006

（二）公共信用信息基础设施建设有待进一步完善 /007

（三）信用联合激励与惩戒机制有待完善健全 /008

（四）信用服务市场体系发挥作用不足 /008

（五）信用主体权益保障有待加强 /009

三、社会信用体系建设展望 /009

（一）全面加强社会信用体系建设的法制化、规范化保障 /009

（二）进一步夯实社会信用体系建设的信息化基础 /010

（三）进一步加强信用信息资源综合开发和利用 /010

（四）全面构建以信用为基础的新型市场监管体系 /010

（五）切实加强社会信用主体权益保护 /011

（六）不断深化社会信用体系宣传、教育和研究 /011

第二篇
平 台 篇

第一章　信用信息标准化建设 /015

　　第一节　统一社会信用代码及代码对照库 /016

　　第二节　信用标准化技术委员会建设 /021

　　第三节　信用信息标准体系 /033

第二章　信用信息归集和共享 /039

　　第一节　公共信用信息归集和共享 /040

　　第二节　市场信用信息归集和共享 /045

　　第三节　公共信用信息与市场信用信息融合 /049

第三章　信用信息共享平台 /055

　　第一节　全国信用信息共享平台 /056

　　第二节　地方信用信息共享平台 /062

第四章　重点行业重点领域信用信息共享平台 /067

　　第一节　征信系统 /068

　　第二节　企业信用信息公示系统 /074

第五章 "信用中国"网站 /081
第一节 "信用中国"网站建设 /082
第二节 地市信用门户网站建设 /086

第三篇 城市篇

第一章 城市信用状况监测评价 /093
第一节 城市信用状况监测背景 /094
第二节 全国城市信用状况监测总况 /098
第三节 城市信用建设建议及发展趋势预测 /116

第二章 信用示范城市创建 /121
第一节 创建信用示范城市的意义 /122
第二节 创建信用示范城市的目标及开展现状 /127
第三节 创建信用示范城市的标准 /131
第四节 创建信用示范城市的评估体系 /136

第三章 城市信用综合竞赛 /147
第一节 城市信用建设高峰论坛 /148
第二节 城市信用平台网站建设观摩培训活动 /153
第三节 全国信用App观摩活动暨社会化信用服务现场会 /158

第四章 城市信用与营商环境 /163
第一节 营商环境指标的信用释义 /164
第二节 城市信用优化营商环境的路径 /168

第五章　典型城市信用建设　/175
　　第一节　杭州：探索打造最讲信用城市　/177
　　第二节　南京：围绕全市中心工作，彰显信用基础功能　/182
　　第三节　上海：大力彰显信用力量，信用让上海更美好　/188
　　第四节　北京：诚信助力首都优化营商环境　/195
　　第五节　厦门：强化信息技术应用，夯实社会信用体系
　　　　　　　建设基础　/202
　　第六节　苏州：多领域夯实信用体系基础建设　/208
　　第七节　义乌："信用+"赋能改革，打造商贸诚信高地　/215
　　第八节　荣成：深耕信用体系建设，创建荣成信用范本　/221

第四篇　专题篇

第一章　地方信用立法实践　/229
　　第一节　地方信用立法现状　/230
　　第二节　地方信用立法主要内容　/235
　　第三节　地方信用立法展望　/242

第二章　信用联合奖惩　/257
　　第一节　守信联合激励　/258
　　第二节　失信联合惩戒　/263
　　第三节　失信风险预警　/270

第三章　个人信用　/279
　　第一节　公共领域个人信用分　/280
　　第二节　市场领域个人信用分　/293

第四章 信用承诺制度 /303

第一节 主动承诺型承诺和行业自律型承诺 /306

第二节 审批替代型信用承诺 /310

第三节 容缺受理型信用承诺 /317

第四节 失信修复型承诺 /320

第五节 信用承诺的地方创新与实践 /323

第五章 信用修复 /331

第一节 信用修复基本理论 /332

第二节 信用修复制度的实践及展望 /338

第六章 信用信息安全 /343

第一节 信用信息安全管理制度 /344

第二节 信用信息安全技术 /350

第七章 行业协会与行业信用建设 /359

第一节 行业协会在信用建设中的作用 /360

第二节 行业协会推动行业信用建设典型案例 /367

第八章 信用基金会 /377

第一节 信用基金会设立情况 /378

第二节 信用基金会主要工作成效 /389

第三节 信用基金会展望 /396

后 记 /403

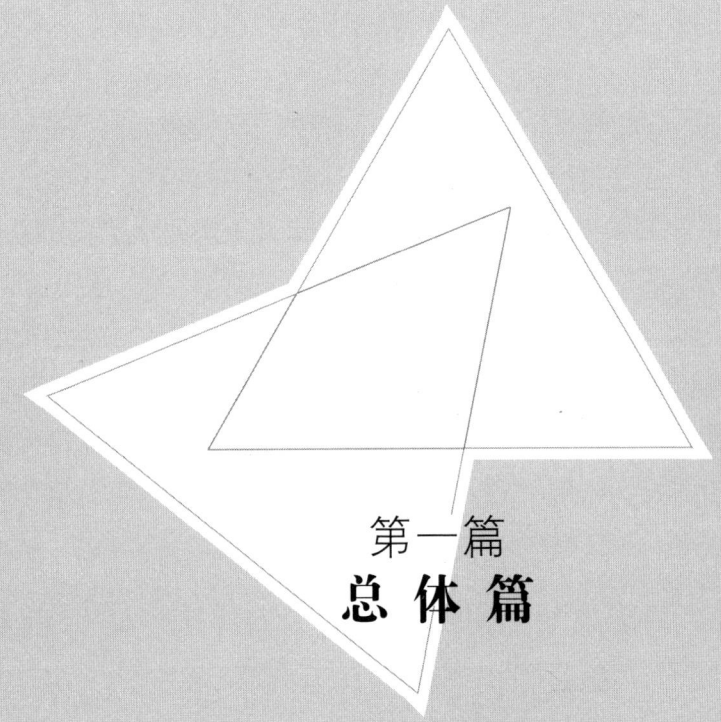

第一篇
总体篇

曾光辉　郭文波*

---

* 曾光辉，厦门国信信用大数据创新研究院执行院长，高级经济师；郭文波，西安交通大学管理学院博士、博士后。

一、社会信用体系建设主要成效

（一）信用法制化取得积极进展

国家层面信用立法工作正在稳步推进。社会信用方面立法列入全国人大常委会立法规划，《中华人民共和国社会信用法》《公共信用信息管理条例》《统一社会信用代码管理办法》等法律法规已形成初稿。地方层面信用立法取得实质突破。陕西、湖北、上海、河北、浙江、宿迁、厦门等7个省市已出台信用建设地方性法规，广东、重庆、甘肃、辽宁等地已将信用立法工作列入政府年度立法计划，南京、河南、贵州、山东等地已起草信用立法相关草案。

各领域信用顶层设计更加健全。中央深改领导小组会议审议通过《关于加快推进失信被执行人信用监督、警示和惩戒机制建设的意见》《关于加强政务诚信建设的指导意见》《关于加强个人诚信体系建设的指导意见》《关于全面加强电子商务领域诚信建设的指导意见》等，国务院印发《关于建立完善守信联合激励和失信联合惩戒制度 加快推进社会诚信建设的指导意见》。各有关部门根据工作需要，出台了一批规章和规范性文件，国家发展改革委、人民银行印发《关于加强和规范守信联合激励和失信联合惩戒对象名单管理工作的指导意见》《关于对失信主体加强信用监管的通知》，最高人民法院修订印发《关于公布失信被执行人名单信息的若干规定》，税务总局修订发布《重大税收违法失信案件信息公布办法》，国家公共信用信息中心编制《全国信用信息共享平台公共信用信息管理暂行办法》，民政部、海关总署、证监会、民航总局、统计局、铁路总公司等有关部门和单位出台完善相关领域信用管理办法。国家标准委累计发布信用基本术语、企业信用评价指标等54项信用类国家标准，全国共有20个省市区发布合计98项地方性信用标准，各层面信用标准体系不断健全。

（二）信用信息化基础设施建设优化升级

建成全国信用信息共享平台，成为信用信息归集共享的"总枢纽"，现已联通44个部门、32个省和70家市场机构，并与国家人口库建立了信息核查与叠加机制，归集各类信用信息将近400亿条，实现了信息查询、异议处理和联合奖惩等功能。"信用中国"网站成为社会信用体系建设领域沟通社情民意、推进信用信息公开的"总窗口"，向社会公众提供"一站式"的查询服务，目前已累计公开企业工商登记基础信息、行政许可、行政处罚及红黑名单等信用信息超过2.65亿条，总访问量超过145亿次。统一社会信用代码基本实现全覆盖，新注册主体全部实现"源头赋码、一户一码"，总赋码主体超过1个亿，存量代码转换任务100%完成。统一社会信用代码在各领域广泛应用，基本实现"一照一码"走天下。为落实党中央、国务院关于促进中小企业健康发展的决策部署，在国家发展改革委指导下，国家公共信用信息中心启动全国中小企业融资综合信用服务平台建设，依托全国公共信用信息共享平台归集的信用信息，提升信用服务中小企业融资发展的能力，加强信用信息整合和深度运用，完善金融机构与中小企业信息对接机制，通过信用手段提高信用状况良好的中小企业的贷款可得性。

（三）联合奖惩机制有效落地

截至目前，已有60多个部门累计签署51个联合奖惩合作备忘录，推出联合奖惩措施100多项。建立了15个领域红黑名单制度，17个领域建立发布了红黑名单，发布黑名单信息约1659万条，重点关注名单信息约1164万条，红名单信息约373.3万条。在对守信主体的联合激励方面，启动以"信易批""信易贷""信易租""信易行""信易游"为主要内容的"信易+"工作，创新拓展守信激励应用场景，切实增强了守信主体的获得感。在对失信主体的联合惩戒方面，截至2019年6月底，全国法院累计发布失信被执行人名单1443万人次,累计限制购买飞机票2682万人次,限制购买动车高铁票596万人次,437万失信被执行人慑于信用惩戒主动履行法律义务。限制失信企业获得政府性资金支持近千亿元。

(四)信用为基础的新型监管机制初步建立

国务院印发《关于加快推进社会信用体系建设 构建以信用为基础的新型监管机制的指导意见》,建立健全贯穿市场主体全生命周期,衔接事前、事中、事后全监管环节的新型监管机制,不断提升监管能力和水平,进一步规范市场秩序,优化营商环境,推动高质量发展。广泛开展信用承诺推动行政审批加快办理。推动"证照分离"改革,部分地区率先实施行政审批告知承诺制。部分地区开展企业投资项目信用承诺制改革试点,对符合条件的项目,企业按规定提交书面承诺并公示,除环保等法定事项须在开工前完成许可手续外,能评、安全、规划等事项并联审验通过即可开工建设。以信用分类、信用评价为抓手加强事中事后监管。有关部门按照信用风险对监管对象进行分级分类,将高风险企业作为监管重点,显著提高了监管的针对性和有效性。例如,2019年,全国共有2569.31万户企业取得了纳税信用级别。其中,A级纳税人125.58万户,占比4.88%;B级纳税人1036.92万户,占比40.36%;M级1109.59万户,占比43.19%;C级117.04万户,占比4.56%;D级180.17万户,占比7.01%。

(五)城市信用监测与信用示范成效显著

城市信用监测已实现全国661个城市全覆盖。截至2018年底,全国地级以上城市加权平均综合信用指数达到81.57,较2017年底上升4.59分,城市整体信用状况明显提升。2018年1月9日,国家发展改革委办公厅、中国人民银行办公厅明确杭州市、南京市、厦门市、成都市、苏州市、宿迁市、惠州市、温州市、威海市、潍坊市、义乌市、荣成市等12个城市为首批社会信用体系建设示范城市。2019年8月,确定青岛市、武汉市、鞍山市、上海市浦东新区、上海市嘉定区、无锡市、合肥市、淮北市、芜湖市、安庆市、福州市、莆田市、郑州市、宜昌市、咸宁市、泸州市等16个城市（区）为第二批社会信用体系建设示范城市（区）。目前已组织80多个城市积极开展示范创建工作。

（六）个人信用建设取得突破

个人诚信是社会诚信的基石。所以，"个人诚信分"工程有利于助推信用社会的构建。城市个人信用分是推进城市个人诚信建设，打造信用城市的重要组成部分，也是直观展现市民诚实守信情况的有效载体。目前，已有多地推出城市"信用分"工程，助推信用社会构建。截至目前，已有21座城市正式推出了地方性的个人信用分，如杭州市"钱江分"、厦门市"白鹭分"、苏州市"桂花分"、宿迁市"西楚分"、威海市"海贝分"、郑州市"商鼎分"等。以"桂花分"为例，"桂花分"是苏州市与蚂蚁金服合作，首创的融合"数据+模型+场景"的市民信用评价产品。通过五大维度，22大类243个评分指标项形成个人评分体系，满分200分。苏州市推出多项以"桂花分"为信用基础的"信易+"服务，通过实名授权后享受系列优惠权益。总体来看，城市信用分还将被广泛应用到图书馆免押金借阅、乘车、智慧医疗信用付、信用租房等各种民生信用服务，为市民生活的方方面面提供便利。

二、存在主要问题

（一）法治规范和组织机构有待加快建立完善

社会信用建设缺乏上位法支撑。目前还没有一部全国性的信用管理法律法规。国家层面社会信用立法缺失，只是在《中华人民共和国刑法》《中华人民共和国民法通则》《中华人民共和国合同法》《中华人民共和国证券法》《中华人民共和国保险法》和《中华人民共和国消费者权益保护法》中，零散地涉及社会信用体系建设的部分立法，但过于分散、缺乏深度，不足以对社会或企业的各种失信行为形成强有力的法律约束。目前立法工作有所进展，但存在不少争议难题，进度明显慢于实践需要。

全国统一的组织架构有待建立健全。在国家层面，社会信用体系建设部际联席会议制度属临时议事协调制度，领导层级和协调力度与信用体系建设新发展阶段艰巨繁重的任务不适应不匹配。在地方层面，各地组织架构形式层级不一，有的成立了领导小组，有的设立了联席会议制度，有的是省政府主要领导挂帅，有的是常务副省长牵头，各地方在领导重视程度、机构设置、资源配置上不均衡现象较为突出。

（二）公共信用信息基础设施建设有待进一步完善

一是信用数据分布范围广、信息种类多、归集难度大。公共信用信息产生于依法行使公共职能的部门，部门包括行政机关、司法机关以及依法行使公共管理（服务）职能的企、事业单位和社会组织。这些部门分布在不同的地域、属于不同的领域，部门的信息化程度不同，信息产生的机理不同，所处的网络环境也不尽相同，导致信用数据分布范围广，数据质量也存在很大差异，信用信息又存在大量敏感和保密信息，这些基本情况都为信用信息的归集增大了难度。二是信用数据归集方式缺乏有效的管理，收集的可利用和有效数据比例不高。在信用数据归集过程中，全国信用信息共享平台提供了四种归集方式，但在实际操作中存在以下问题：基于前置数据库的对接，存在业务数据单方结构变动造成接口失效缺失数据，数据报送一次以后很难主动持续报送，报送单位系统承建商或者接口变动造成报送过程无人维护等问题；平台直接上传时，存在由于数据格式出现问题无法上传，时效得不到保证，需要反复跟踪等问题。三是全国信用信息共享平台归集公共信用信息后，生成信用主体的信用档案和各类信用主题，共享给对信用信息有需求的各级部门、各类机构，这些部门和机构同样分布在不同的地域和领域。目前，信用信息的共享和归集使用相同的渠道和手段，需要多级平台支撑，存在部分情况不能快速响应各类诉求，并且不能满足各类部门和机构的多元化需求，为了保证数据共享的可靠安全还存在降级服务的情况。

（三）信用联合激励与惩戒机制有待完善健全

一是信用联合奖惩机制缺乏法律依据。目前，信用联合奖惩机制执行过程中面临缺乏上位法依据的困境，执行力度不够。二是惩戒措施多，激励措施少。在已出台的备忘录中，守信联合激励备忘录5个，失信联合惩戒备忘录43个，既包含守信激励又包含失信惩戒的备忘录3个。失信问题难以根治的一个重要原因，就是失信的成本低。很多时候失信不仅不需要付出代价，反而能捞到好处。在有的领域，"守信吃亏、失信得利"大行其道。很多严重违法失信行为，就算被监管部门查处，多半是一罚了之，信息不公开、不共享，没有全社会的共同监督。这对市场公平竞争缺乏对守信者进行褒扬和奖励的制度性安排，守信激励还不到位。三是各行业领域的守信激励和失信惩戒的信用评价指标体系尚未完全统一，守信信息和失信信息采集范围不尽相同，直接导致目前部分部门掌握的信用信息"含金量"较低，难以准确地评估各信用主体的信用状况，影响了联合奖惩标准的社会认可度和权威性。

（四）信用服务市场体系发挥作用不足

一是信用服务供需双重不足。市场缺乏现代信用意识，供给侧缺少高质量、有价值的数据产品，难以有效激活需求侧，影响了信用交易市场规模的扩大和支撑风险决策的有效性，供需双重不足且恶性循环。二是信用服务机构能力不足。信用服务机构相互间差异较大，市场化程度也有很大的不同。大多数信用服务机构规模有限、效率低下、合规性差，商业模式单一，同质化低效竞争普遍，同时对政府依赖性比较强，不具备做大做强的核心能力。三是信用服务领域专业人才匮乏，目前主要由IT技术人员推动，对业务的理解和把握距离满足市场真实需求还有较大差距。

(五) 信用主体权益保障有待加强

一是信用修复和异议处理渠道不够畅通。目前，由于各级信用门户网站的信用修复和异议处理渠道没有打通，信息更新反馈不及时，常常致使信用主体要针对不同级别信用网站进行重复或多次信用修复和异议申请，大大增加了信用主体修复信用和异议申诉的难度。二是相关法律法规不健全。信用修复和异议处理规则虽然已陆续建立，但其效力层级相对较低、零散且不够完善。如何运用法治思维和法治方式构建信用修复和异议处理机制，明确信用修复标准和异议处理规范，进一步提升我国信用建设体系化、制度化水平，是我国社会信用体系建设的重要任务。三是部门职责不明晰。在信用修复和异议处理的实际操作过程中，存在各部门责任义务不明确，受理办理信用修复和异议的效率低的问题。

三、社会信用体系建设展望

(一) 全面加强社会信用体系建设的法制化、规范化保障

按照基本法定位，加快推进《中华人民共和国社会信用法》立法进程，使其成为中国特色社会主义法律体系的重要组成部分，为社会信用体系建设提供基本遵循。构建完善涵盖信用信息归集、管理、开放、应用、信用奖惩、主体权益保护等社会信用体系建设关键环节的法律法规体系。按照"急用先行、分类推进，成熟一批、发布一批"的原则，建立全国统一的公共信用信息目录标准、分类和共享开放标准、系统和网站建设标准、接口技术标准、信息安全技术标准、数据质量校验标准以及基础性公共信用产品规范、信用异议和信用修复流程服务规范，全面提升各地各部门社会信用体系建设的协调性，在规范基础上促创新。

（二）进一步夯实社会信用体系建设的信息化基础

以全国信用信息共享平台为总枢纽、"信用中国"网站为总窗口，以金融信用信息数据库个人征信系统和企业征信系统、国家企业信用信息公示系统、各行业重点信用平台网站为支撑，以省市信用平台网站为节点，构建一体化平台网站群，加快全国公共信用信息资源高效流转、广泛汇聚、全面整合和有序发布，提升平台网站服务能力和水平，夯实社会信用体系建设的信息化基础。

（三）进一步加强信用信息资源综合开发和利用

加快信用信息资源有序开放，构建公共信用产品体系。深化"互联网+政务服务""互联网+监管"，构建一体化政务服务平台，依托各地各部门政务服务信息化系统，推动公共信用信息及产品在行政审批、行政监管、公共服务、公共资源交易等行政事项政务服务中的应用，构建覆盖事前、事中、事后全流程全环节的信用综合监管体系，有力支撑行政效率提升，全面优化公共资源配置。开展信用监测预警，拓展信用风险监测应用场景，应用大数据技术，建立信用监测预测模型，开展信用监测及关联风险、区域风险、行业风险专题分析，并通过信用信息平台，可视化展示信用态势和风险，提升治理能力；实时监测区域信用状况，实现信用风险预警，加强失信行为治理和失信风险防范，为专项治理提供数据说话、数据管理、数据决策。开展信用分析应用，全面开展信用大数据应用，通过技术革新丰富信用产品，提升从信用数据归集到信用数据应用的转换效率。

（四）全面构建以信用为基础的新型市场监管体系

以习近平新时代中国特色社会主义思想为指导，深入贯彻落实党的十九大和十九届二中、三中全会精神，按照依法依规、改革创新、协同共治的基本原则，以加强信用监管为着力点，创新监管理念、监管制度和监管方式，建立健全贯穿市场主体全生命周期，衔接事前、事中、事后全监管环节的新型监管机制。建立健全信用承诺制度，探索开展经营者准入前的诚信教育，积极拓展信用报告，深入开展公共信用综合评价，大力推进信用分级分类监管，深入开展失信联合惩戒，充分发挥"互联网+"、大数据对信用监管的支撑作用。

（五）切实加强社会信用主体权益保护

加强主体信用修复监管，失信主体在修复过程中有弄虚作假、故意隐瞒事实等行为的，经查实后作为不良信息纳入其信用档案。对完成信用修复的主体，在行政审批、市场监管、公共服务等过程中，相应解除约束和限制措施。推动市场主体、社会组织、行业协会商会等，在产品交易、金融信贷、市场服务、会员管理等过程中，不再对相关主体进行限制或提供差别化产品和服务。推动各地各部门加强信息安全建设，明确信用信息安全管理责任，切实加强信用信息归集、共享、使用等各环节的安全防护。加强个人隐私、商业秘密的保护，严格执行采集、查询和使用的权限和程序。建立完善信用信息安全应急处理和责任追究机制，实行全国统一信用信息安全等级保护，确保信用数据全过程留痕。

（六）不断深化社会信用体系宣传、教育和研究

深入开展诚信宣传教育活动，普及信用文化知识，推广社会信用体系建设成果和经验，加强诚信文化建设，全面营造"诚实守信"的社会环境。注重正面引导，挖掘诚信典型事例，加强典型宣传，使诚实守信成为全社会的自觉追求。大力发掘诚信企业、诚信人物、诚信群体、诚信社区，加强对守信行为的表彰和宣传。推进诚信创建活动进机关、进企业、进学校、进社区、进村镇、进家庭，努力提高各类社会主体的信用意识。加强对信用理论、信用经济发展、信用评价标准和方法、信用立法等基础理论和重大问题的研究，提高我国社会信用体系建设的前瞻性、系统性和科学性。推动各地方之间的信用研究交流，支持高校、社会研究机构、信用服务机构等针对重大理论和实践问题开展联合研究。

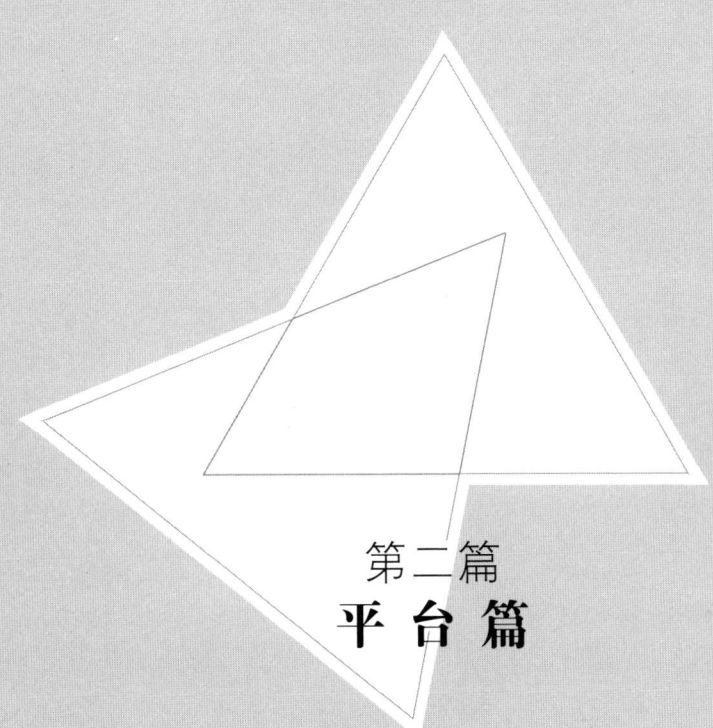

第二篇
平台篇

第一章
信用信息标准化建设

标准是经济活动和社会发展的技术支撑,是国家治理体系和治理能力现代化的基础性制度。信用标准的建设,有利于促进城市、区域、行业间信息与产品的互联互通,有利于推动信用服务市场的快速发展,有利于推动社会信用体系建设的制度化、规范化、程序化,营造全社会知信、守信、用信的良好氛围。

第一节　统一社会信用代码及代码对照库

蒋凯元[*]

长期以来，我国机构代码不统一，"多头赋码""多码并存"，缺乏有效协调管理和信息共享机制，多数代码仅应用于各部门内部管理，一些部门信息数据相互割裂封闭，存在"信息孤岛"问题。2015年10月1日，国家标准委发布的强制性国家标准《法人和其他组织统一社会信用代码编码规则》正式实施。我国以统一社会信用代码和相关基本信息作为法人和其他组织的"数字身份证"，成为管理和经营过程中法人和其他组织身份识别的手段。

一、实施统一社会信用代码具有重要意义

实行统一的社会信用代码有利于实现全社会的信息共享，有利于推动全社会的信用体系建设，有利于推动正在进行的商事制度改革，有利于推动简政放权、放管结合，也有利于为市场主体提供更好的服务。以统一社会信用代码为索引，将分散在各部门、各地区、各领域的信用记录归集整合到当事主体名下，有效实现各部门、各地区间信息交换共享，在提高政府行政效能的同时，也为褒扬诚信、惩戒失信创造条件，推动社会信用体系建设。

---

[*] 蒋凯元，国家公共信用信息中心信息资源管理处副处长，高级工程师。

二、统一社会信用代码的特点

统一社会信用代码从唯一、统一、共享、便民和低成本转换等角度综合考虑,是一组长度为18位的用于法人和其他组织身份识别的代码。为便于行业管理和社会识别,统一社会信用代码的第一、二、三部分体现了登记管理部门、机构类别和登记管理机关行政区划,包括1位登记管理部门代码、1位机构类别代码、6位登记管理机关行政区划码,兼容了之前各登记管理部门行之有效的有含义代码功能。为保证唯一性和稳定性,第四部分设计为9位主体标识码(组织机构代码),充分体现了以组织机构代码为基础建立法人和其他组织统一社会信用代码制度的要求。为防止出现错误,第五部分设计为1位校验码。统一社会信用代码有以下四个特性:

(一)唯一性

统一社会信用代码及其蕴含的9位主体标识码(组织机构代码)在全国范围内是唯一的。一个主体只能拥有一个统一代码,一个统一代码只能赋予一个主体。主体注销后,该代码将被留存,保留回溯查询功能。例如,一个主体由事业单位改制为企业,按照法定程序,需依法注销该事业单位,再设立新企业。新设立企业是一个新主体,需赋予新的统一代码,同时源代码予以留存。

(二)兼容性

统一代码最大限度地兼容原有各类机构代码,既能体现无含义代码的稳定可靠,又能发挥有含义代码便于分类管理的作用,最大限度地减少改造成本。统一代码在第二、三部分设计了机构类别代码和登记管理机关行政区划码,与工商注册号、事业单位证书号、机构信用代码相应部分含义一致。第四部分主体标识码采用组织机构代码,保证了统一代码与组织机构代码有效衔接。

（三）稳定性

统一代码一经赋予，在其主体存续期间，即使主体信息发生任何变化，统一代码均保持不变。例如，法人和其他组织迁徙或变更法定代表人、经营范围等，均不改变其统一代码。

（四）全覆盖

统一代码制度实施后，对新设立的法人和其他组织，在注册登记时发放统一代码；对已设立的法人和其他组织，通过适当方式换发统一代码，实现对法人和其他组织全覆盖。

三、社会信用代码对照库建设情况

由于统一社会信用代码推进进度等方面的原因，2017年前产生的历史信用数据大多使用各部门的机构代码（如主体工商注册号、组织机构代码、纳税人识别号等）进行索引，根据国家相关政策要求，以及为了全面、真实地反映主体的信用情况，必须将原来通过机构代码索引的信用信息，转换为通过统一社会信用代码进行索引，为此必须建立起统一社会信用代码和原各机构代码的映射关系，即统一社会信用代码与其他部门机构代码对照库（以下简称"代码对照库"）。

（一）代码对照库的建设情况

代码对照库是全国信用信息共享平台的重要组成部分，通过从市场监管总局、民政部、中央编办、全国组织机构统一社会信用代码数据服务中心及全国31个省区市信用平台等信源单位采集数据，进行数据加工，截至2019年8月末，代码对照库入库数据从2019年1月的4753万条增长到10704万条，数据量翻番。数据的详细情况如下：

按照主体类别分类。包括企业法人5997万条，占比56.03%；个体工商户 4451 万条，占比 41.58%；政府机构 30 万条，占比 0.28%；事业单位 121 万条，占比 1.13%；社会组织 88 万条，占比 0.82%。

按照代码类型分类。包括统一社会信用代码 9222 万条，主体覆盖率 86.15%；工商注册号 9370 万条，主体覆盖率 87.54%；组织机构代码 8246 万条，主体覆盖率 77.04%；纳税人识别号 1246 万条，主体覆盖率 11.64%。若剔除市场监管总局吊销和注销企业（剔除后代码对照库入库数据为 8590 万条），统一社会信用代码 8516 万条，主体覆盖率 99.14%；工商注册号 7280 万条，主体覆盖率 84.75%；组织机构代码 7594 万条，主体覆盖率 88.4%；纳税人识别号 1003 万条，主体覆盖率 11.68%。

（二）代码对照库的服务情况

代码对照库依托电子政务外网，面向各级信用平台以及各类电子政务系统，主要提供代码推送、代码接口和代码查询三项服务。

1. 代码推送服务

按周更新统一社会信用代码对照库，并推送给全国 31 个省区市及新疆生产建设兵团信用平台，同时按照各部委的需求及时推送。

2. 代码接口服务

完成对全国 31 个省区市代码查询接口使用培训，向地方推荐代码接口服务。截至目前，已为安徽、上海、山东等 7 个省区市开通接口。

3. 代码查询服务

代码对照库在信用平台政务外网门户网站面向政务工作者提供代码查询服务，支持全文检索及模糊查询。将代码对照库数据全量推送"信用中国"网站并及时更新，对外提供代码查询服务。

四、社会信用代码对照库的建设规划

2019 年《国务院办公厅关于加快推进社会信用体系建设 构建以信用

为基础的新型监管机制的指导意见》文件要求"完善法人和非法人组织统一社会信用代码制度,以统一社会信用代码为标识,整合形成完整的市场主体信用记录,并通过'信用中国'网站、国家企业信用信息公示系统或中国政府网及相关部门门户网站等渠道依法依规向社会公开",明确了信用信息以统一社会信用代码为标识的制度。

为贯彻落实文件精神,更好地发挥代码对照库的各项服务功能,下一步,将从补充各类代码数据、扩充代码类型范围等方面不断完善代码数据库,提高代码对照库数据质量,实现信用主体档案自动生成功能,逐步扩大代码服务范围。

(一) 补充各类代码数据

代码对照库对已归集的统一社会信用代码、组织机构代码、工商注册号、纳税人识别号等四类代码进行了整合,后续将分别与市场监管总局、全国组织机构统一社会信用代码数据服务中心、税务总局等单位联系沟通,补充完善剩余代码。同时,将从法人库、地方信用平台上报数据中进一步补全。

(二) 扩充代码类型范围

目前代码对照库已经归集了比较常用的统一社会信用代码、工商注册号、组织机构代码、纳税人识别号(三证合一范围),现已与海关总署初步沟通,后续将对海关登记证号进行数据对接,用于扩充代码对照库数据范围,提高代码对照库数据质量。

(三) 完善信用主体档案

通过与全国信用信息共享平台公共信用基础库的对接,实现存量数据的代码映射,将各类不存在统一社会信用代码数据或代码数据不完整的代码进行补全,最终关联到同一信用主体名下,支持实现信用主体档案自动生成功能。

(四) 扩大代码服务范围

在目前向部委、地方提供代码推送、接口、查询服务的基础上，根据部委、地方的特定需求，提供定制化服务。此外，充分了解社会机构对代码数据的需求，逐步与已签约社会机构、未签约社会机构开展代码对照库的相关服务。

第二节 信用标准化技术委员会建设

张金波[*]

社会信用标准委员会承担着信用标准化建设的重要职责，在国家和地方的高度重视下，全国社会信用标准化技术委员会于2016年2月成立，多个省市也相继成立信用标准化技术委员会，不断加快着信用标准建设的步伐。

一、综述

（一）定义

1. 标准及标准化的定义

标准是指"通过标准化活动，按照规定的程序经协商一致制定，为各种活动或其结果提供规则、指南或特性，供共同使用和重复使用的文件"[1]。

---

[*] 张金波，北京昌平科技园发展有限公司信用总监。
[1] 本定义引自 GB/T 20000.1—2014《标准化工作指南 第1部分：标准化和相关活动的通用术语》，定义3.1。

标准化是指"为了在既定范围内获得最佳秩序，促进共同效益，对现实问题或潜在问题确立共同使用和重复使用的条款以及编制、发布和应用文件的活动"[1]。

从上述两个定义可以看出，"标准"是文件，"标准化"是活动。

2. 专业标准化技术委员会定义

根据原国家质量监督检验检疫总局2017年公布的《全国专业标准化技术委员会管理办法》，"专业标准化技术委员会"是在一定专业领域内，从事国家和地方标准起草和技术审查等标准化工作的非法人技术组织（本定义仅限于公益标准）。此外，原国家质量监督检验检疫总局、国家标准化管理委员会于2017年联合发布的《团体标准管理规定》全文没有关于"团体标准化（技术）委员会"的提法，仅在第八条要求社会团体应建立具有标准化管理协调和标准研制等功能的内部工作部门；第九条关于标准制定方的要求，如"应当遵循开放、透明、公平的原则，吸纳生产者、经营者、使用者、消费者、教育科研机构、检测及认证机构、政府部门等相关方代表参与"，这与《全国专业标准化技术委员会管理办法》第七条"技术委员会由委员组成，委员应当具有广泛性和代表性，可以来自生产者、经营者、使用者、消费者、公共利益方等相关方"的要求基本一致。

基于上述法律规定，目前已开展标准化工作的社会团体均参照国家和地方"专业标准化技术委员会"要求，成立本团体的"标准化技术委员会"，名称不尽相同，如"标准化委员会""标准化工作委员会""标准化管理委员会""标准化专家委员会"等。但值得一提的是，国家、地方的"专业标准化技术委员会"属于"非法人技术组织"，而社会团体的"标准化技术委员会"属于社团法人的分支机构。为便于论述，本文仅统计国家、地方的"专业标准化技术委员会"。

---

[1] 本定义引自 GB/T 20000.1—2014《标准化工作指南 第1部分：标准化和相关活动的通用术语》，定义3.1。

（二）作用

《全国专业标准化技术委员会管理办法》第六条规定，技术委员会应当科学合理、公开公正、规范透明地开展工作，在本专业领域内承担以下工作职责：

（1）提出本专业领域标准化工作的政策和措施建议；

（2）编制本专业领域国家标准体系，根据社会各方的需求，提出本专业领域制修订国家标准项目建议；

（3）开展国家标准的起草、征求意见、技术审查、复审及国家标准外文版的组织翻译和审查工作；

（4）开展本专业领域国家标准的宣贯和国家标准起草人员的培训工作；

（5）受国家标准委委托，承担归口国家标准的解释工作；

（6）开展标准实施情况的评估、研究分析；

（7）组织开展本领域国内外标准一致性比对分析，跟踪、研究相关领域国际标准化的发展趋势和工作动态；

（8）管理下设分技术委员会；

（9）承担国家标准委交办的其他工作。

一些省市也印发了本地区的省级专业标准化技术委员会管理办法，以北京为例，原北京市质量技术监督局于2018年印发的《北京市专业标准化技术委员会管理办法》规定，技术委员会应当科学合理、公开公正、规范透明地开展工作，履行下列职责：

（1）分析本专业领域标准化的需求，研究提出本专业领域标准化工作的规划、计划和标准体系的建议；

（2）在本专业技术领域内地方标准的立项论证、起草、预审、实施信息反馈和评估、复审等工作中，为行业主管部门提供技术支撑；

（3）协助相关单位参与国际标准、国家标准、行业标准和团体标准制修订工作；

（4）开展或参与本专业领域内标准宣贯、培训，开展标准化咨询、服务等工作；

（5）建立和管理相关标准化工作档案；

（6）每年至少召开一次技术委员会全体委员会议；

（7）承担标准化主管部门、行业主管部门委托的其他标准化工作。

综上，专业标准化技术委员会，在标准化主管部门、行业主管部门的管理下，履行本专业领域标准化的技术管理工作，是本专业领域标准化智库型机构。

（三）意义

1. 贯彻落实国家关于标准化工作的要求

习近平总书记在2016年9月12日致39届国际标准化组织大会的贺信中提到：标准是人类文明进步的成果。党的十八届三中全会作出的《中共中央关于全面深化改革若干重大问题的决定》中指出："政府要加强发展战略、规划、政策、标准等制定和实施。"2017年中央经济工作会议提出：推动高质量发展是当前和今后一个时期确定发展思路、制定经济政策、实施宏观调控的根本要求，必须加快形成推动高质量发展的指标体系、政策体系、标准体系、统计体系、绩效评价、政绩考核，创建和完善制度环境，推动我国经济在实现高质量发展上不断取得新进展。

因此，在高质量发展的理念下，标准化是高质量发展的重要支撑，而标准化技术委员会是开展标准化工作的有效组织支撑。

2. 开展标准化是社会信用体系建设的内在要求

社会信用体系建设的核心工作是一定范围内各部门、各行业、各领域、各主体信用信息的交换与共享，标准化工作可有效支撑信息互通、奖惩协同、产品互认等基础性要求。《国务院关于印发社会信用体系建设规划纲要（2014—2020年）的通知》中提出，到2020年，社会信用基础性法律法规和标准体系基本建立，体现了标准建设的重要性，同时在其他众多重要文件中都对信用标准化工作提出了要求。

3. 开展标准化工作是对信用服务提供更高的要求

由于种种原因，我国信用服务机构和信用服务产品同质化程度高，而且没有知识产权意识，造成市场的恶性竞争，这对于行业发展来说极为不利。

开展信用服务标准化工作，充分发挥信用标准化技术委员会的作用，就是要建立政府与市场的协商机制，充分认识标准与品牌的关系，研制企业标准、团体标准、行业标准、地方标准，树立信用服务机构、行业或者区域的品牌，化解行业发展不平衡的矛盾。

二、信用标准委员会现状

（一）全国社会信用标准化技术委员会成立情况

1. 全国信用类标准化技术委员会成立情况

全国社会信用标准化技术委员会（TC470）于2016年2月获得国家标准委批复（前身是成立于2005年的全国信用标准化工作组），并于2016年7月15日正式成立，由中国标准化研究院筹建并承担秘书处，对口ISO/TC 290在线信誉标准化技术委员会，目前是第一届，共有76名委员，主任委员由国家发展改革委主管副主任担任，副主任委员五名；秘书长一名，副秘书长两名。

全国社会信用标准化技术委员会质量信用分技术委员会（TC470/SC1）成立于2008年，由原国家质检总局筹建，目前是第二届，共有27名委员，主任委员由原国家质检总局质量管理司主管副司长担任（现任职务为国家市场监管总局质量发展局副局长），副主任委员3名；秘书处设在原国家质检总局质量管理司（现为国家市场监管总局质量发展局），秘书长、副秘书长各1名。

全国社会信用标准化技术委员会商业信用分技术委员会（TC470/SC2）成立于2008年，由商务部筹建，目前是第二届，共有27名委员，主任委员由商务部市场秩序司主管副司长担任，副主任委员3名；秘书处设在中国商业联合会（TC470/SC2秘书处拟调整至商务部国际贸易经济合作研究院、深圳市标准技术研究院，实行双秘书处制度），秘书长1名，副秘书长2名。

全国社会信用标准化技术委员会检验检测诚信工作组成立于2016年1月，其他信息未见媒体披露（注：工作组与分技术委员会有一定区别）。

全国金融标准化技术委员会（TC180）成立于1991年，由中国人民银行筹建，目前是第四届，共有59名委员，主任委员由中国人民银行主管副行长担任，副主任委员8名；秘书处设在中国人民银行科技司，秘书长1名。中国征信类行业标准由全国金融标准化技术委员会归口。

2. 地方信用类标准化技术委员会成立情况

上海市商务信用标准化技术委员会由上海市商务委筹建，成立于2018年6月1日，共有27名委员，主任委员由上海市商务委主管副主任担任，副主任委员2名，秘书处设在上海市质量和标准化研究院，秘书长、副秘书长各1名。

河北省社会信用标准化技术委员会由河北省发展改革委筹建，于2018年6月20日获得原河北省质量技术监督局批准成立，共有59名委员，主任委员由河北省发展改革委主管领导担任，副主任委员5名，秘书处设在河北省标准化研究院，秘书长1名，副秘书长3名，顾问1名。

内蒙古自治区信用标准化技术委员会由内蒙古自治区发展改革委筹建，成立于2018年9月19日，秘书处设在内蒙古信用促进会，主任委员和秘书长分别由该会长、秘书长担任，副主任委员3名；委员数量、副秘书长设置情况未见媒体披露。

山西省社会信用标准化技术委员会由山西省发展改革委筹建，成立于2019年6月24日，秘书处设在山西省经济信息中心，其他信息未见媒体披露。

北京市社会信用标准化技术委员会由北京市经济信息化局筹建，于2019年7月23日获得北京市市场监督管理局批准成立，共有33名委员，主任委员由行业权威技术专家担任，副主任委员3名，秘书处设在中关村企业信用促进会，秘书长、副秘书长各1名。

天津市社会信用标准化技术委员会由天津市发展改革委筹建，于2019年11月4日获得天津市市场监督管理委员会批准成立，共有37名委员，主任委员由行业权威技术专家担任，副主任委员2名，秘书处设在天津市信用协会，秘书长、副秘书长各1名。

综上所述，全国共有上海、河北、内蒙古、山西、北京、天津等地信用标准化技术委员会成立，华北地区是全国第一个信用标准化技术委员会全覆盖的区域。

此外，广东省发展改革委于2019年1月21日主持召开广东省社会信用标准化技术委员会筹建申请专家论证会。山东省发展改革委将筹建山东省社会信用标准化技术委员会列为该省2017年社会信用体系建设年度任务之一。

（二）信用标准发布情况

1. 信用类国家标准发布情况

目前，信用类国家标准共有54项，其中归口全国社会信用标准化技术委员会的信用国家标准共发布47项。全国社会信用标准化技术委员会归口的信用国家标准从2008年开始发布，GB/T 22116—2008《企业信用等级表示方法》是首个信用国家标准，强制性标准1项（GB 32100—2015《法人和其他组织统一社会信用代码编码规则》）。

根据GB/T 35431—2017《信用标准体系总体架构》，社会信用标准分为信用基础、信用信息、信用管理与信用服务4类。

2. 信用类行业标准发布情况

信用类行业标准共有44项，覆盖电力（DL）、金融（JR）、交通

(JT)、轻工（QB）、气象（QX）、认证认可（RB）、国内贸易（SB）、水利（SL）、出入境检验检疫（SN）、烟草（YC）等10个行业。

其中，归口全国金融标准化技术委员会的征信类金融行业标准共有7项9个标准，由中国人民银行发布，在征信、信用评级领域中发挥着重要作用。

3. 信用类地方标准发布情况

据可公开数据统计，全国共有20个省市区发布了信用地方标准，合计98项。从存量标准最新代号来看，上海在2006年发布信用地方标准2项，开全国信用地方标准之先河。北京紧随其后，在2007年发布信用地方标准2项。

根据GB/T 35431—2017《信用标准体系总体架构》，98项信用地方标准中，信用服务类49项，信用信息类33项，信用管理类12项，信用基础类4项，这也体现《深化标准化工作改革方案》的"推荐性地方标准可制定满足地方自然条件、民族风俗习惯的特殊技术要求"精神，在信用地方标准领域，更侧重信用信息类、信用服务类标准研制。

已有（包括批准整理、批准筹建）信用标准化技术委员会的上海、河北、内蒙古、北京、天津分别发布信用类地方标准11、12、10、2、6项，合计41项。

三、存在的问题

（一）政策法规落实不到位

目前，各级标准化管理和社会信用体系建设规划（计划）如新修订的《中华人民共和国标准化法》《中共中央 国务院关于开展质量提升行动的指导意见》等均对专业标准化技术委员会提出具体要求，《社会信用体系建设规划纲要（2014—2020年）》提出到2020年，"社会信用基础性法律法规和标准体系基本建立"的目标等。但是由于新的政策法规出台时间过短、内容规定过于宽泛、行业主管部门不够重视等原因，导致各级信用标准化技术委员会设立偏少、各地信用标准供给不足，使得标准这一基础设施严重落后于社会信用体系建设的发展。即使是社会信用体系建设示范城市、行业信用建设试点领域，普遍未设立信用标准化技术委员会。

（二）工作机制不完善

第一，信用标准化技术委员会一般要求有一定代表性，其中政府部门的代表占有一定比例（甚至绝大比例），但是受征集、补选委员的时滞影响，在征集委员时推荐的委员代表大部分已调整岗位，由于我国的特殊国情，若其岗位不对应，则不再负责相应工作，因此在标准立项和标准审查过程中，能够投票或参与审查的专家就难以达到标准研制管理规定所要求的数量。第二，信用标准化技术委员会统筹合作机制未建立，如信用类国家标准归口单位不是全部由全国社会信用标准化技术委员会归口，信用类行业标准与信用类国家标准差异不明显，信用类地方标准同样存在这个问题。这就导致信用类的国家标准、行业标准、地方标准无法形成规模效应或者互补效应，也就无法形成各地的特色。第三，"地方专业标准化技术委员会管理办法"一般要求地方专业标准化技术委员会与对口全国专业标准化技术委员会建立对口关系，从笔者调研来看，部分地方的信用标准化技术委员会缺乏与全国社会信用标准化技术委员会的协调与沟通。

（三）信标委数量少分布不均

纵观信用国家标准和地方标准，国家标准尚未满足《社会信用体系建设规划纲要（2014—2020年）》关于信用标准的准研制要求，行业信用建设试点与全国社会信用标准化技术委员会已成立的分技术委员会、工作组错配，此是其一。其二，目前已经设立或筹建地方信用标准化技术委员会的省市区除山东外均为位列贡献信用地方标准排名前九的省市区。而排名第一的安徽、排名第二的新疆，以及湖北、辽宁等地同样具备筹建地方信用标准化技术委员会的可能性。其三，国家发展改革委于2018年1月初公布的12个社会信用体系建设示范城市名单分布在浙江、江苏、福建、四川、广东、山东等六省，其中浙江、山东尚未公布信用地方标准，鉴于专业标准化技术委员会设立情况与地区经济密切相关，笔者认为浙江、山东信用地方标准缺失与其经济地位、社会信用体系建设地位不匹配。

（四）标准质量不高

由于以上三点原因必然导致信用标准质量不高。笔者进一步认为，信用标准质量不高是因为信用标准需求、供给两侧均存在问题。需求侧而言，部分标准起草单位、起草人关于标准研制的需求了解不顺畅、标准与实际建设脱节，而且目前各领域信用主管部门在各自业务领域内开展信用体系建设工作，所在地方或领域没有信用标准化技术委员会（或者即使有也与之沟通甚少），这就难以获取各领域信用主管部门在信用标准化方面的业务需求，从而与市场结合度不够，难以有针对性地提供精准化服务。供给侧而言，信用标准化技术委员会或者没有，或者未有效运行，或者其秘书处专业人才少、专业度不够，或者标准起草单位沽名钓誉，根本就不懂信用、标准化专业知识，很难研制出质量高的信用标准。

（五）社会认知度不高

近年来，随着第一个信用类强制性国家标准GB 32100—2015《法人和其他组织统一社会信用代码编码规则》和公共信用信息类标准的出现，社会信用标准的使用价值和社会认知度得到大幅提升。信用标准本质上是服务业标准，总体水平偏低，这和信用标准化技术委员会成立时间短、推荐性标准效力偏低、没有信用标准化试点、缺乏媒体宣传报道不无关系。当然，随着全国社会信用标准化技术委员会及部分地方信用标准化技术委员会的成立，以及媒体对信用标准的宣传，加之专家学者发表的信用标准文章，信用标准的社会认知度有一定提高。

四、对社会信用标准委员会建设的建议

（一）严格落实政策法规要求

系统研究政策法规关于信用标准、信用标准化技术委员会的规定要求，如《中共中央 国务院关于开展质量提升行动的指导意见》提出的"加强标准化技术委员会管理"，《深化标准化工作改革方案》提出的"加强标准化技术委员会管理，提高广泛性、代表性，保证标准制定的科学性、公正性"，《国务院办公厅关于印发国家标准化体系建设发展规划（2016—2020 年）的通知》（国办发〔2015〕89 号）提出的"优化标准化技术委员会体系结构，建立完善标准化技术委员会考核评价和奖惩退出机制"，以及新《标准化法》《全国专业标准化技术委员会考核评估办法（试行）》关于专业标准化技术委员会的行业管理要求。

以政策法规为依据，加强信用标准化技术委员会的筹建与管理。

（二）加强组织机制建设

第一，在信用标准化技术委员会构成上，采取单位委员与个人委员相结合的方式；同时吸纳更多非政府部门委员，保持委员职务相对稳定性。第二，鼓励由业内知名专家担任信标委主任委员及秘书长。第三，建立各级信用类标准分工合作机制，严格建立、执行信用标准化技术委员会对口制度。

（三）做大做强各级信用标准

第一，通过和国家地方信用标准化技术委员会的支持和推动，以开展社会信用体系建设示范城市、行业信用建设，以及国家标准化综合改革试点（目前包括浙江、山西、江苏、山东、广东等五省）、社会管理和公共服务标准化试点、服务业标准化试点等工作为契机，有机将信用标准化融

入其中。第二，鼓励有条件的行业、领域、地方设立信用标准化技术委员会，有组织地开展专业信用标准化工作。第三，鼓励国家和地方信用体系建设有关政府部门和市场主体加强对信用标准化工作资金投入和专业人才培养。

（四）高质量开展标准化工作

第一，树立底线思维，信用标准化技术委员会要充分发挥自身作用，本身也要标准化，这样才有高质量开展的逻辑基础。第二，以应用为导向，多吸收对信用标准化工作积极性高、需求较多的地方、行业和企业代表，从标准的需求方调节标准的供给方式，推动标准研制工作。第三，加强组织管理，出台并严格执行标准化技术委员会管理规定、考核办法，加强对标准评价管理，定期对信用标准化技术委员会的经济效益和社会效益进行评价，采取分数、排名的形式，倒逼信用标准化工作高质量发展。

（五）加大信用标准宣传力度

第一，充分发挥信用标准化技术委员会的统筹、协调作用，积极开展各类诚信主题公益活动，在此基础上，丰富"世界标准日""中国品牌日""诚信建设万里行"活动内涵，将信用标准宣传纳入上述活动范围，扩大信用标准化技术委员会和信用标准影响。第二，2010年，成立仅两年的全国信用标准化技术工作组曾出版《信用标准化导论》，这是中国首部信用标准化专著。强烈建议以当前信用标准化工作为基础，修订《信用标准化导论》，并有步骤、有针对性地对重点地区、重点行业、重点领域开展信用标准宣贯工作。第三，以标准为基础，开展信用管理机构、信用服务机构对标、达标评价。将信用标准作为"企业标准领跑者制度"、国家和地方标准化试点内容之一，扩大信用标准和信用标准化技术委员会的影响。

第三节　信用信息标准体系

曹　佳　李　璐[*]

信用信息是反映或描述信用主体信用状况的相关数据和资料，以信息主体划分，主要包括政府信用信息、企业信用信息和个人信用信息。信用信息标准体系则是为了在既定范围内获得最佳秩序，促进共同效益，将各类信用信息按照科学性、系统性、适用性、开放性等基本原则，形成能够共同使用和重复使用的规范性文件，为社会信用体系建设提供规则、指南和特性，并按其内在联系形成科学的有机整体。建立信用信息标准体系，制定全国统一的信用信息采集和分类管理标准，统一信用指标目录和建设规范，有利于加强信用信息管理，规范信用服务体系发展，维护信用信息安全和信息主体权益。

一、信用信息标准体系现状及成效

建立健全信用信息标准体系，做好标准化技术支撑，有利于加强信用信息管理，促进实现社会信用信息互联互通、协同共享，健全社会信用奖惩联动机制，营造诚信、自律、守信、互信的社会信用环境。

（一）国家社会信用标准体系

中国标准化研究院研究制定了国家社会信用标准体系，主要由基础标准层、通用标准层、专用标准层组成。按照国家社会信用标准体系框架，

---

[*] 曹佳，国家公共信用信息中心信息公开处副处长；李璐，供职于国家公共信用信息中心信息公开处。

社会信用信息标准属于框架中的"通用标准层",涵盖社会信用信息采集、信息处理、信用评价、信息公示等的标准,规范和支撑信用信息基本管理流程的三个主要阶段,主要包括社会信用体系中信用信息征集、信用信息共享和信用信息应用等通用性标准。其中,信用信息征集类标准在政务诚信、商务诚信、社会诚信和司法公信等领域,分别包括信用信息征集的形式、内容、格式等通用标准;信用信息共享类标准包括信用信息共享模式、内容、手段等通用标准;信用信息应用类标准包括信用信息应用的结果、形式、范围等通用标准。

目前我国已经发布信用信息类国标十余项,包括《信用信息分类与编码规范》《科研信用信息征集规范》《企业信用信息采集、处理和提供规范》《信用信息征集规范 第1部分:总则》等。

(二) 公共信用信息标准体系

2017年12月6日,国家发展改革委办公厅发布了《公共信用信息标准体系框架》等六项工程标准,其中《公共信用信息标准体系框架》规定了公共信用信息标准体系的框架并给出了系列重要的公共信用信息标准,公共信用信息标准体系框架包括基础类标准、采集类标准、共享类标准、应用类标准、管理类标准。

基础类标准是适用于各类公共信用信息标准化活动的基础性技术标准,具有广泛的通用性和指导意义;采集类标准主要规范公共信用信息采集、加工、处理相关的业务,为公共信用信息后续的存储和使用提供标准化技术指导;共享类标准主要为建立公共信用信息共享机制提供有关信息共享的业务标准,包括通用数据字典、共享目标体系、数据交换格式、交换方式及接口规范等内容;应用类标准主要从开展信息应用的需求出发,制定有关公共信用信息公示规范、公共信用评价指标和联合惩戒、守信激励协同规范等支撑信用信息有效使用相关的业务标准;管理类标准主要从规范信息安全、动态维护和质量管控等方面,制定有关公共信用信息管理类业务标准,保障信用信息的规范化管理。

(三)"双公示"信用信息标准体系

以"双公示"信用信息标准体系为例,"双公示"信用信息作为政府公共信用信息的重要组成部分,是行政机关、依法行使公共管理(服务)职能的企、事业单位和群团组织等,在履职过程产生的反映信用主体的行政许可和行政处罚信息。"双公示"是政务公开、政府信用信息归集、共享、应用及落实"放管服"改革的重要措施,是转变政府职能、打造透明政府和公信政府的有效手段,"双公示"信用信息标准体系的建立和完善,有利于加强信用信息资源整合,推动社会信用体系建设。

"双公示"工作坚持以"公开为常态,不公开为例外;分级共建,多方公示;以点带面,以用促建"等原则,充分利用国家信用信息共享交换平台和全国电子政务系统等信息化平台,实现各部门、各地区信用信息资源交换共享。依托各级信用门户网站和综合性政务门户网站,拓展网上公示渠道,实现行政许可和行政处罚信息的全面公示。

"双公示"信用信息报送的路径和标准的统一经历两个阶段。第一个阶段是 2015 年 12 月 15 日,国家发展改革委印发《关于规范行政许可和行政处罚等信用信息公示数据标准的通知》,明确了社会信用体系建设部际联席会议成员单位行政许可和行政处罚等信用信息公示数据标准,以及各地方行政许可和行政处罚等信用信息公示数据标准。同时也明确了报送路径,分别是 43 个信用示范创建城市直接向"信用中国"网站报送和"地市-省级-国家"垂直报送。第二个阶段是 2018 年 7 月 4 日,国家发展改革委办公厅、国家市场监管总局办公厅联合印发《关于更新调整行政许可和行政处罚等信用信息数据归集公示标准的通知》明确了一套统一的"双公示"数据归集公示标准,即行政许可信息共 26 个归集公示事项,行政处罚信息共 28 个归集公示事项,并对其中可选择填报和必须填报的事项作了详细规定。与此同时,该文件将"双公示"报送路径统一调整为"地市-省级-国家"垂直报送。两次调整提高了"双公示"信用信息公示的标准化水平,提升了信息的完整性、准确性、时效性。截至 2019 年 6 月

30日,"信用中国"网站归集并公示"双公示"信用信息共计1.64亿余条。其中,行政许可信息约1.25亿条,行政处罚信息约3940万条。

除了对数据标准和报送路径的严格统一,国家发展改革委推进"双公示"工作中还注意加强对个人隐私和信息安全保护。2018年7月25日,国家发展改革委办公厅印发《关于进一步完善行政许可和行政处罚等信用信息公示工作的指导意见》。该文件进一步明确要优化"双公示"工作流程,建立"双公示"工作第三方评估机制,实现"双公示"数据的"全覆盖、无遗漏"。同时强调"双公示"要加强个人隐私和信息安全保护,建立完善个人信息查询使用登记和审查制度,防止信息泄露。

二、信用信息标准体系建设中存在的问题

(一)"信息孤岛"依然存在,公共信用信息归集标准不统一

由于大部分垂直管理政府部门的信用信息采用数据集中交换模式集中统一存储和共享,导致有些数据无法及时归集到信用服务平台的信息系统,出现严重的数据脱节问题和"信息孤岛"现象。与此同时,各政府部门公共信用信息归集标准不统一,采用不同的信息存储格式和传输接口,导致归集后的数据格式各异,直接影响数据的共享效率和应用水平。

(二)市场信用信息标准缺乏

我国的市场信用信息标准明显缺乏,导致不同行业在信息采集、信息交换等方面难以实现"对接"与"兼容",信用信息无法充分共享;信用产品与服务的质量和水平缺少衡量判定标准,导致市场无序竞争;信用评价机制没有统一规范,导致信用评价市场混乱。

三、进一步完善信用信息标准体系的建议

目前我国社会信用体系建设正处于起步阶段，在信用立法滞后、行业规范缺位的情况下，要通过科学制定和实施信用信息标准，构建完备的信用信息标准体系，打破信用信息垄断，有效解决"信息孤岛"问题，真正实现信用信息有效归集、共享和应用。

（一）建立信用信息管理规则和标准

推动制定社会信用体系建设相关法律，使信用信息征集、查询、应用、互联互通、信用信息安全和主体权益保护等有法可依。建立健全全国统一的信用信息管理规则和标准，及时出台相关地方性法规、政府规章或规范性文件，将信用信息标准体系建设中行之有效的做法上升为制度规范，制定开展信用信息管理急需的国家标准。

（二）制定信用信息分类管理制度

制定全国统一的信用信息采集和分类管理标准，统一信用指标目录和建设规范。按照信用信息的属性，结合保护个人隐私和商业秘密，依法推进信用信息在采集、共享、使用、公开等环节的分类管理。

（三）推进信用信息系统建设和应用

充分发挥行业、地方、市场的力量和作用，加快推进信用信息系统建设，包括行业信用信息体系、地方信用信息系统、征信系统等，完善信用信息的记录、整合和应用，推动信用信息标准体系建设，建立健全守信激励和失信惩戒机制。

（四）完善信用信息交换与共享机制

各地区、各行业统筹利用现有信用信息系统基础设施，按照有关标准

推进各信用信息系统的互联互通和信用信息的交换共享，逐步形成覆盖全部信用主体、所有信用信息类别、全国所有区域的信用信息网络。与此同时，推进政务信用信息系统与征信系统间的信息交换与共享，鼓励社会征信机构加强对已公开政务信用信息和非政务信用信息的整合，建立面向不同对象的征信服务产品体系，进一步推动信用信息标准体系建设。

参考文献：

［1］周莉．公共信用信息发展及标准体系建设研究［J］．标准应用研究，2018，11（16）：65-67．

［2］常立丽．山东省社会信用信息标准体系构建［J］．信息技术与信息化，2019，6（28）：96-97．

［3］全国信用信息共享平台二期工程项目办．公共信用信息标准体系框架［S］．全国信用信息共享平台工程标准，2017-11-15．

［4］何玲，孟佳惠．"双公示"引擎——我国开展行政许可和行政处罚信息"双公示"工作扫描［J］．信用中国，2019，6（30）：17-25．

第二章
信用信息归集和共享

信用信息包含了政府、企业、个人等主体的基本信息，以及在生产生活、社会经营活动等过程中产生的所有与信用状况相关的数据和资料，信用信息的有效归集和共享对构建以信用为基础的新型监管机制具有重要作用。信用信息可按数据来源环境的不同分为公共信用信息和市场信用信息，目前，公共信用信息的归集和共享已初显成效，全社会信用信息共享环境已经形成。

第一节　公共信用信息归集和共享

蒋凯元[*]

按照党中央、国务院决策部署，社会信用体系建设部级联席会议各成员单位牢牢把握"信用信息共享"这一关键着力点，成功构建"一个框架、一扇窗口、一套机制"（信用信息共享平台体系框架、面向社会公众的信用信息共享之窗、全社会信用信息共建共享机制），使以公共信用信息为代表的信用信息归集共享从零起步，取得重要进展。

一、公共信用信息归集和共享情况

公共信用信息的归集主要依托全国信用信息共享平台和地方信用信息共享平台。截至2019年8月，全国信用信息共享平台已累计归集共享各类信息约388.36亿条，累计收录信用目录8568条。其中，中央部委提供信息69.5亿余条，地方平台提供信息159.26亿余条，累计归集双公示信息21895万条，黑名单信息约1659万条，重点关注名单信息约1164万条，红名单信息约373.3万条，统一社会信用代码信息10704万条。

在公共信用信息共享方面，截至2019年8月，全国信用信息共享平台已联通44个部委和32个省（包括新疆建设兵团），并与所有接入部门和地方平台实现了核心数据的机制化共享，定期向各部门和地方推送行政许可和行政处罚、各类红黑名单、企业经营异常名录等信息。2015年6月，"信用中国"网站正式开通运行，成为面向社会公众的信用政策法规发布及社会信用体系建设成效全景展示的窗口，信用信息集中公开、一站式查

---

[*] 蒋凯元，国家公共信用信息中心信息资源管理处副处长，高级工程师。

询的权威媒介。截至目前,"信用中国"网站已向社会公开信用信息超过1.4亿条,日均访问量超过500万人次,累计点击量超过4亿次。"信用中国"网站已经成为以信用为纽带沟通社情民意的"总窗口",受到社会公众的广泛关注与好评。

二、公共信用信息归集和共享中存在的问题

(一)可公示的信息数量占比率较低

虽然目前公共信用信息的收集量已达到较为庞大的数量级,但目前已公示的信息数量占比率较低,截至2019年9月底,公示数据占总数据的比率不超过10%,这是今后要重点提升的一个方向,在保证归集数据质量的同时,提升数据的可用性和服务价值,需进一步加强以下工作。

(二)信息归集效率低技术落后

公共信用信息的归集过程需要多个步骤,需要投入大量的人力和物力在中间环节,容易导致数据更新不及时,不能及时处理发现的问题。

在公共信用体系已初步完成的情况下,数据的归集还主要依赖传统的数据交换方式,明显不能满足业务的需求,亟待引用新的技术来加快数据的归集和共享流程。在信用数据归集过程中,全国信用信息共享平台提供了四种归集方式,但在实际操作中存在以下问题:基于前置数据库的对接,存在业务数据单方结构变动造成接口失效缺失数据,数据报送一次以后很难主动持续报送,报送单位系统承建商或者接口变动造成报送过程无人维护等问题;平台直接上传时,存在由于数据格式出现问题无法上传,时效得不到保证,需要反复跟踪等问题;基于数据接口按需读取时,需要报送单位信息化水平比较高,加上数据按需获取落地有政策性的时效规定等诸多原因,存在一些限制;文件方式报送方面,随意性太强,报送的数据量和数据质量得不到保障,造成无法入库或为了应付考核数据,没有使

用价值。

(三) 数据治理能力有待进一步加强

信用信息是信用识别、风险防范、征信报告、信用评级的数据分析基础,信用信息维度越多、覆盖范围越广、更新频率越快、数据质量越高,越有利于增加信用产品与服务的种类、提高信用识别和分析的准确性。高质量的信用信息数据能够降低搜集历史数据的成本,提高信用信息共享效能,为提供优质的信用产品及服务奠定坚实基础。

目前平台归集的数据能够进行公示和服务的数据占比不高,部分已经公示和服务的数据也存在或多或少的问题,平台的整体数据质量有待提升。基于平台标准建设的元数据管理、质量评价等数据治理体系还没能快速提高公共信用体系的数据质量,没有形成具有行业特点的指导规范,没有找到解决公共信用数据质量问题的有效之道,导致平台数据治理的能力偏弱,有待进一步加强。

(四) 信用服务手段和服务能力不足

随着我国社会主义市场经济不断成熟,社会信用体系的作用也越来越重要,就越需要信用信息平台的建设与时俱进,来满足国家治理和社会经济建设对信用信息、信用产品的广泛需求。虽然信用信息平台已初具规模,国家公共信用基础库也在逐步扩大归集范围和规模,"一处失信,处处受限"的联合惩戒格局在逐步形成,但平台的服务手段和服务能力明显不足,信用服务产品单一,服务能够覆盖的社会需求有限。

信用信息平台未来的建设,不能单纯地扩大数据规模,更要丰富和加强信用信息平台的服务手段,加紧扩展平台的服务能力,才能满足日益丰富的社会需求,才能更好地为国家社会治理和经济建设提供有力的支撑。

三、对公共信用信息归集和共享的下一步建议

（一）进一步健全标准体系建设

为加快推进全国信用信息一体化建设，实现全国范围内公共信用信息的规范性、一致性，解决各地区、各部门信息不对称和信息更新及时性的问题，需形成统一的标准体系。在公共信用信息标准体系框架建设基本原则的基础上，一是要推动完善各类标准规范的制定，二是要推动定制好的标准规范在各级信用平台落地实施。

（二）进一步加强信息目录管理

建立标准规范，实现信息类和数据项的名称、编码、类型等基本要素的全国统一。根据改革后的政府机构设置，推动人员和职责落实。加强业务指导，依法依规推进国家、部委、省按照统一目录的协同归集，推进各级政府和部门归集数据的标准化。

（三）加强信用承诺信息的归集和共享

建立统一的信用承诺信息数据库和公示专栏，公开市场主体的信用承诺事项，接受社会监督。建立完善市场主体违背信用承诺投诉举报和联合惩戒渠道，将市场主体违背信用承诺行为信息纳入信用档案，实施联合惩戒。

（四）加强数据质量控制机制

根据信用信息目录和数据质量控制标准，从更新率、完整率、入库率等方面加强考核评估，强化责任落实。进一步扩大数据库对接和接口调用方式归集数据，推进数据质量控制规则的落实，建立数据质量通报机制，定期开展业务培训，及时通报、整改问题，加强随机抽查和监督。

（五）统一信用档案应用领域

依据统一的档案标准，积极探索统一信用档案的应用领域。加强职务晋升、职称评审、资格认定、评优评先等工作中自然人统一信用档案的应用。加强招投标、高新技术企业评定、财政资助等监管事项中企业统一信用档案的应用。加强政策引导和制度保障，推动实现全国范围的信用档案一体化。

（六）扩大信用信息服务范围

强化信用信息服务，在行政许可、政府采购、招标投标、劳动就业、社会保障、科研管理、干部选拔任用和管理监督、申请政府资金支持等领域实现信用信息服务上下覆盖、部门联动、标准统一，及时回应和推动解决信用服务中的相关问题。

（七）加强信息用信息安全保障

信用信息归集和共享的基础是充分保障信用信息主体权益，目前各类信息被滥用情况较为普遍，在信息归集、共享和使用过程中如何保护个人隐私和商业秘密是社会信用体系建设法制化进程中亟须解决的问题。为保障信用数据的正确使用，保护信用主体的隐私，应在国家相关标准体系内，研究制定公共信用数据的隐私保护标准，规范隐私定义、隐私保护的对象、隐私保护范围、隐私保护的方法和措施等。

第二节　市场信用信息归集和共享

傅　春　单晓炯[*]

市场信用信息是社会信用信息的重要组成部分，开展市场信用信息归集和共享有助于掌握主体在市场经营和社会化活动中的信用情况，进一步推动社会信用体系建设。

一、市场信用信息归集意义及现状

社会信用体系的建立在于构成社会的各个主体的全面参与，通过加大与市场、行业信用信息系统的融合共享，大力推进"互联网+信用"的市场信用体系建设，将实现更为广泛的信用数据共享和数据应用。通过整合市场、行业信用信息系统，利用"互联网+"的新一代技术体系，打通行业壁垒，形成更为完整、更为客观的信用大数据基础，将市场及行业的信用大数据应用到经济社会建设的各个领域，对我国社会信用体系建设的发展具有重要意义。

目前在市场信用信息整合方面，我国在这方面还基本处于起步阶段，基础设施还普遍没有形成，大量的市场信用信息散落于行业、企业和各类市场平台中。因此，推动市场信用信息基础设施的建设是实现公共信用信息和市场信用信息开放共享的前置基础。市场信用信息平台不同于公共信用信息平台，它为市场和行业的各类主体的参与提供了可行性，构成市场各个主体全面参与的格局。

---

[*] 傅春，上海市社会信用促进中心主任；单晓炯，上海市社会信用促进中心副主任。

二、市场信用信息归集和共享面临的困难

（一）市场信用信息数据标准不统一

目前，由于市场信用信息散落在各个市场主体中，面对各种不同的业务场景和业务形态，导致系统与系统之间的数据定义与数据格式不一致以及存储和处理方法不一致，从而导致数据可用性降低的问题，核心就是缺乏有效的数据标准。数据标准化是市场信用数据整合中的一个重要环节，通过数据标准可以保障数据的一致性、准确性、可用性。只有合理制定标准并严格执行数据标准，才能确保各信用主体的业务系统输出统一的信用数据。

（二）市场信用信息共享机制不完善

目前，在公共信用体系建设中采用的是中心化数据共享机制，采用政府发文的方式要求各个政府部门将公共信用数据统一汇总至公共信用信息平台。然而在市场层面，中心化管理模式无法得到有效推进，各个市场主体之间处于弱信任或者不信任的状态，信用数据无法统一交给一个信任的第三方机构，目前由于没有一种行之有效的机制促进各个市场主体共享相关的信用信息，从而导致市场信用信息无法有效地共享。因此，建立一种适合市场主体的数据共享机制是当前市场信用信息共享的重要内容。

（三）市场信用信息应用场景不丰富

目前，由于公共信用信息平台缺乏有效的数据开放共享机制以及市场信用信息无法有效进行共享，导致市场化信用应用缺乏有效的数据支撑。信用应用的核心是信用数据资源，一旦缺乏有效的信用数据支撑，相应的应用场景中的信用评估模型建设将受到影响，从而对信用应用的客观性和权威性产生影响。目前，很多应用场景都对信用管理表现出极大的需求，

但目前信用信息的开放共享机制未完全建立,从而导致市场信用信息应用场景不是很丰富。

三、推动市场信用信息归集和共享的建议

(一)编制市场信用信息的数据标准

为了更好地实现市场信用信息的共享,统一的信用数据标准制定显得尤为重要。在市场信用信息数据标准编制方面,至少需要明确三个方面内容:一是数据分类标准,可以将信用数据分为通用类和特色类两种,通用类描述市场主体的共性信息,特色类描述市场主体的特定信息。二是数据共享标准,可以将信用数据分为直接共享和授权共享两种,核心在于区分信用数据是否属于信用主体的隐私。三是数据应用标准,信用数据应用可以通过信用数据服务和信用产品服务等多种形式实现,应用标准主要是保障市场主体提供数据价值的唯一性或稀缺性。完善的市场信用信息数据标准不仅能够让市场主体更快地了解和掌握市场信用信息的构成,而且能够更加高效地形成数据资源共享,让信用数据在更多的应用场景中使用。

(二)搭建市场信用信息的共享平台

搭建市场信用信息共享平台,以行业协会为突破口,建立并完善行业信用评价体系以及行业从业企业、从业人员信用档案建设;以行业互信评级为依托,建立跨行业评估体系以及跨行业从业企业、从业人员互评档案建设;以区域功能为载体,建立区域功能体的信用评估体系以及配套的各类服务资源清单;以公共信用产品为链接,建立政府、企业、个人三类信用主体之间的信用评估纽带以及个性化、场景化、定制化的信用服务。建议市场信用信息共享平台按照纵向贯通(行业信用档案)、横向互联(行业互信评级)的方式,以"一链(行业信用数据链)、一网(行业信用互评网)、一码(信用二维码)、一分(城市信用分)"的模式,实现百家行

业信用体系建设的互联互通，形成千个信用网格（"诚信金融"、"诚信园区"、"诚信商圈"、"诚信街镇"、"诚信社区"、"诚信民生"、"诚信企业"、"诚信商户"、"诚信物业"、"诚信人才"等信用功能区），构建万项信用应用评估模型，服务重点企业及职业人群，凸显"守信激励、失信惩戒"的最大效应，打造新型市场信用服务生态圈，营造全社会诚实守信的良好氛围。

首先，按照"纵向贯通、横向互联"的方式建立行业子平台。行业子平台包括行业信用标准制定、行业信用档案建设、行业业务综合管理、行业互信评级管理等模块，将信用体系建设融入行业及行业企业的各项业务管理工作中去，同时打破行业壁垒，形成跨行业的互信评级，放大行业信用的影响力。

其次，按照"一链、一网、一码、一分"的模式建立行业信用信息共享平台。通过打造行业信用数据链、建立行业信用互评网、推出信用二维码服务的方式，构建行业信用信息共享平台的数据层和区块链层，同时在信息交互和信息流通环节，行业信用信息共享平台将按照"分布式计算+区块链管理"的方式实现行业数据、平台数据的统筹管理和实时计算，确保数据计算不出数据源，数据流通全行业监管，数据应用安全稳定，数据管理高效可靠。为了保障行业信用信息共享平台的合理性、合法性、合规性，在平台业务管理系统中引入了存证模块和第三方鉴定和公证模块，确保平台在国家规定的有关法律法规的框架内平稳运行。

再次，按照市场主体所覆盖的各个功能板块为方向打造多个具有特色应用和服务的信用网格。信用网格主要包括行业应用板块和公共服务板块，是以行业协会、行业从业企业、行业从业人员的综合信用信息为基础，拓展行业内及行业间的信用应用服务，通过与市场功能模块的融合、提升，为政府、企业、个人等信用主体提供各类定制化、场景化、个性化的公共信用产品服务和定制信用应用服务。

最后，按照政府主管部门的规划和行业发展的要求为目标提供行业信用监测和市场统计分析的决策支持。主要包括以行业信用数据、平台管理数据、应用服务数据、信用类相关公共数据和公开数据为基础，为政府主管部门、行业主管部门、行业协会提供各类统计分析、综合展示、监测监管的决策功能。

（三）加大市场信用信息的应用力度

加强行业应用、定制服务、综合展现等三部分市场信用信息应用，实现行业内、行业间以及信用功能网格的各类信用应用服务。在行业应用方面，通过将市场信用信息和各类行业平台信用信息的整合，实现政务、金融、生活、行业等多个领域的综合应用。在定制服务方面，为行业主管部门、行业协会、行业企业等提供信用监测、灰黑名单共享、定制信用产品服务、各类统计分析服务等，实现行业信用的定制应用服务。在综合展现方面，通过信用二维码和城市信用分等公共信用产品的研发，为重点企业和重点职业人群提供市场信用领域的公共服务，通过行业红榜和一站式查询功能的建设，实现信用服务的普惠功能。

第三节 公共信用信息与市场信用信息融合

傅　春　单晓炯[*]

公共信用信息主要是政府所掌握的各类主体和政府业务相关的信用信息，而市场信用信息则是各类主体在市场经营和社会化活动中产生的相关信用信息，二者呈互补关系，准确完整地描绘某个主体的信用情况需要以公共和市场信用信息的融合作为支撑。

---

[*] 傅春，上海市社会信用促进中心主任；单晓炯，上海市社会信用促进中心副主任。

一、公共信用信息与市场信用信息融合现状

推动公共和市场信用信息的融合是需要政府、行业、企业、社会组织等各方共同参与的系统性工程。由国家发展改革委牵头建设的全国信用信息共享平台在积极推进公共信用信息交换共享的同时，大力推进公共信用信息与市场信用信息互动融合，集聚全社会力量，逐步构建公共信用信息与市场信用信息融合共享大格局。与阿里巴巴、京东等八家电商平台签署协议，共享刷单炒信信息，净化电商领域经营环境；与摩拜、ofo 等 10 家共享单车企业合作，让诚实守信者享受免押金等便利服务，对严重违法失信者则限制使用共享单车。全社会信用信息融合共享机制的建立促进形成政府部门协同联动、行业组织自律管理、信用服务机构积极参与、社会舆论广泛监督的社会共治良好局面。

二、存在问题

（一）公共信用信息的开放不够深入

在实践中，政府数据开放工作仍有较大进步空间。一方面，在制度建设上，虽然旨在推进公共数据开放的政策性文件频繁出台，政策导向明显，但缺乏配套的制度细则约束。特别在公共信用信息开放方面，在面向复杂的社会信用各类场景中，仍然缺乏灵活性和可操作性。比如市场需求比较高的正面增信信息，如纳税信息、海关进出口信息、社保公积金缴存信息等信息目前难以开放，而对于一些已经明确对公众开放的事项还未能实现面向第三方信用服务机构的一键查询的功能。另一方面，在观念上，仍有些部门对于公共数据开放的重要性缺乏必要认识，不愿将掌握的数据与其他部门及公众进行共享，或者开放的数据维度不完整。另外，在数据开放过程中缺乏相应的配套管理机制和标准，存在实际数据与目录不相对

应、缺项和错项等现象,这样就导致了公共信用信息的不完整、不确定情况,对于各类数据的质量和更新频次还有待提高。

(二) 公共和社会数据的共享和融合缺乏有效的模式

从企业业务发展的角度,希望政府能够向社会开放其掌握的大量公共数据资源,以促进企业创新,降低商业成本,而从政府的角度,一些企业特别是互联网平台掌握了大量的数据信息,对政府履行行政管理职能、提高公共服务和城市管理精细化水平具有重要价值,政府也迫切需要从企业获取相关的数据信息。但由于缺乏相应的数据管理和应用标准,公共和社会的数据共享始终在如何开放、如何管理和如何定价方面缺乏可操作的依据。

三、进一步深化信用信息融合的建议

(一) 加大公共信用信息开放共享力度

公共信用信息在信息归集的数量、质量或种类上,与市场信用信息相比均占优势。为提升公共信用信息资源利用率,加速政府公共数据开放已成必然趋势。2015年以来,我国也将政府数据开放提升到"国家战略"地位,在《促进大数据发展行动纲要》中明确提出"推动政府数据开放共享"整体要求,明确政务信息应"以共享为原则,不共享为例外",将"形成公共数据资源合理适度开放共享的法规制度和政策体系"作为中长期目标。总体来说,在我国政府数据开放共享政策的指导下,公共信用信息的开放格局已初步形成。

对于进一步推动公共信用信息的开放和共享,从制度、标准和应用方面有三个层次的工作可以开展。首先,在制度方面,建立和完善数据开放和共享管理机制,明确公共数据资源共享领导机构、日常办事机构、统筹规划和组织实施机构、资金保障机构,以及数据资源共享的责任主体,界定工作职责，构建多方参与的管理机制。同时，进一步梳理开放数据资源目录，推动各行政部门对其存储的政务数据资源进行梳理，确定数据的共享及公开属性，并按标准在资源管理平台进行目录编制。其次，在标准方面，应该尽快形成数据管理、数据开放和数据应用等标准，对于数据的归集质量、数据归集的范围、数据的更新频次形成更高的要求。第三，在应用方面，进一步坚持以应用为导向，鼓励面向社会各领域的信用信息的应用，并有效形成针对创新应用的数据供给机制，提高响应效率。将数据应用的客户体验和获得感，融入数据开放的工作中，实现从政府供给导向向公众需求导向的转变。

（二）建立公共信用信息和市场信用信息融合的实验机制

搭建信用大数据实验室，通过实验室整合来自政府部门的公共信用信息和来自行业、领域、第三方平台的市场信用信息，将公共信用信息和市场信用信息在实验室进行融合，构建公共信用信息开放共享标准和应用标准，规范信用数据的共享和流通，推动信用数据在各领域和行业间合法合规的融合共享。同时在实验室探索更多的应用场景，通过引入社会各领域中的创新信用应用场景，以这些应用场景为导向形成信用数据提供方、信用应用场景需求方和研究建模技术方共同参与的格局，实现将信用应用场景形成可复制的信用产品和服务。

（三）推动公共信用信息和市场信用信息的融合应用

在公共信用信息和市场信用信息的融合应用方面，需要坚持以应用场景为导向，通过模式创新、技术创新和场景创新的方式来进行推动。

在模式创新方面，要打破传统的搞数据集中、数据交易的做法，搭建包括数据资源提供方、应用场景提供方、应用建模开发方和科研院校共同参与的实验室。实验室由数据资源提供方提供各类可供分析和建模的数据样本，应用场景提供方则根据自身业务需要，向实验室提供真实的场景需求。应用建模开发单位与科研院校联合其他参与方共同组建研究团队，针对应用场景需求进行研究和建模工作,并形成信用服务产品。实验室为产品提供技术验证的环境,为面向应用的研究和建模提供一个试错平台。同时,通过实验室平台的搭建,在信用数据的管理、数据共享和数据应用方面探索和形成信用数据的管理和应用标准。依托实验室形成的应用和标准,探索市场信用信息数据整合开放和共享应用的创新模式,为推动行业之间、企业之间和平台领域之间的数据共享应用提出新的可行方案。

在技术创新方面,应该高度重视人工智能、大数据等新兴前沿技术对于信用大数据融合应用的创新能力,同时结合云计算、移动物联网等领域的基础层,在数据采集、数据清洗、数据脱敏、数据挖掘、数据应用和数据可视化等方面探索技术与应用的创新结合。

在应用场景方面,信用体系建设和信用应用是社会各领域方方面面都不可或缺的重要内容。而且,社会各行业和领域在管理和业务等方面是高度融合的。因此,我们的信用应用场景也逐步从单一行业和领域向跨行业和领域的方向发展。未来,将由传统的企业信用评价发展成区域综合信用评价和个人公共信用分等应用场景,这些场景将高度融合大量行业和领域的基础信用信息和信用场景,通过跨行业的信用互认机制和跨行业的信用应用标准,汇集、融合后形成。而在个人方面,未来不同地区将形成个人公共信用分,由个人公共信用信息和市场信用信息共享融合后提供应用支撑。而基于对市场信用信息的充分打通和共享,又将在不同市场和行业细分领域形成不同的个人信用分。而在全国层面,如果形成了个人的公共信用信息和市场信用信息在全国范围内的充分共享,未来可能形成个人在国家层面的综合信用分和行业细分信用分。

第三章
信用信息共享平台

　　信用信息共享平台是社会信用体系建设的重要支撑,《社会信用体系建设规划纲要(2014—2020年)》发布以来,以全国信用信息共享平台为总抓手,地方信用信息共享平台协同发展的建设框架已经形成,有效推动了各部门、各地区、各领域的信用信息归集、共享及应用,有效提升了政务部门监管效率和信用服务水平。

第一节　全国信用信息共享平台

蒋凯元 *

全国信用信息共享平台（以下简称平台）是社会信用体系建设的重要组成部分，平台的建设实现了信用信息在全国范围内跨部门、跨地区的共享公用，提升了信用产品和信用服务的应用水平。

一、平台建设进展与成效

平台在国家发展改革委的统筹规划和统一指导下，于2015年10月上线运行，将散落在各地区、各部门的信用信息按照信用主体进行归集整理，向政务部门提供信用信息共享、查询以及信用报告生成下载等多种服务，有效支撑政务部门开展基于信用的监管、服务和守信联合激励、失信联合惩戒工作的落地实施，促进了协同监管机制的建立，提升了监管效率，优化了公共服务。同时将可社会公开的信息推送给"信用中国"网站，依法依规向社会公众提供一站式信用信息查询服务。

平台跨互联网和国家电子政务外网建设，截至2019年8月，已累计归集各类信息约388.36亿条（包括中央部委提供信息69.5亿余条，地方平台提供信息159.26亿余条，其他社会机构提供信息159.6亿余条），累计收录信用目录8568条，连接44个部委，对接32个省级信用平台，以及金融机构、互联网机构、第三方机构等，将信用主体的基础信息与国家人口库、法人库实时对接，并留存所有归集的历史数据。

---

* 蒋凯元，国家公共信用信息中心信息资源管理处副处长，高级工程师。

（一）公共信用基础库建设管理

公共信用基础库包括法人公共信用基础库、自然人公共信用基础库，涵盖了主体基础信息、联合奖惩红黑名单以及行政许可、行政处罚等信息。

公共信用基础库在归集数据的同时，注重数据安全、数据质量及信息快速索引等方面。一是在信息快速索引方面，通过将法人、自然人两类信用主体的信用信息与统一社会信用代码关联，将信用信息记于信用主体名下，通过统一社会信用代码进行信息快速索引，提高信息使用效率。二是在安全管理方面，对基础库数据的采集、加工、应用以及操作等过程进行授权管理和安全审计，确保全过程留痕，并可以追溯；对信用主体名下的全生命周期的信用信息分级分类管理，实现授权访问、隐私信息的加密存储、脱敏脱密处理等安全保障。三是在质量管理方面，基础库的信用信息依据数据在数据生命周期的各个阶段特性，建立数据质量控制机制，进行全面的质量管理，及时发现和快速更正数据质量问题。

（二）各类信用主题库建设

在信用主体的基础信息、法人公共信用基础库、自然人公共信用基础库的基础上建立各类信用主题数据库，方便将海量的信用数据形成快速服务的能力。建立包括资质许可类、"双公示"信息类、红黑名单类、守信信息类、失信信息类、重点人群类等各类主题库，主题库通过电子政务外网、互联网对外进行服务。

（三）信用目录和标准体系

在《公共信用信息资源目录编制指南》和《公共信用信息基础数据项规范》等标准的指导下，根据公共信用信息内容的属性或特征，按一定的原则和方法进行区分和归类，形成完整的公共信用资源目录体系，编制生成信用信息资源采集目录、服务目录和数据清单，实现信用数据的统一元数据管理。将平台涉及的所有数据资源进行分类登记和管理，通过数据可视化展示、查询、统计等手段，实现对数据资源的盘点，掌握数据资源的总体情况。

（四）信用数据分析

平台从以下几方面对信用数据进行分析：一是对建成的基础库、主题库等数据进行分析，包括红黑名单交叉比对、区域反向比对、集团与子公司关联等，按照采集节点、领域、区域、时间等进行信用信息统计，支持统计指标灵活配置；二是通过异议接收、异议更正、异议分发、异议反馈、异议告知、异议提醒等功能对异议数据进行处理；三是对信用主体信用信息进行全生命周期动态管理，使信息可查可看可管。

（五）信用信息服务体系

以信用主体的基础信息为基础，通过法人公共信用基础库、自然人公共信用基础库以及各类信用主题数据库面向全国各省市、各社会信用体系建设示范城市、各个中央和国家机构提供查询检索、信用报告、专题定制、打包下载、批量推送、接口调用等多样化的共享服务，并实现与联合奖惩等系统协同互动，将红黑名单、重点关注名单、失信法人等主题推送给相应的系统。

（六）信用信息共享平台政务外网门户网站

信用信息共享平台政务外网门户网站是为政务外网的各级信用平台管理人员、业务人员以及其他政务部门的人员提供统一的信用信息共享和查询应用等服务的门户，实现了基础库、联合奖惩、大数据分析、城市信用监测、行业协会等各类子应用的统一入口、界面集成，主要内容包括工作动态、政策法规、信用标准、项目建设经验等内容的展示及应用。

二、进一步完善全国信用信息平台建设的考虑

全国信用信息共享平台作为公共信用信息归集共享"总枢纽"以及"信用中国"网站作为公共信用信息公开"总窗口"正日益发挥着重要作用。随着社会信用体系建设工作的深入推进，对进一步提升信用信息归集、共享和公开水平提出了新的更高要求。

为此，平台将依托全国信用信息共享平台（二期）项目进一步完善平台相关功能，以加强我国社会信用体系建设，深入推进"放管服"改革，落实《国务院办公厅关于加快推进社会信用体系建设构建以信用为基础的新型监管机制的指导意见》文件的要求。平台未来发展的主要方向包括：

（一）加快信用体系标准化建设

在公共信用信息管理、信用服务产品应用、失信联合惩戒、信用服务机构监管等方面制定政府规章和规范性文件，明确信用信息记录主体的责任，保证信用信息的客观、真实、准确和及时更新，完善信用信息共享公开制度，推动信用信息资源的有序开发利用；推动各地、各部门制定本行业、本辖区信用建设的规范性文件，建立健全适合社会信用体系建设实际需要的法规体系。推动各地、各部门研究制定信用建设的配套管理制度和具体办法，制定出台自然人、社会法人和其他各类组织的失信惩戒实施细则，建立各行业失信主体"黑名录"制度；制定健全信用信息目录，明确信用信息分类和信用信息的公开属性，结合保护个人隐私和商业秘密，依法推进信用信息在采集、共享、使用、公开等环节的分类管理。

（二）促进平台一体化建设

开展信用信息平台一体化建设顶层设计，研究近期、中期、远期三阶段建设目标和规划，构建全国一体化系统构架和建设方案。

（1）推进支撑一体化建设发展的制度规范。根据全国一体化建设方案

的需要，编制全国统一的信用信息目录、采集、处理、共享、应用、异议、修复等各个环节的建设和运行制度规范。

（2）推进信用信息资源管控一体化建设。统筹考虑全国范围内信用信息采集、治理、共享的技术路径和实施方法，打破信息壁垒，实现全国范围内信用信息高质量和一致性。

（3）推进关键应用服务一体化建设。实现信用查询、信用报告、信用审查、联合奖惩、专项治理等信用服务的一体化实施路径和建设方案。

（4）研究业务管理一体化建设方案，提出信用信息目录管理、信息修正、信息修复、异议处理一体化实施路径和建设方案。

（5）研究一体化平台和网站运维保障方案，提出全国统一的运维制度、管理和技术方案。

（6）研究全国信用信息共享平台安全管理方案，提出保障系统安全、网络安全、信息安全、服务安全的技术路径和措施方法，规范全国各级平台和网站的安全管理工作。

（三）完善平台功能

加强公共信用信息归集。建立健全公共信用信息共享交换体系，完善公共信用信息归集渠道和督促通报机制；加强数据和接口的标准化建设，实现各有关部门掌握的信用信息全程自动化采集；定期更新完善公共信用信息目录，实现公共信用信息归集全覆盖。加强信用记录建设，加强信用档案的形成、积累、整理与归档的规范管理。建立健全信用承诺制度，加强信用承诺信息共享，建立统一的信用承诺信息数据库，公开市场主体的信用承诺事项，接受社会监督。建立完善市场主体违背信用承诺投诉举报和联合惩戒渠道，将市场主体违背信用承诺行为信息纳入信用档案，实施联合惩戒。

（四）提升平台服务能力

拓宽公共信用信息服务渠道，加强与第三方公众平台合作，为全社会无偿提供公共性、定制化的便民服务，提升公共信用信息查询应用的及时性、准确性和便捷性；拓宽公共信用信息服务领域，推动公共信用信息与互联网、移动互联网、电子商务、金融服务等信息的汇聚整合，引导信用服务机构根据市场需求，积极创新信用产品和信用服务，有偿提供管用、易用的信用产品和专业、多元的信用服务；创新公共信用信息服务模式，提升信用信息平台支撑政府应用的服务能力，加强对各类专业应用系统的支撑作用。加大信用平台支撑市场应用的力度，支持信用服务机构创新信用服务和产品，支持普惠金融、分享经济等市场主体做好信用风险管控。

（五）加强先进技术在平台的应用

探索大数据、云计算、人工智能、区块链等新技术在信用领域的应用。通过生物识别技术对用户身份进行验证并对核心数据资源及核心业务进行防护；利用区块链技术对于核心业务数据生命周期进行管理；利用人工智能技术辅助系统运维人员对系统入侵进行精确研判；通过人工智能技术加强云环境运维能力。

（六）加强信用信息互通共用

推动信用信息平台与行业协会商会、信用服务机构、金融机构、特定非金融机构、公共服务机构共享合作，与金融信用信息基础数据库形成互补关系，推动大数据开发利用，促进形成信息共建共享共治的社会格局；创新应用场景，加大对信用服务机构、金融机构和其他市场主体开放力度；探索开展信用数据交易，推动各类信用信息整合应用。

第二节　地方信用信息共享平台

蒋凯元[*]

国家信用信息共享平台和地方信用信息共享平台按照国家信用系统建设的要求协同发展、各司其职，地方各级信用信息共享平台是全国信用信息共享平台的节点和延伸。

一、地方信用信息共享平台建设现状及成效

地方信用信息共享平台主要发挥国家平台规定和赋予的本地区信用信息归集、报送、交换共享和应用功能，按照国家平台规范要求，接收国家平台推送全国信用信息，并完善、补充、存储本地区各类信用主体的信用信息（包括国家平台统一规定的信用信息，本地区特色应用所需的信用信息），承载本地区的信用信息服务，推动本地区的信用应用和信用体系发展。国家信用信息共享平台和地方信用信息共享平台要形成一体化建设、运营的模式。

目前，全国32个省已全部开通本地区信用信息共享平台，32个地方平台与国家信用信息共享平台的对接全部完成。部分地市也建设了本地区的信用信息共享平台，截至2019年5月全国市级（县级市及以上）信用平台建设情况如表1所示：

---

[*] 蒋凯元，国家公共信用信息中心信息资源管理处副处长，高级工程师。

表1 全国市级（县级市及以上）信用平台建设情况

省份	平台数量	省份	平台数量	省份	平台数量
河南	28	山东	24	广东	21
湖南	19	安徽	16	辽宁	14
江苏	13	内蒙古	13	广西	12
湖北	12	河北	11	江西	11
浙江	11	甘肃	10	陕西	10
福建	9	山西	9	四川	7
贵州	6	宁夏	5	云南	5
黑龙江	4	云南	3	吉林	3
青海	2	上海市	2	新疆	1

注：数据截至2019年5月。

二、存在的问题

随着全国社会信用体系建设的不断深入，国家和各省市信用系统建设进度明显加快，系统功能不断拓展，信息应用服务不断创新。但也仍存在亟待改进之处：一是缺乏统一规划，各地区建设水平不平衡。二是缺乏统一的标准规范，各地区建设与服务规范性不够，导致各级平台数据查询的结果不一致，导出的信用报告样式不统一、内容不一致，影响信用信息平台的权威性，并且容易造成误读。三是建设模式各不相同，有采取大集中建设模式，有采取分级建设模式，也有部分集中部分分级相结合的建设模式。四是信用主体在各地区信息不对称，数据共享不畅，影响服务的公平公正。五是信用信息服务各自为政，服务协同难度大。

三、对地方信用信息共享平台的建设建议

（一）加强与国家平台一体化建设

1. 加快统一各级信用信息共享平台名称、标识、标准体系和管理规范

各地方要按照统一部署，将各省级、市（区）级、县级的信用信息共

享平台或系统的名称逐步变更为"全国信用信息共享平台（地方名称）"。例如：全国信用信息共享平台（江苏）、全国信用信息共享平台（江苏无锡）、全国信用信息共享平台（浙江义乌）等。各地方要将各省级、市（区）级、县级的信用信息共享平台或系统的标识在内容和形式上实现与全国信用信息共享平台保持一致。各地方要对照已编制完成的《公共信用标准体系框架》等标准规范，逐步完善、改造和升级各级信用信息共享平台。各地方要结合各自实际情况，修改完善各级信用信息共享平台现行的相关管理文件，基本实现信息共享及使用管理、运行管理、监督管理、安全管理、统计管理等制度安排与全国信用信息共享平台保持一致。

2. 加快建设各地联动的联合奖惩体系

在建设完善全国信用信息共享平台联合奖惩子系统基础上，组织各级信用信息共享平台建设联合奖惩子系统，并与国家层面相关系统衔接，构建数据同步、措施统一、标准一致的全国联合奖惩协同系统。通过国家层面子系统发布共享红黑名单数据，由地方层面子系统将名单数据推送并嵌入政务大厅系统、政务办事系统中加以应用，形成发起、响应和反馈全流程数据应用机制，构建全国统一的"联合奖惩一张网"，推动各部门各地方将联合奖惩措施落到实处。

3. 加快构建一体化的信用信息政务服务体系

各级信用信息共享平台要围绕支撑"放管服"改革、事中事后监管、构建失信惩戒大格局等重点工作，向本区域内各级政府部门提供标准化、便捷化的信用信息政务服务。推动各级政府部门业务系统与同级信用信息共享平台互联互通，实现信用信息和信用产品在政府采购、招标投标、行政审批、市场准入、资质审核等行政管理事项中得到充分应用。依托一体化建设，推动形成信用信息和信用产品跨部门、跨区域应用的联动机制。

（二）依托地方信用平台建立以信用为基础的监管机制

以商事登记领域"告知承诺制"和企业投资领域"标准地+承诺制"

为推进重点，依托各地信用信息共享平台归集各类信用信息，结合实施信用承诺制度，建立以信用为核心的事中事后新型监管机制。

1. 监管内容对暂时不能取消审批，但通过事中事后监管能够纠正不符合审批条件的行为且不会产生重大后果的行政许可事项，实行告知承诺制

对实行告知承诺的行政许可事项，由行政审批机关制定告知承诺书，并向申请人提供示范文本，一次性告知企业审批条件和需要提交的材料，企业承诺符合审批条件并提交有关材料（部分材料可承诺事后补充），即可当场办理有关行政许可事项，领取许可证。申请人达到法定许可条件后，方可从事被许可行为。

2. 监管流程

（1）信用核查。接到申请人申请材料后，审批服务部门现场通过信用信息平台查询申请人信用情况，对信用记录良好的申请人予以启用"告知承诺制"审批模式；对有严重失信行为以上的（含），包括被列入黑名单的（部分领域要求为有较重以上失信记录）或曾经采用"告知承诺制"且承诺未履约的，不得采用"信易批"激励措施，仍按照原审批程序办理。

（2）告知承诺。对实行告知承诺的行政许可事项，由行政审批机关制定告知承诺书，并向申请人提供示范文本，一次性告知企业审批条件和需要提交的材料，企业承诺符合审批条件并提交有关材料，即可当场办理有关行政许可事项，领取许可证。信用承诺内容通过各级信用信息共享平台推送至各级"信用中国"网站及时向社会公示。

（3）强化监管。相关主管部门加强信用监管，通过"双随机"等方式进行检查或抽查，监管过程和结果通过部门网站和各级"信用中国"网站向社会公布，如申请人不符合准入要求的，撤销已核发的许可；造成严重后果的，追究相应法律责任。

（4）信用约束。对承诺不践诺、备案不真实的申请人，将失信行为纳入信用记录，实施联合惩戒。在信用负面评价期间，不再适用告知承诺制审批模式，一律按照原审批程序办理。

3. 保障措施

（1）加强行政指导。各行政许可部门按许可职责通过建议、辅导、提醒、规劝、示范、公示、约谈等非强制方式，指导市场主体按照法定许可要求规范经营。

（2）强化事中事后监管。出台全面落实"先照后证"改革强化事中事后监管的实施意见，厘清各部门监管职责，建立登记注册、行政审批、行业主管相互衔接的联合监管机制。各行政许可部门按许可职责建立定期、不定期监督检查制度，开展上门核查、指导。对有告知承诺违约情况的，尤其是"承诺不践诺、备案不真实"的，通过责令整改、行政处罚等方式落实整改，同时加强对失信行为的信用公示和惩戒。按照"谁审批、谁监管，谁主管、谁监管"的原则，明确监管责任，并全面推行"双随机、一公开"等监管制度。

（3）推进信息互联共享。推进部门间信息交流和资源共享，实行"双告知"，实现市场监管部门、审批部门、行业主管部门以及其他部门之间的信息实时传递和无障碍交换。进一步完善审批、监管互动模式，促进审管良性有效衔接。加强跨部门联动响应，联合审查、齐抓共管，形成部门联审联管合力。

（4）强化守信联合激励和失信联合惩戒。积极完善和推动地方信用信息共享平台的建设和应用，强化企业信息公示和公示信息抽查制度，把事前承诺和容缺办理相结合，进一步完善企业信用承诺制度和"双公示"制度，将企业信用承诺信息和部门检查结果通过信用信息共享平台及其他媒体平台对外公示，推进信用分类监管，依据监管对象的告知承诺检查、日常经营活动、信用评价信息等诚信情况，将监管对象分为不同类别，建立与监管类别相配套的不同频率的检查监管制度、不同程度的惩戒措施。完善、规范信用红黑名单认定与发布制度，定期公布企业经营异常名录和严重违法企业"黑名单"。强化奖惩联动，针对失信和守信的主体对象明确相关惩戒或激励措施，由各职能部门进行联合奖惩，对有严重失信行为的，给予"一票否决"，形成"一处违法、处处受限"的联合惩戒机制。

第四章
重点行业重点领域信用信息共享平台

行业信用是社会信用体系的重要组成部分，行业信用体系建设有利于行业各参与方自律守信良好氛围的形成，带动全行业健康快速发展。行业信用信息共享平台是行业信用建设的重要支撑，在金融领域，中国人民银行建设的征信系统是我国最具权威的征信平台，在工商管理领域，市场监管部门建设的国家企业信用信息公示系统实现了全国企业信息的归集、公示、共享及应用，这都为其他行业或领域的信用信息共享平台建设提供了富有价值的参考。

第一节　征信系统

曾光辉[*]

征信系统是全国集中统一的企业和个人征信系统的简称,是由中国人民银行主导推动建设的国家金融基础设施,中国人民银行征信中心专职负责建设、运行和维护。征信系统是征信中心提供征信服务所依据的数据库,广泛采集能反映信息主体信用状况的信贷信息以及其他信息。

一、征信系统的建设历程及名称演变

企业征信系统,最早起源于人民银行于1997年建设的银行信贷登记咨询系统。2002年3月,按照国务院要求,由人民银行牵头的22个单位,组成建立企业和个人征信体系专题工作小组,于2004年向国务院上报了《建设企业和个人征信系统总体方案专题报告》。人民银行于2004年开始对银行信贷登记咨询系统进行升级改造,建成全国集中统一的企业征信系统。

个人征信系统,最早在2002年提出建设构想,2004年建立企业和个人征信体系专题工作小组向国务院上报了《建设企业和个人征信系统总体方案专题报告》。2004年,人民银行开始建设全国集中统一的个人征信系统。

2004年2月,时任国务院总理温家宝在全国银行、证券、保险工作会议上指示,"加快全国集中统一的企业和个人信用信息基础数据库的建设,形成覆盖全国的基础信用信息服务的网络"。企业和个人征信系统改称企业和个人信用信息基础数据库。

---

[*] 曾光辉,厦门国信信用大数据创新研究院执行院长,高级经济师。

2005年，人民银行颁布《个人信用信息基础数据库管理暂行办法》（人民银行令〔2005〕第3号），沿用了个人信用信息基础数据库的称谓。

2007年，国务院办公厅发布《关于社会信用体系建设若干意见》，提出"要以信贷征信体系建设为切入点，进一步健全证券业、保险业以及外汇管理的信用管理系统，加强金融部门的协调和合作，逐步建立金融业统一征信平台"。企业和个人信用信息基础数据库因此又称金融业统一征信平台。

2013年3月实施的《征信业管理条例》，将企业和个人信用信息基础数据库改称金融信用信息基础数据库。

征信系统的称谓历经数次变化，在实践中，仍使用"征信系统"这一名称。

二、征信系统简介

征信系统通过采集、整理、保存、加工企业和个人的基本信息、信贷信息和反映信用状况的其他信息，建立放贷机构共享借款人信用信息的机制，有效解决借贷双方信息不对称问题，防范和化解信用风险。

2006年3月，经中编办批准，中国人民银行设立中国人民银行征信中心，作为直属事业单位负责企业和个人征信系统（即金融信用信息基础数据库，又称企业和个人信用信息基础数据库）的建设、运行和维护。2013年3月15日实施的《征信业管理条例》，明确了征信系统是由国家设立的金融信用信息基础数据库定位，征信中心是金融信用信息基础数据库的专业运行机构。

截至2018年末，征信系统共收录9.8亿自然人，收录2582.8万户企业及其他组织，其中有信贷记录的自然人5.3亿人，有信贷记录的企业及其他组织862.8万户。个人和企业征信系统分别累计接入机构3531家和3438家，个人征信系统2018年全年日均查询482.2万次，企业征信系统2018年全年日均查询30万次。

三、征信系统的信息采集

(一) 基本信息采集

基本信息是定位和识别企业和个人的基础信息。

1. 企业基本信息采集

企业征信系统采集的企业基本信息分为五大类：一是机构标识信息，即证件类型、证件号码等机构的身份标识信息；二是登记注册信息，指企业（机构）在登记注册主管部门进行登记注册时产生的关于企业基本属性的信息以及联络信息；三是高管及主要关联人信息；四是重要股东信息；五是财务信息，主要包括企业的各类财务报表信息。

2. 个人基本信息采集

个人征信系统采集的个人基本信息主要有四大类：一是标识信息，即姓名、证件类型和证件号码这三项身份标识信息；二是身份信息，指个人性别等基本属性以及配偶信息和联系方式等；三是职业信息，指个人单位名称及地址等职业相关信息；四是居住信息，指个人居住地址及居住状况等信息。

(二) 信贷信息采集

信贷信息是指企业和个人在信贷交易过程中承担的经济责任和履约情况，反映了企业和个人的还款意愿和还款能力。信贷信息是反映企业和个人信用状况的主要信息，是征信系统的核心信息。

1. 企业信贷信息采集

企业征信系统采集的企业信贷信息主要有五大类：一是信贷交易合同信息；二是企业负债信息；三是企业还款记录；四是信贷资产质量分类；五是其他反映信贷交易特性的数据项。企业征信系统采集的每笔信贷业务都是"全程记录",即每笔信贷业务从交易开始到结束,期间发生的还款情况和五级分类调整情况都会如实记录。

2. 个人信贷信息采集

个人征信系统采集的个人信贷信息主要包括五类:一是贷款信息,指贷款发放及还款情况等;二是信用卡信息,指信用卡的发卡和还款信息;三是担保信息,体现个人为其他主体的担保情况;四是特殊交易信息;五是特别记录信息。同企业征信系统一样,个人征信系统采集的每笔信贷业务也都是"全程记录"。

四、征信系统的基础产品

征信系统的基础产品包括个人信用报告和企业信用报告两类。

(一)个人信用报告

个人信用报告是个人征信系统提供的最基础产品,它记录了客户与银行之间发生的信贷交易的历史信息,只要客户在银行办理过信用卡、贷款、为他人贷款担保等信贷业务,他在银行登记过的基本信息和账户信息就会通过商业银行的数据报送而进入个人征信系统,从而形成了客户的信用报告。

1. 个人信用报告中的信息

个人信用报告中的信息主要有六个方面:公安部身份信息核查结果、个人基本信息、银行信贷交易信息、非银行信用信息、本人声明及异议标注和查询历史信息。

公安部身份信息核查结果实时来自公安部公民信息共享平台的信息。个人基本信息表示客户本人的一些基本信息,包括身份信息、婚姻信息、居住信息、职业信息等内容。银行信贷交易信息是客户在各商业银行或者其他授信机构办理的贷款或信用卡账户的明细和汇总信息。非银行信用信息是个人征信系统从其他部门采集的、可以反映客户收入、缴欠费或其他资产状况的信息。

本人声明是客户本人对信用报告中某些无法核实的异议所做的说明。异议标注是征信中心异议处理人员针对信用报告中异议信息所做的标注或因技术原因无法及时对异议事项进行更正时所做的特别说明。查询历史展示何机构或何人在何时以何种理由查询过该人的信用报告。

2. 个人信用报告的查询使用

个人信用报告的使用目前仅限于商业银行、依法办理信贷的金融机构（主要是住房公积金管理中心、财务公司、汽车金融公司、小额信贷公司等）和人民银行，消费者也可以在人民银行获取自己的信用报告。不管是商业银行、消费者还是人民银行，查询者查询个人信用报告时都必须取得被查询人的书面授权，且留存被查询人的身份证件复印件。

（二）企业信用报告

企业信用报告是全面记录企业各类经济活动，反映企业信用状况的报告，是企业征信系统的基础产品。企业信用报告客观地记录企业的基本信息、信贷信息以及反映其信用状况的其他信息，全面、准确、及时地反映其信用状况，是信息主体的"经济身份证"。

1. 企业信用报告中的信息

企业信用报告主要包括四部分内容：基本信息、信贷信息、公共信息和声明信息。基本信息展示企业的身份信息、主要出资人信息和高管人员信息等。借贷信息展示企业在金融机构的当前负债和已还清债务信息，是信用报告的核心部分。公共信息展示企业在社会管理方面的信息，如欠税信息、行政处罚信息、法院判决和执行信息等。声明信息展示企业项下的报数机构说明、征信中心标注和信息主体声明等。

2. 企业信用报告的查询使用

企业信用报告主要用于商业银行信贷审批和贷后管理，也用于政府部门评奖、评优、招标或审计机构进行财务审计等许多活动中。在经过企业的授权同意后，商业银行、政府部门等可以查询该企业的信用报告，了解其信用状况。

五、征信系统建设面临的问题和挑战

（一）信贷信息的采集范围有待进一步拓宽

例如部分委托贷款信息、证券与保险信用信息、公司债信息尚未纳入征信系统，小额贷款公司、融资性担保公司、资产管理公司和融资租赁公司尚未全部接入征信系统。

（二）非银行信用信息采集遭遇瓶颈

采集反映信用状况的非银行信息是不断健全完善征信系统的必要措施，但近年来非银行信息采集工作推动乏力，信息难以持续更新，信息的采集和应用远未达到预期效果。

（三）产品品种较单一

目前征信系统为授信机构所提供的基础产品品种还比较单一，主要是信用报告，增值产品有待进一步丰富，数据应用有待深化，个性化的服务有待强化。

六、征信系统的近期发展趋势

（一）加快推进二代征信系统建设工作

二代征信系统是适应现代通信信息技术、大数据技术和征信业务快速发展的需要，对现有征信系统的优化升级，旨在构建一个高效、可扩展、可配置、具有前瞻性的系统平台，可支持数据挖掘的海量处理，支持各种征信业务的创新和发展。目前，二代征信系统建设工作正不断加快推进，已经在试运行阶段，将来上线运行后将保障征信系统作为国家金融信用信息基础数据库的技术领先性。

（二）进一步拓宽信贷信息的采集范围

征信系统正稳步拓宽信贷信息采集范围，并逐步推动小额贷款公司、融资性担保公司、资产管理公司和融资租赁公司全口径接入征信系统。

（三）探索建立非银行信息采集长效机制

非银行信息的采集对于征信系统全面反映信息主体的信用状况有积极意义。目前，非银行信息采集的长效工作机制正逐步探索建立，例如与政府相关部门建立信息共享和联合惩戒机制，既提高了行政执法效能，又有利于防范信贷和商务交易风险。

第二节　企业信用信息公示系统

吕培超*

建设企业信用信息公示系统（以下简称公示系统），实现企业信息的统一归集、公示、共享及应用，是扎实推进"放管服"改革和持续深化商事制度改革的重要任务，是加强事中事后监管和积极营造竞争有序营商环境的重大举措，也是推动社会信用体系建设和实现国家治理能力现代化的有力支撑。

---

* 吕培超，厦门市市场监管局信用监管处主任科员。

一、企业信用信息公示系统建设现状及成效

（一）发展历程

党中央、国务院高度重视公示系统建设，李克强总理、张高丽副总理、杨晶国务委员、王勇国务委员多次作出重要批示指示，要求加快建设公示系统。

公示系统最初的版本于 2014 年 3 月 1 日与商事制度改革同步推出，上线运行。全国市场监管（工商）部门在已有信息化建设基础上进行改造，建立了链接总局和 31 个省级市场监管（工商）部门的过渡性公示系统，面向全国提供公共服务。2015 年 3 月 20 日，李克强总理视察原工商总局时，充分肯定了公示系统发挥的作用，并强调要形成全国统一的企业信息公示大数据平台，完善企业信用信息共享机制，探索新的监管模式。原工商总局、现市场监管总局各业务司局历经两年多不懈努力，先后与 37 个部门签订了联合惩戒合作备忘录，与 56 个政府部门共同签订涉企信息归集工作方案，为公示系统建成营造了良好环境。各级党委、政府将公示系统建设作为商事制度改革的重中之重，31 个省（区市）相继出台信息归集、联合惩戒的规范性文件，形成了市场监管（工商）牵头、多方参与、制度保障的工作局面。公示系统于 2017 年年底全面建成，覆盖全国 31 个省（区市），联通各级政府部门和单位，把跨部门、跨领域、跨层级的各类注册登记、行政许可、行政处罚、抽查检查等企业信息统一归集，并以统一社会信用代码为索引记于企业名下，发挥了"一网归集、服务各方"的重要作用。

（二）主要功能

公示系统的主要功能可以归纳为"一网归集、两个门户、双向服务"。即推动部门、地方、行业、企业信用信息建设及互联互通，通过统一归集

各个政府部门的涉企信息以及归集企业自行填报的年报、即时信息,形成涉企信息的"全国一张网",进而通过"两个门户"实现对社会公众、企业以及政府部门的"双向服务"(如图1所示)。

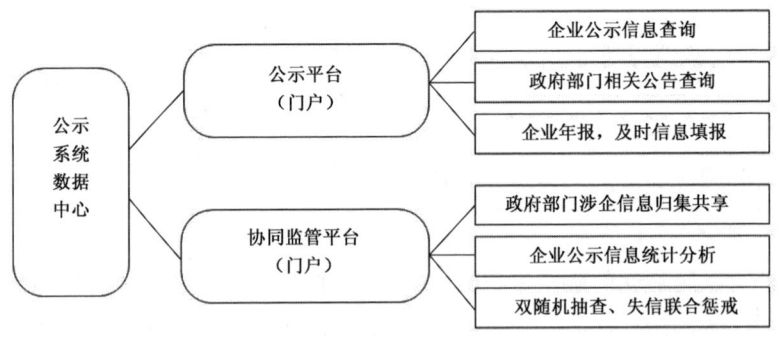

图1 公示系统的主要功能

门户之一为面向公众的全国一体、纵向贯通的企业信息公示门户,实现"一入口,全网走",提供企业信用信息查询、经营异常名录查询、严重违法失信企业名单查询、政府相关公告查询、企业信息填报、小微企业名录、异议申请等应用服务。门户的网址为:http://www.gsxt.gov.cn/index.html,页面如图2所示:

图2 企业信用信息公示门户网站图

企业信息公示门户的核心功能是信息查询，支持通过企业名称、统一社会信用代码或注册号三种关键字内容来查询。模糊查询后，还可以通过选择企业状态、成立年限、登记机关，乃至是否存在行政许可、行政处罚等类别的信息进行高级筛选，从而更方便快捷查询到所需要的企业信息（如图3所示）。

图3　企业信用信息公示门户网站的筛选式查询

记于企业名下的信息可分为政府部门、相关单位涉企信息以及企业自行填报信息。政府部门、相关单位涉企信息包括工商登记备案、行政许可、行政处罚、抽查检查、信用监管、动产抵押、股权出质、司法协助等信息。企业自行填报并公示的信息则包括每年的年度报告以及日常的及时信息。

另一门户为面向政府的协同监管平台，通过将企业信息与各个政府部门的市场监管行政行为相关联，依法将企业信息作为参考依据或判断依据，为信用监管、动态监管、精准监管、全过程监管提供信息保障，提升监管效能。除了归集共享、统计分析、"双告知"功能外，国务院要求的"双随机、一公开"抽查工作也是依托协同监管平台来开展的。各地通过协同监管平台建立执法检查人员名录库和检查对象名录库，实现随机摇号、抽查计划公示、检查结果公示等功能。各地结合市场监管工作实际，进一步拓展协同监管的功能作用，依托信息化手段对辖区内企业遵纪守法、履行法定义务、开展经营活动等情况进行线上动态监测和远程核查，既减少对企业正常经营活动的干扰，又精准聚焦问题线索，形成网上监管与线下监管互相配合的工作格局。

（三）取得的成效

1. 不断提升企业信息查询便利性

公示系统归集了各部门、各领域、各行业企业方方面面的信息，并以统一社会信用代码为索引记于企业名下，极大地方便了社会公众查询。市场交易方随时随地通过电脑、手机查询公示系统公示的企业信息，就能对潜在交易对象的信用状况作出判断，从而决定是否开展商务合作。这对保护市场交易方权益、维护整个市场交易安全发挥了重要作用。社会各方对企业信息的关注度和使用率持续走高，政府部门、社会公众、媒体、市场交易方等已经基本形成了"查询企业信息上公示系统"的共识。截至2019年6月30日，国家企业信用信息公示系统网站页面访问量达1026.7亿次、市场主体查询量达214.6亿次，信赖公示系统、查询年报信息、保障交易安全的社会氛围日渐形成。

2. 持续服务企业做好年报工作

企业年度报告公示制度是企业年检制度的新举措，是企业由对政府部门负责向对全社会负责转变的制度体现。改革前，每户企业年检平均需花费上千元的审计费用，改革后，每年为企业节省大量开支，而且企业可以坐在办公室通过公示系统网上年报，节省时间少跑路不折腾。截至2019年6月30日，2018年度全国企业年报公示工作已顺利结束。全国应当报送公示2018年度年报的企业3258.43万户，已经报送公示的2980.47万户，年报公示率为91.47%。各省（区、市）和新疆生产建设兵团的企业年报率均超过85%，高于商事制度改革前企业年检率。个体工商户、农民专业合作社年报公示工作也保持平稳态势，年报公示率分别为77.65%和84.75%。这些数据表明各类市场主体的责任意识在不断增强。同时，市场监管总局还在积极推进与海关总署、商务部、国家外汇管理局"多报合一"工作，在今年已经整合126项海关年报事项基础上，加快与商务部门330项外商投资企业年报事项和62项外汇管理部门外汇存量权益登记事项的整合,减少企业重复报送的频次和数据量,降低企业的制度性交易成本。

3. 强化部门协同监管和联合惩戒

各个政府部门依托企业信息更有针对性地实施分类监管、重点监管、联动监管和精准监管,通过公示系统推动整个市场监管领域各部门共同参与的协同监管和失信联合惩戒,使失信市场主体在行政审批、资质认定、融资授信、招投标、商务合作等方面受到限制,信用约束的影响和范围进一步扩大,有效形成"一处失信、处处受限"的局面。

4. 积极推进公示系统数据社会化应用

加强与金融机构、行业协会、互联网平台等社会第三方的数据共享,充分发挥行业协会和平台型企业对企业的规范、引导功能,扩大社会监督,推进社会共治。公示系统向相关方面推送经营异常名录信息、严重违法失信企业名单信息,在推动提供普惠金融服务、扶持小微企业发展、维护交易安全、防范金融风险等方面发挥了很好作用。

二、存在的问题

建设好、应用好,发挥好公示系统的作用,还有很多工作要做。目前公示系统还存在不少问题有待在实践中摸索前行,不断完善。

(1)公示系统公示的信息质量还不够高。由于各部门信息字段格式不同等原因造成的公示信息字段缺项;由于归集不够全面而造成的公示信息空白;公示信息更新不及时或超期公示;不同政府网站公示的信息不一致等。

(2)公示系统公示的信息范围还不够宽。现有公示的信息还不足以全面反映企业的信用状况,如企业产品质量、消费侵权、债权债务等诸多直接反映企业信用状况的重要信息尚未纳入公示的范围。

(3)公示系统提供的查询功能还不够全面。目前还不支持根据人名及身份证等信息来查询名下登记企业状况,而该功能是在社会大众中有较普遍需求的。

(4)部门间企业信息还未真正实现实时互联共享。各个政府部门信息化水平参差不齐,特别是在信息归集共享智能化方面,信息录入的便利化程度与技术发展不相适应,还不能完全实现自动交换,网络信息技术水平还不能满足信息公示、共享及应用的需求。

(5)协同监管和联合惩戒的力度还不够大。相关举措执行还不够到位、未及时互通惩戒结果等方面。

三、下一步建设规划

为充分发挥公示系统支撑商事制度改革和"放管服"改革措施落地、推动建设统一开放竞争有序市场体系、推进国家治理体系和治理能力现代化、服务营商环境优化和经济高质量发展的重要基础性作用,市场监管总局于2019年7月出台了《市场监管总局关于进一步优化国家企业信用信息公示系统的通知》,就进一步优化公示系统提出了具体举措:

一是要优化公示系统的内容。依照政府部门涉企信息资源目录、数据标准,加快实现各级各部门涉企信息统一归集公示。做好各类业务系统与公示系统的互联互通和数据对接,形成全面覆盖市场监管各条业务线的涉企信息公示"全国一张网"。同时要有序公示存量信息,加强对涉企信息存量数据的梳理清洗,明确时间节点,明晰公示规则,实现登记备案存量信息的有效公示,推动解决市场主体、政府部门、社会公众间涉企信息不对称问题。二是要强化应用支撑,支撑改革措施落地,提升利企便民水平,形成联合惩戒链条。三是要畅通诉求渠道,加强咨询服务,做好异议处理。四是要提高数据质量,把好数据采集关,把好数据比对关,把好数据安全关。

公示系统是依法治国、构筑诚信的新起点,是积累信用、创新监管的新长征,是联合惩戒、规范秩序的新利器。随着公示系统的不断健全完善和广泛运用、持续发力,必将开启我国国家治理能力现代化的新篇章。

第五章
"信用中国"网站

"信用中国"网站及地方信用门户网站承担着信用政策宣传、信用信息公开、信用查询、信用服务、信用创新应用等工作,是面向广大信用工作者、政务服务人员、社会公众提供宣传和服务的平台,是政府褒扬诚信、惩戒失信的窗口。

第一节 "信用中国"网站建设

曹 佳 李 璐[*]

"信用中国"网站由国家发展改革委、中国人民银行指导,国家公共信用信息中心主办,国家信息中心、中经网等单位提供技术支持。随着社会信用体系建设深入推进,"信用中国"网站信用信息种类不断丰富,信用服务水平持续提高,社会影响力全面扩大。

一、"信用中国"网站建设现状及成效

(一)"信用中国"网站建设现状

"信用中国"网站于2015年6月1日正式上线,2017年10月15日完成2.0版本升级工作。网站上线以来,社会影响力不断扩大。如今"信用中国"网站已经成为信用建设工作的风向标。总体而言,网站在我国社会信用体系建设中发挥着三个方面的重要作用。

1. 信用信息发布的主渠道

"信用中国"网站现对外公开企业工商登记基础信息、统一代码信息等六大类信息约2.65亿余条,其中行政许可和行政处罚信息1.64亿余条,"红黑名单"信息1880万余条,重点关注名单1100万余条。网站也是限制乘坐火车、飞机严重失信人公示名单等的权威发布渠道,督促失信主体主动修复失信行为,并提供申诉渠道。

---

[*] 曹佳,国家公共信用信息中心信息公开处副处长;李璐,任职于国家公共信用信息中心信息公开处。

2. 信用信息应用的主平台

"信用中国"网站面向社会提供"一站式"综合查询功能和红黑名单、统一社会信用代码、行政许可与行政处罚等分类查询业务,满足公众对信用信息的不同需求,提升信用信息的社会化应用,解决经济社会主体间信息不对称问题。网站先后开通了联合奖惩公示公告、信用信息查询、个人信用查询、数据共享专区、异议投诉等栏目,形成了多部门、多地区、多行业的全方位信用信息展示。在政府采购、招投标等过程中,通过"信用中国"网站查询有关主体信用状况,对相关失信主体实施联合惩戒,已逐渐成为部门和社会习惯。

3. 信用宣传教育的主阵地

"信用中国"网站通过开展"诚信建设万里行""重点领域失信专项治理工作"等活动,加强与全国各主流媒体合作,形成宣传合力,强化社会公众的诚信意识,鼓励公众"知信、用信、守信",助力我国信用体系建设。网站通过大力推出"诚信文化""诚信舆情"等栏目,从阐释诚信建设内涵、解读现行制度政策、宣扬正面典型等多角度展示我国诚信建设的变化和蓬勃发展进程,向社会各界弘扬诚实守信正能量。

(二)"信用中国"网站的突出成效

"信用中国"网站是支撑联合奖惩机制,构建"守信者一路畅通、失信者处处受限"大格局的总窗口。目前,网站已发布60多个部门累计签署的51个联合奖惩备忘录。其中包括5个守信联合激励备忘录、43个失信联合惩戒备忘录和3个既包含守信联合激励又包含失信联合惩戒的备忘录。同时陆续发布与联合奖惩备忘录相配套的各领域红黑名单制度,目前已有15个领域出台了红黑名单管理办法,17个领域建立发布了红黑名单。

为推进联合奖惩措施落地实施,全国信用信息共享平台建立联合奖惩子系统,归集有关部门产生的红黑名单信息,通过"信用中国"网站对社会公开发布,同时推送给联合奖惩措施实施部门,并收集联合奖惩措施实际实施情况，初步形成"发起-响应-反馈"机制，在法院执行、税收征管、海关进出口等领域常态化开展联合奖惩，成效显著。截至2019年6月30日，全国法院累计发布失信被执行人名单1443万人次，累计限制购买飞机票2682万人次，限制购买高铁动车票596万人次，有437万失信被执行人慑于信用惩戒主动履行义务。

为保障信用主体权益，营造良好市场环境，"信用中国"网站实现以"在线一口受理、分级协同审核、全网限时办结、全程操作留痕、结果全网同步、进度可自助查询"为特点的行政处罚信息信用修复模式，企业可在线提交修复材料和申请，为企业提供了便利的修复途径。

同时，"信用中国"网站与44家社会机构签署了信息共享合作备忘录，通过接口服务，依法依规共享可公开的企业基础信息、双公示信息、红黑名单等。其中，包括金融机构20家，大数据、互联网公司11家，第三方征信机构13家。

"信用中国"网站除向社会提供"一站式"综合查询功能外，还提供企业信用报告查询和下载功能。根据财政部2016年发布的《关于在政府采购活动中查询及使用信用记录有关问题的通知》文件精神，各级财政部门、采购人、采购代理机构应当通过"信用中国"网站查询相关主体信用记录，并采取必要方式做好信用信息查询记录和证据留存，信用信息查询记录及相关证据应当与其他采购文件一并保存。相关主体的信用状况在招投标中具有重要的参考价值。

二、"信用中国"网站存在的不足

如今"信用中国"网站功能日渐强大，建设日趋成熟，影响力日益扩大，已经成为我国社会信用体系建设工作的"总窗口"，发挥沟通社情民意、推进信用信息公开的重要作用。但目前网站也存在部分栏目功能定位重合，信用信息类型单一，信用信息查询、公示页面等功能性栏目不够突出，移动端查询功能较为薄弱，网站社会影响力不足等问题。

三、"信用中国"网站的下一步建设思路

随着社会信用体系建设的全面推进,"信用中国"网站整体建设也在进一步推进和深化。网站将从基础性、宣传性向功能性和服务性拓展,一方面将以丰富完善功能目标为方向,指导推进业务系统目标建设;另一方面通过组建信用应用矩阵、提升智能化运营水平、优化用户体验、全面强化应用安全保障,将"信用中国"网站打造成集信用信息综合公示、信用政策宣传引导、便捷查询服务、完整信用服务链于一体的社会信用体系建设的总窗口。

1. 加大信用信息归集公示力度

"信用中国"网站将加大信息公开力度,通过双公示上报、企业自主上报等方式,加大对多个重点领域信息的归集和公示,设立综合信息公示专区,推动公示信息与主体信息相关联的多种信息综合查询与展示。

2. 强化信用信息查询功能

"信用中国"网站将整合各类信息,实现基础信息、信用信息、大数据信息、公共评价信息等多种信息关联查询,实现一键查所有。

3. 提升信用服务水平

"信用中国"网站将在重点民生领域拓展社会化、市场化奖惩机制,积极推进信用产品的普及应用,以"信用承诺、信用公示、信易+"作为主打品牌,不断强化网站面向社会大众的服务水平,鼓励诚实守信,惩戒违法失信,充分发挥"诚信总窗口"的作用。

4. 加强信用宣传引导

"信用中国"网站将加强与主流媒体合作,形成合力扩大信用知识普及,宣扬诚实守信的社会正能量,帮助社会公众强化信用知识,鼓励大家"知信、用信、守信",努力营造诚实、自律、守信、互信的社会信用环境,助力我国信用体系建设。

5. 提高信用信息安全管理能力

"信用中国"网站将进一步强化安全管理,通过"制度+技术"的创新,对数据采集、传输、加工处理、存储、使用、共享等全链条进行监控,加强对数据的安全防护能力,在确保信用信息系统安全红线的前提下,推进全国各级"信用中国"网站的一体化建设。

参考文献:

[1] 邱晓琴."信用中国"网站让"老赖"无处遁形[N].光明日报,2018-08-02.

[2] 做好社会信用体系的建设者和推动者——专访国家公共信用信息中心主任周民[J].中国信用,2018(12).

第二节 地市信用门户网站建设

曹 佳 李 璐[*]

信用门户网站是信用建设服务社会的窗口,也是各地信用建设工作水平的标志,在地方的高度重视下,地市信用门户网站建设取得了积极进展和丰硕成果。

一、地方信用门户网站建设现状

(一)地方信用门户网站开设情况

截至2019年6月30日,全国31个省级(自治区、直辖市)和新疆生

---

[*] 曹佳,国家公共信用信息中心信息公开处副处长;李璐,任职于国家公共信用信息中心信息公开处。

产建设兵团均已开设信用网站。全国334个地级市（地区、自治州、盟）共开设信用网站284个。其中独立网站250个，利用当地政府或上级信用网站集约化平台建站的27个，在当地政府门户网站中开设专题栏目的7个。与此同时，山东、河南、贵州、甘肃、新疆等部分地区开设了区县级信用网站，如贵州省通过集约化建设模式为全省88个县（区、自治县）开设了62个网站。

（二）地方信用门户网站创新做法

在建设信用门户网站的过程中，部分地区除了打造网站基础功能外，还有一些可面向全国复制推广的、创新性的先进经验和有效成果，例如：

"信用苏州"网站以满足用户需求为出发点，带给用户智能服务，提升用户使用体验。针对首次访问用户，提供智能客服引导服务，实现"有事问阿桂"功能，并利用知识图谱、深度学习等技术，提供全天候、互动式自助服务，根据用户需求自动匹配目标，提升网站服务质量与工作效率；对于常客，网站通过分类清晰的栏目来满足访问需求；本地市民则能够通过人脸识别实名登录网站查询"桂花分"。

"信用中山"网站结合中山市的特色产业特点，开发了信用信息特色应用系统，包括红木行业、灯饰行业的特色应用系统，近1500家红木企业、近3000家灯饰企业的信用档案一目了然，营造了诚信经营的营商环境。

"信用宁波"网站及其移动端为公众提供了信用信息线上查询服务，并推出了"个人信用报告扫码查""企业信用名片""信用订阅"等便民服务功能。

二、存在的问题

党的十八大以来，我国社会信用体系建设突飞猛进，建立了国家、省、市、县多级信用门户网站，开展了多项应用服务，取得了显著成效。

但也仍存在亟待改进之处。比如，缺乏统一规划，各地区网站建设水平不平衡；信用主体在各地区信息不对称，数据共享不畅，影响服务的公平公正；信用信息服务各自为政，服务协同难度大；网站社会影响力不足等问题。现存问题一定程度上制约了信用在服务"放管服"、优化市场营商环境、便民利企的作用。

三、对地市信用门户网站的建设建议

（一）确立地方信用门户网站统一标准规范

加强全国各级信用门户网站一体化顶层设计，通过确立和完善网站统一标准规范，带动各地区建设和应用水平均衡发展，促进全国各级信用门户网站应用水平全面提高，解决各地区信息不对称和信息更新及时性问题。强化各级信用门户网站信用服务的规范性和便利性，适应全国资源配置和信用主体跨区域经营的需要，营造公平竞争的市场环境，激发市场活力和社会创造力。

（二）加强地方信用门户网站联通建设

加强地方信用门户网站的联通建设，通过遵循统一的工程标准、使用统一的定制开发软件，逐步细化和规范各级网站的栏目设计、视觉设计、功能设计，统一名称、风格、标识，统一基础栏目、基本信息公共事项，实现信用门户网站资讯展示、查询公示、信用服务等功能的高效统一，让公众在各级信用门户网站上能够最大化地共享相关功能。地方信用门户网站作为"信用中国"网站的节点和延伸，要逐步实现标准一致、数据同步、措施统一和关联应用；逐步实现社会公众在各级网站都能够使用全国信息，并得到属地化、差异化的个性服务；逐步实现各级网站都能够成为区域信用服务的窗口。

（三）提升地方信用门户网站服务水平

地方信用门户网站除了实现基本信用服务功能外，还需结合当地特色，开拓属地化、个性化的服务功能。比如强化"信易+"服务功能，不断创新"信易+"服务，系统梳理并大力推广；提升信用承诺功能，实现信用承诺全覆盖、全公示、全跟踪；进一步加强奖惩案例归集宣传功能等。

（四）强化地方信用门户网站展示设计和应用推广

地方信用门户网站要科学规划展示页面生命周期，注重迭代更新，按需改版，不断提高栏目设计水平，逐渐形成品牌特色，积极发布首发新闻、原创文章、热点案例等有分量内容。各级信用门户网站要立足媒体标准，紧跟社会热点，不断创新栏目设计。多渠道、多方式做好应用推广，与各类新闻媒体开展合作，互挂链接、互通新闻、不断提升和扩大网站的社会影响力。

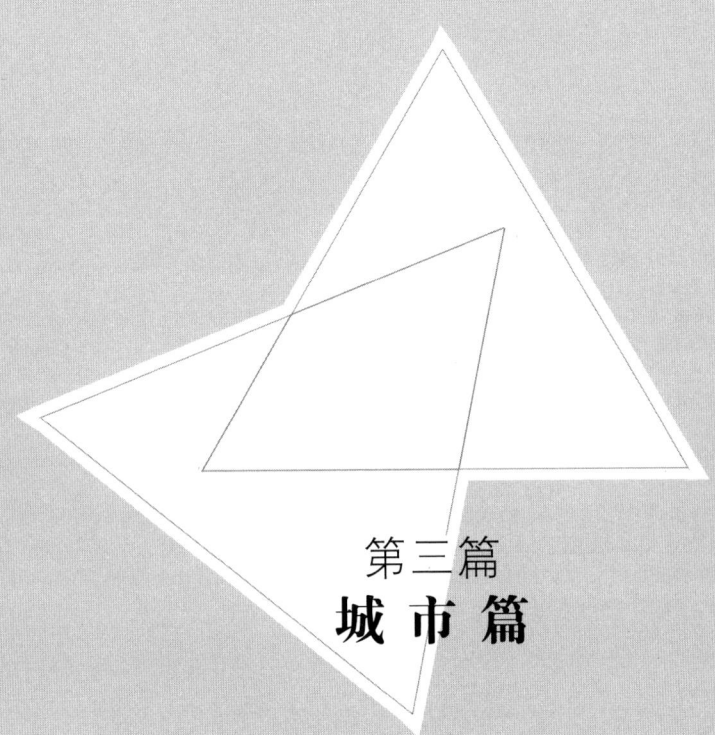

第三篇
城市篇

第一章
城市信用状况监测评价

城市信用状况监测评价是国家信息中心中经网以全国城市信用状况监测平台动态监测的信用信息为基础,结合全国信用信息共享平台、芝麻信用提供的信用相关数据以及各城市信用建设牵头部门归集共享的城市信用数据,全方位、多维度分析和评价全国661个城市的信用状况,旨在提炼各类城市的先进做法和宝贵经验,梳理各类城市存在的共性问题,为各类城市开展信用体系建设提供有力抓手。

第一节　城市信用状况监测背景

国家信息中心中经网　全国城市信用监测评价课题组

人而无信，不知其可；企业无信，则难求发展；社会无信，则人人自危；政府无信，则权威不立。中国改革开放40年来，党和国家各项事业取得了丰硕成果，这既得益于物质文明建设的快速发展，也得益于精神文明建设的同步推进。进入新时代，社会信用体系建设是社会主义精神文明建设的重要内容，而城市信用是社会信用体系建设的关键一环。以城市为引领推进社会信用体系建设，能够实现"自上而下"统筹协调与"自下而上"探索创新的结合，同时，能够发挥"抓中间，带两头"的作用，推动省和县信用体系建设工作的开展。

一、城市信用是社会信用体系建设的关键环节

社会信用体系是通过信用手段对政府、企业和个人等社会各类行为主体的行为进行规范的社会、经济管理机制，它以道德、产权和法律为基础，以信用制度为核心，通过对市场主体信用记录的采集、分析、传播、预警等功能，化解经济和社会生活中信用信息不对称的矛盾，从而惩戒失信行为，褒扬诚实守信，维护经济活动和社会生活的正常秩序，促进经济和社会的健康发展。

当前，我国正处于信用体系建设快速发展阶段，城市政府是社会信用体系的主要推动者，其作用至关重要。具体体现在以下四个方面：

（一）城市政府是推动社会信用体系建设的最佳执行者

城市作为社会信用体系建设的最小单元，比其他基层组织更有能力协调和调动各方面的资源，在工作中最有抓手，不仅可以直接深入社区、街

道、园区和企业，而且可以直接影响基层最广大的人民群众。

相对于省级政府，城市是社会信用体系建设最前沿的实践者，更了解社会信用现状和存在的问题，也更能够制定出符合实际情况且行之有效的措施。城市政府能够将信用工作的宏观政策和微观方法有机地结合起来，是推动社会信用体系建设最有条件、最有手段、最能有所作为的执行者。

（二）城市政府是构建以信用为核心的社会监管体系的枢纽

在国家层面，随着以"放管服"为核心的经济体制和行政体制改革的深入，如何建立"明规矩于前、寓严管于中、施重惩于后"的政府监管体系，创造公平的营商环境，是城市政府面临的重要问题。按照转变政府职能改革的要求，城市政府对须放给市场和社会的权利，要彻底放、不截留；对上级下放的审批事项，要接得住、管得好，加强事中事后监管。要做到这点，传统的行政手段已经难以实现有效监管，只有通过完善城市信用体系，建立良好的市场秩序，营造公平的经营环境，才能构建起以信用为核心的新型社会监管机制，创新社会治理方式，提高城市治理能力的现代化水平，营造健康和谐的社会环境。

（三）城市政府是最有意愿推动社会信用体系建设的社会主体

市场经济就是信用经济。城市建立健全社会信用体系，有利于整顿和规范市场秩序，降低经济运行成本。通过培育良好的消费、投资和金融信用环境，为金融服务实体经济和小微企业营造良好的氛围，提高市场效率，促进城市供给侧结构性改革。通过完善城市信用体系，增强城市综合服务功能，优化城市的治理结构，激发城市的经济发展活力，提高城市经济实力和综合竞争力。城市政府作为社会信用体系建设最有条件、最有手段、最能有所作为的一级政府，最有意愿推动社会信用体系建设工作。

（四）城市政府是具有推动社会信用体系建设的内在动力

"人无信不立，业无信难兴，政无信必衰。"信用是城市发展的无形资本和特殊资源，是一个城市软实力的体现。打造良好的城市信用品牌，不仅有助于城市自身国际、国内地位的提高，而且有助于城市行为主体间的业务交流与合作。通过推动信用体系建设，提升城市形象，营造诚实守信的社会氛围，也是增强城市综合竞争力的有效方式。

二、城市信用状况监测评价是促进城市信用体系建设的重要抓手之一

城市信用体系建设的一个核心功能就是解决由信用主体间的信息不对称而导致的信用风险，全方位地监测评价城市各类行为主体的信用行为达到惩戒失信行为、褒扬诚实守信的目的。城市信用状况监测评价既是促进城市加快社会信用体系建设的主要手段，也是维护经济活动和社会生活的正常秩序、促进经济和社会健康发展的有效途径。

（一）开展城市信用状况监测评价，为地方政府推进社会信用体系建设工作指明方向

通过城市信用状况监测评价，对城市守信激励和失信治理、信用制度和基础建设、诚信文化和诚信建设、信用服务和信用创新、营商环境等五大方面进行多维度监测，有助于及时反映城市信用动态，发现城市在政务诚信、商务诚信、社会诚信和司法公信四个领域存在的问题，指出城市在信用体系建设中的薄弱环节，协助地方政府关注信用建设中的问题领域，便于城市全面掌握城市信用建设的客观情况，统一思想，为进一步推进社会信用体系建设指明工作方向。

（二）开展城市信用状况监测评价，为中央和城市层面搭建一个及时沟通的桥梁

通过城市信用状况监测评价，可以实现中央与地方、城市与城市之间的信用交换和共享，促进城市间制度对标参考，实现数据交换共享，建立

和完善工作经验互学的共享机制。建立制度化的月度信用排名沟通机制，有助于及时提醒信用问题较多的城市改进工作方法，加大工作力度；建立常态化的季度信用情况座谈机制，学习和借鉴先进城市的经验，有利于帮助落后城市对标寻找差距，为其出谋划策，找措施想办法；建立日常微信交流工作机制，形成微信处长群、微信科长群，及时与各城市沟通城市信用监测中存在的问题及工作要求，有利于保持信用工作自上而下的督促力，增强城市政府和信用主管部门对信用建设工作重要性的认识，促进城市积极主动地开展相关工作，不断加大人员、资金等方面的投入力度，进而改善城市信用环境。

（三）开展城市信用状况监测评价，为激发城市发展活力增加外部硬性约束力

通过广泛运用城市信用状况监测评价结果，可以在政府和社会层面形成外部硬性约束力，从而有效激发城市发展活力。在政府层面，可以将其纳入社会信用体系建设示范城市评选的前提条件，还可以将其作为社会信用体系建设部际联席会议参考文件，督促城市政府重视城市信用领域出现的问题；在社会层面，可以通过公布监测评价结果，形成社会舆论压力，倒逼政府加强社会信用体系建设。因此，为了督促城市政府加快社会信用体系建设步伐，运用互联网文本挖掘与数据分析技术，通过互联网对城市信用状况进行实时监测评价，有其客观必要性和重要性。

第二节　全国城市信用状况监测总况

国家信息中心中经网 全国城市信用监测评价课题组

2018年，党中央、国务院及国家有关部门明晰思路、突出重点，统筹推进社会信用体系建设，全国城市结合实际、积极落实，不断完善工作机制，健全信用制度体系，强化各领域信用监管，加大信用信息归集共享，积极开展守信激励和失信惩戒，不断探索信用创新举措，并针对重点领域开展失信问题专项治理，改善信用环境，通过加大诚信文化宣传，营造了良好的诚信文化氛围。本节监测样本区间为2018年1月1日至12月31日，重点监测全国地级以上城市信用状况。

一、全国城市在信用体系建设中推进较好的方面

（一）全国城市不断加强失信治理，不良信用事件明显减少

1. 优良信用事件公开量和优良率呈现双增长

2018年1至12月，全国城市优良信用事件总体呈上升趋势，并于2018年9月达到峰值；不良信用事件总体处于平稳可控态势（见图1）。2018年1月1日至12月31日，全国城市优良信用事件总量为257207条，较2017年（106770条）同比增长约140.9%；不良信用事件总量为3809条，较2017年（6127条）同比减少约37.8%（见图2）。2018年，全国城市优良信用事件占比和不良信用事件占比分别为98.5%、1.5%，优良信用事件占比同比上升3.9个百分点（见图3）。这充分反映了2018年全国城市持续强化信用监管和信用事件公

开，社会不良信用事件发生率有效降低，社会信用体系建设的社会环境持续净化，营造了良好的诚信氛围。

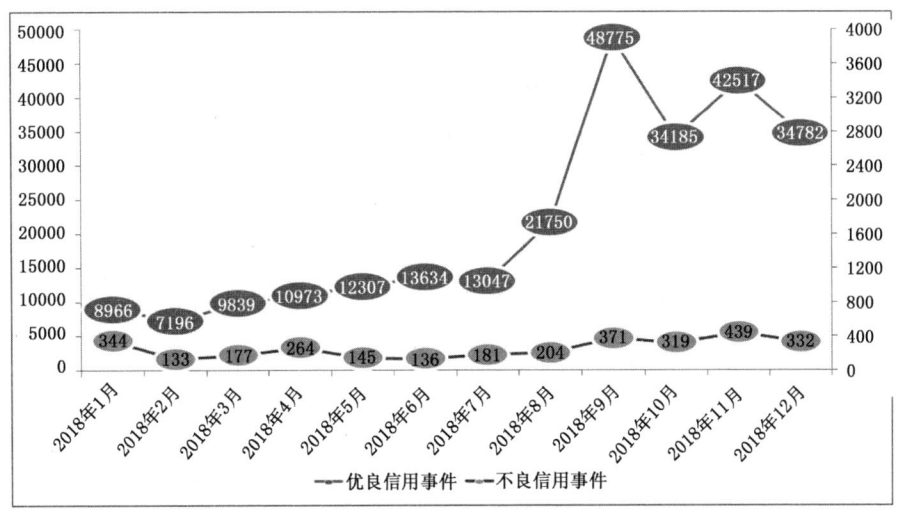

图1 2018年全国城市信用事件量月度走势（单位：条）

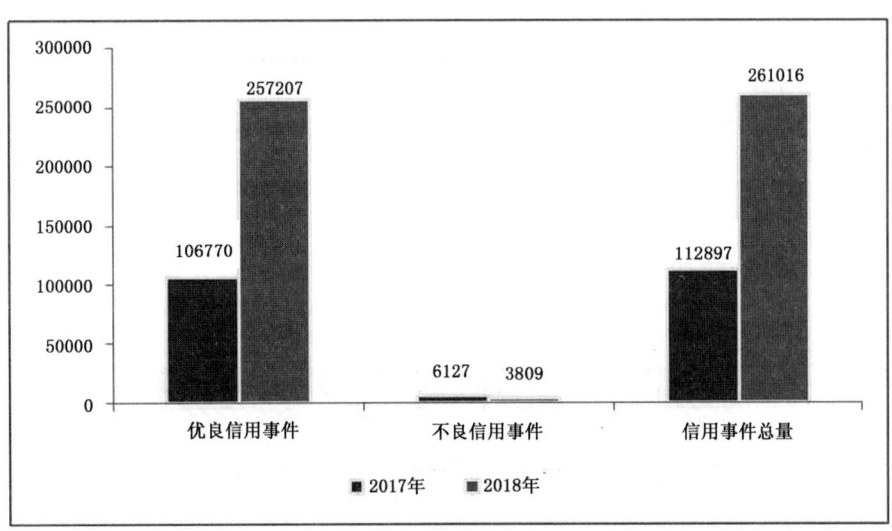

图2 2018年与2017年全国城市信用事件量对比（单位：条）

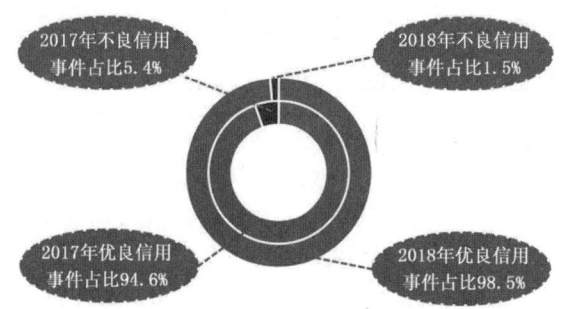

图 3　2018 年与 2017 年信用事件分布对比

2. 金融、中介会展广告统计、政府采购和招投标领域信用环境取得明显改善

监测数据显示，2018 年全国城市在政务诚信、商务诚信、社会诚信、司法公信等 4 个方面的优良信用事件占比分别为 98.4%、98.6%、98.8%、99.7%，较 2017 年均有所上升。其中，商务诚信和社会诚信方面优良信用事件占比上升幅度较大，分别为 5 个百分点和 4 个百分点（见图 4、图 5）。

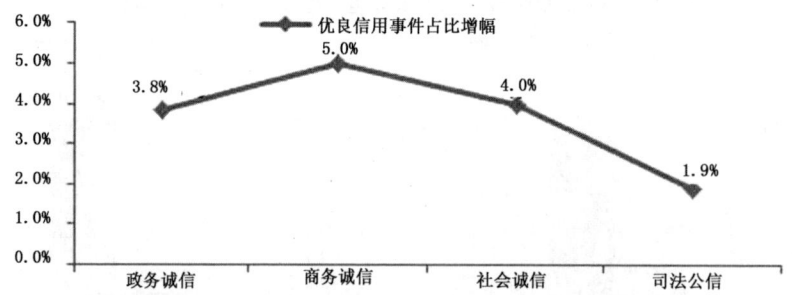

图 4　2018 年全国城市 4 个方面优良信用事件占比增幅

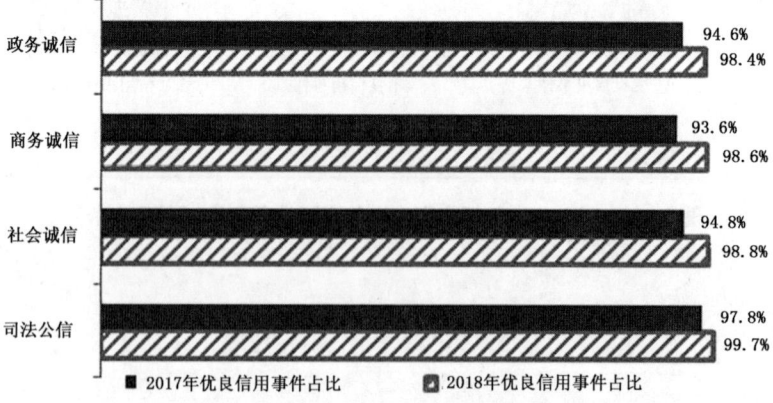

图 5　2018 年与 2017 年 4 个方面优良信用事件占比对比

从 21 个领域优良信用事件公开量来看，环境保护和能源节约（59710 条）、生产（46008 条）、流通（44741 条）等 3 个领域优良信用事件量位于 21 个领域前三位（见图 6）；从优良信用事件占比来看，各领域 2018 年优良信用事件占比均高于 2017 年，其中法院检察院公信（99.8%）、公共安全公信（99.7%）、守信践诺（99.5%）、依法行政（99.5%）等领域优良信用事件占比较高，金融、中介会展广告统计、政府采购和招投标领域优良信用事件占比同比增幅较大，分别上升了 14.1%、8.9%、8.6%（见图 7、图 8）。可以看出，2018 年，全国城市对各领域均加大了监管力度，金融、中介会展广告统计、政府采购和招投标领域信用环境改善程度明显较好。

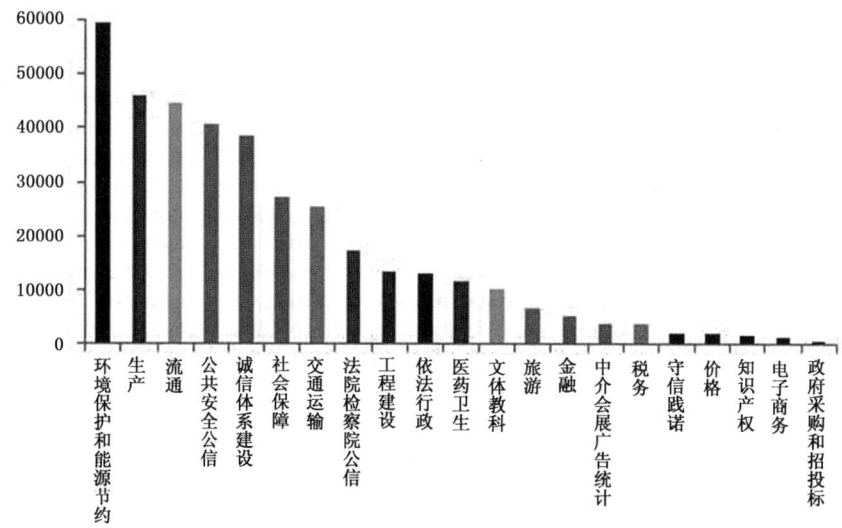

图 6　2018 年全国城市优良信用事件量（单位：条）

信用蓝皮书 社会信用体系建设年度报告（2019）

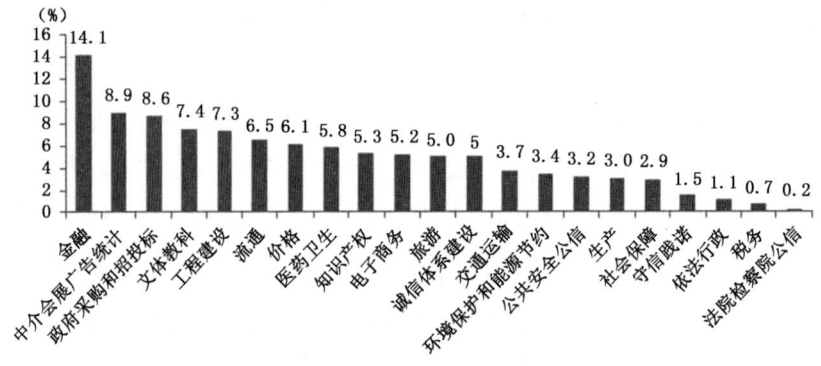

图7 2018年优良信用事件占比增幅

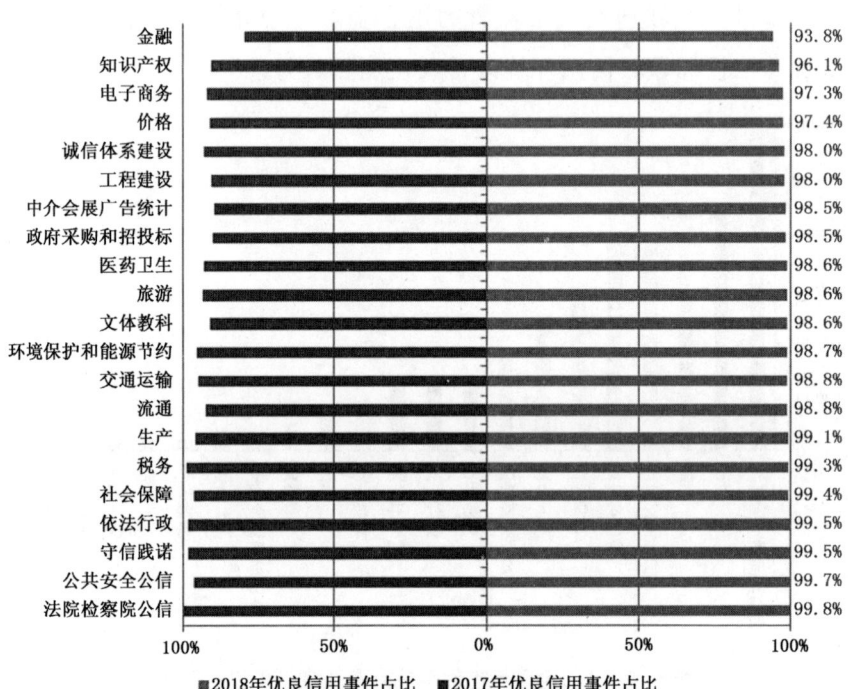

图8 2018与2017年21个领域优良信用事件占比对比

（二）全国城市持续强化信用基础建设，信用体系建设根基更趋稳固

1. 全国城市信用制度体系日益完善

监测数据显示，截至2018年12月31日，全国298个地级以上城市中，有246个城市通过互联网公布的信用制度覆盖领域数量超过15个，其

中43个城市的信用制度已全部覆盖21个领域（见图9、图10）。从各领域信用制度所涉及的城市数量来看，依法行政、诚信体系建设、环境保护和能源节约、生产、公共安全公信、社会保障、交通运输、流通、工程建设、金融、文体教科、医药卫生、法院检察院公信等13个领域的信用制度涉及城市数量均超过250个。电子商务、知识产权、税务、价格领域所涉及城市数量较少，均未超过200个。可见，我国依法行政、诚信体系建设、环境保护和能源节约、生产等领域的信用制度体系建设较为完善。

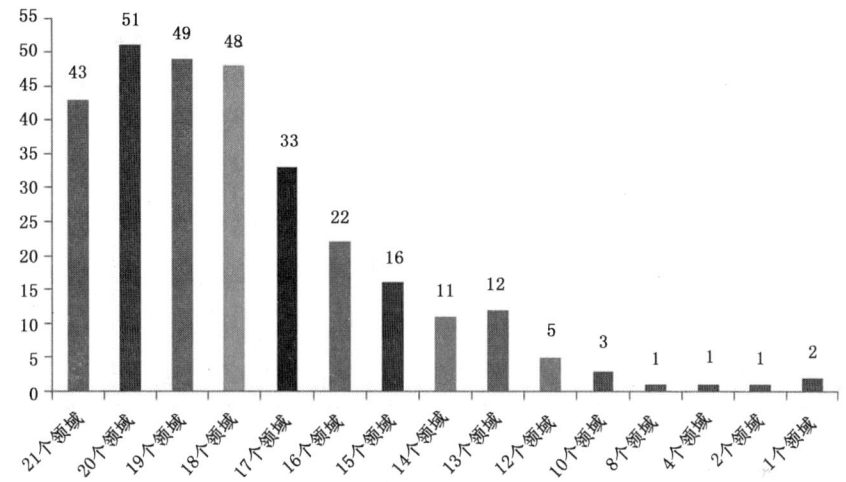

图9　截至2018年12月31日全国城市信用制度对标领域城市数量分布（单位：个）

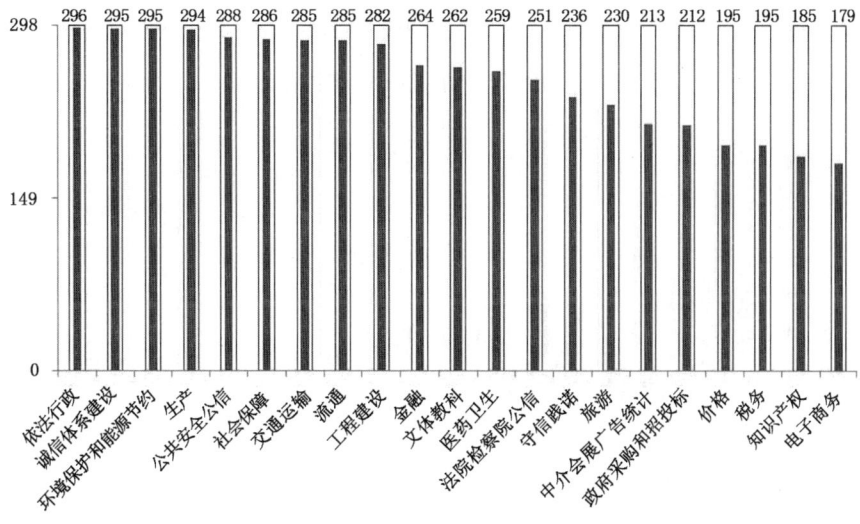

图10　21个领域信用制度所涉及城市数量（单位：个）

从信用制度公开量来看，2018年1月1日至12月31日，全国城市信用制度公开总量为17263项，较2017年增长76.2%。可以看出，全国城市信用制度体系建设力度逐渐加大，为加快推进社会信用体系建设奠定了良好的制度基础。

从各领域信用制度公开情况来看，2018年1月1日至12月31日，全国城市在生产、环境保护和能源节约、诚信体系建设领域的信用制度公开量较高，均超过了2000项；对比2017年，除依法行政领域，其他20个领域的信用制度公开量较2017年均有所增多，其中流通、中介会展广告统计、公共安全公信领域的信用制度公开量同比增幅较高，分别增长247.7%、246.0%、173.2%（见图11、图12）。

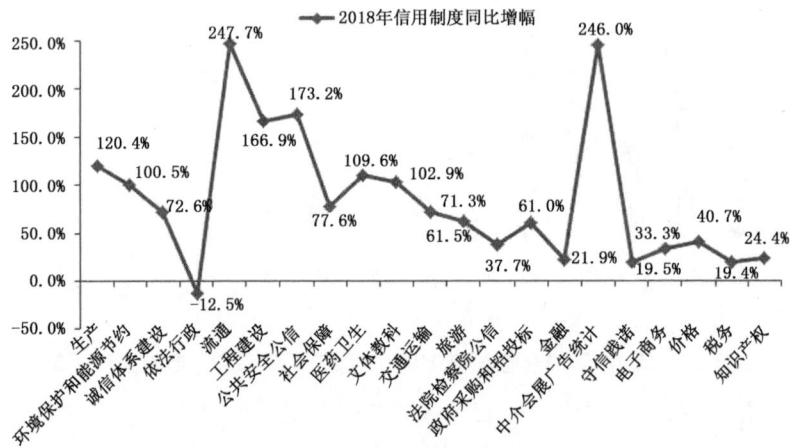

图11 2018年信用制度公开量同比增幅

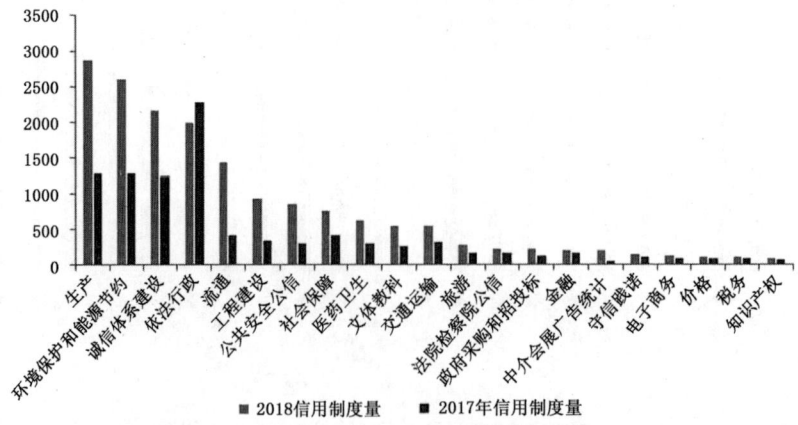

图12 全国城市2018年与2017年信用制度公开量对比（单位：项）

2. 全国城市信用信息归集共享取得重要进展

截至2018年12月31日,全国240个城市均已开通信用信息共享平台和信用网站,信用信息归集共享推进较快。具体来看,全国298个地级以上城市中,244个城市已开通信用信息共享平台,54个城市未开通,开通城市数量占比81.9%;282个城市已开通信用网站,16个城市未开通,开通城市数量占比94.6%(见图13)。

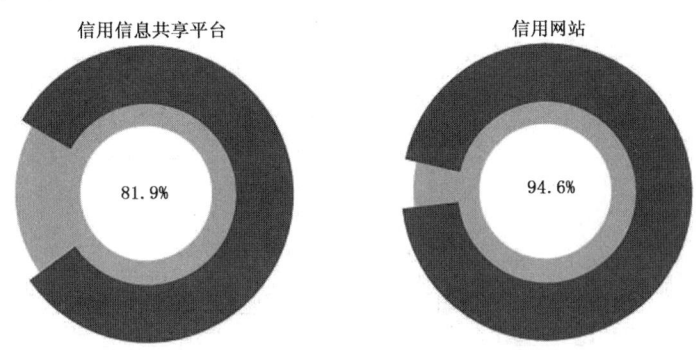

图13 全国城市信用信息共享平台和信用网站开通情况

3. 统一社会信用代码转换成效显著

统一社会信用代码转换工作是我国社会信用体系建设的重要基础性工作之一。截至2018年12月31日,全国城市统一社会信用代码重错码率平均水平为0.11%,较去年同期(1.01%)下降0.90%。其中,省会及副省级以上城市的重错码率平均水平为0.07%,同比下降0.53%,地级市重错码率平均水平为0.12%,同比下降0.98%。详见图14。

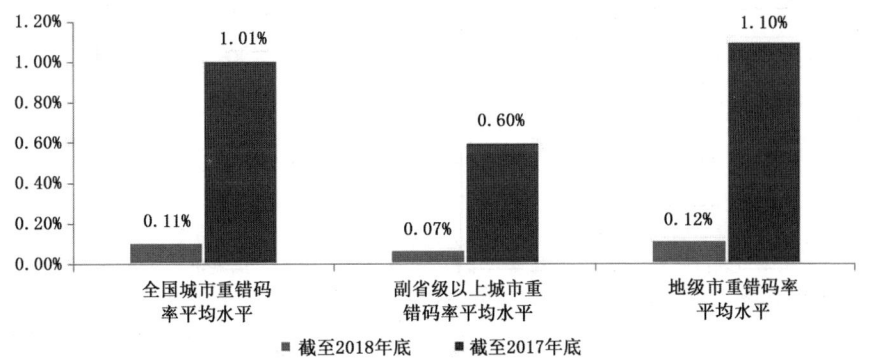

图14 2018年和2017年全国城市统一社会信用代码重错码率对比情况

（三）全国城市逐步推进联合奖惩，守信激励、失信惩戒局面初步构建

截至2018年12月31日，全国298个地级以上城市中共233个城市归集共享了305088个联合奖惩案例[1]。从城市类型看，36个省会及副省级以上城市中，有32个城市归集共享了联合奖惩案例；262个地级市中，有201个城市归集共享了联合奖惩案例。杭州、武汉、宁波等城市归集共享的联合奖惩案例较多。详见图15。

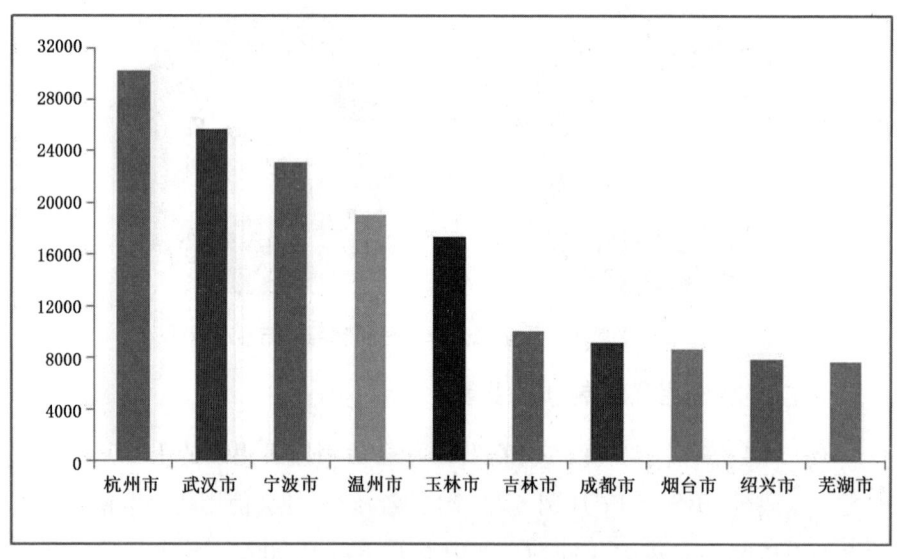

图15　全国城市归集共享联合奖惩案例数量前十（单位：个）

2018年，全国城市联合奖惩案例主要集中在实施失信惩戒措施的案例，失信主体在限期内主动修正失信行为后退出"黑名单"的案例，失信主体主动参加信用修复培训的案例，失信主体以注销、吊销等形式退出"黑名单"的案例等四类案例。

---

[1] 联合奖惩案例共分为7类，包括：两个以上部门联合对守信主体实施守信激励措施的案例，实施失信惩戒措施的案例，失信主体以注销、吊销等形式退出"黑名单"的案例，失信主体在限期内主动修正失信行为后退出黑名单的案例，失信主体在"信用中国"或信用网站主动开展信用承诺的案例，失信主体主动参加信用修复培训的案例，在行政管理、公共服务、社会治理、城市应用"黑名单"产生成效的案例。

其中，武汉市、宁波市、三门峡市等155个城市有多个部门针对国家"黑名单"企业和地方认定的"黑名单"企业开展了联合惩戒。惩戒对象多为失信被执行人，参与联合惩戒的部门主要涉及各地法院、交通局、市场监督管理局、财政局、人力资源与社会保障局、税务局等部门。通过开展多部门联合惩戒，促使失信主体尽快履行法律义务，社会主体诚信意识不断提升。

烟台市、温州市、淮北市等87个城市组织失信主体在限期内主动修正失信行为后退出"黑名单"。失信主体多为失信被执行人，处罚部门主要涉及各地法院、市场监管局、环保局等部门。

杭州市、淮南市、舟山市等40个城市组织失信主体参加信用修复培训。参加培训的失信主体多为失信被执行人、严重税收违法企业，培训主办方主要为各地信用办、工商局、发改委、税务局等部门。

济南市、吉林市、宁波市等81个城市通过开展以注销、吊销等形式，使失信主体退出"黑名单"。失信主体多为失信被执行人、严重税收违法企业、海关失信企业等，其中，61.4%的失信主体以吊销形式退出了"黑名单"，37.4%的失信主体以注销形式退出了"黑名单"。

（四）全国城市深入开展失信专项治理，政府失信治理成效较好

2018年，纳入全国城市信用状况监测的失信专项治理"黑名单"主要涉及政府失信被执行人记录、涉金融领域"黑名单"、电子商务领域"黑名单"。截至2018年12月31日，国家发展和改革委员会共发布了2批政府失信被执行人记录、9批涉金融领域"黑名单"、3批电子商务领域"黑名单"，全国共41个城市不涉及这三类"黑名单"。其中，多数城市积极开展政府失信专项治理工作，督促失信主体履行义务、主动进行信用修复，并撤销失信记录，32个省会及副省级以上城市中（海口市、拉萨市、乌鲁木齐市、深圳市无相关政府失信被执行人记录），北京市、青岛市、济南市、重庆市、福州市、上海市、南宁市、武汉市、南京市、合肥市、厦门市、杭州市、贵阳市、宁波市等共14个城市的政府失信被执行人记录实现清零，21个省（区）所辖地级市的政府失信被执行人记录均有所减少。截至2018年12月31日，未完成治理的政府失信被执行人记录涉及

157个城市747个政府机构的1066条失信记录，其中涉及村居委会、事业单位和党群机关的失信记录分别占比49.8%、43.9%、6.3%（见图16）。

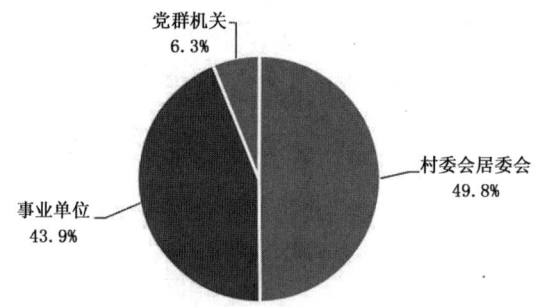

图16 全国城市政务失信机构类型分布

（五）全国城市广泛开展诚信文化建设，诚信文化氛围渐浓

1. 全国城市多形式开展诚信文化宣传与教育

监测数据显示，2018年1月1日至12月31日，全国共287个城市开展了诚信文化宣传与教育活动，其中，潍坊市、兰州市、南京市、合肥市、三门峡市、宣城市、天津市、淄博市、福州市、无锡市公开的诚信文化宣传与教育相关信用事件量较多（见图17）。此外，截至2018年12月31日，全国共184个城市归集共享了诚信建设万里行案例，其中，绵阳市、威海市、台州市等城市的案例数量较多，分别为760个、289个、284个（见图18）。

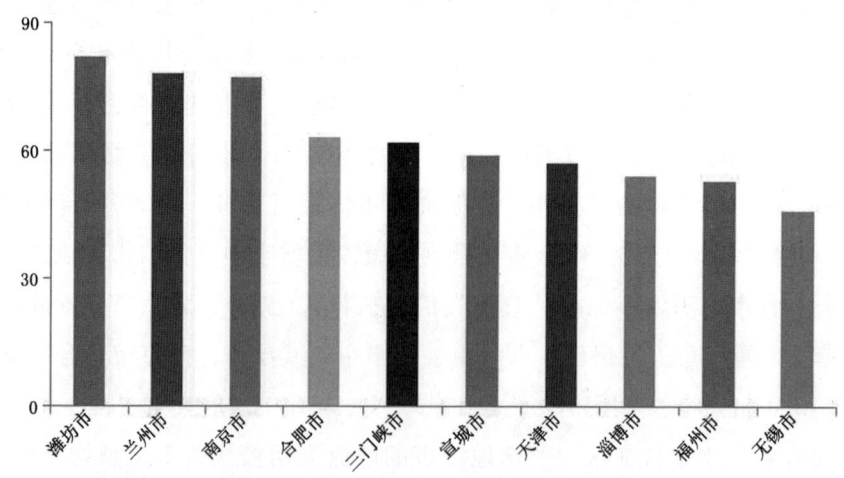

图17 全国城市开展诚信文化宣传与教育活动相关信用事件量前十（单位：条）

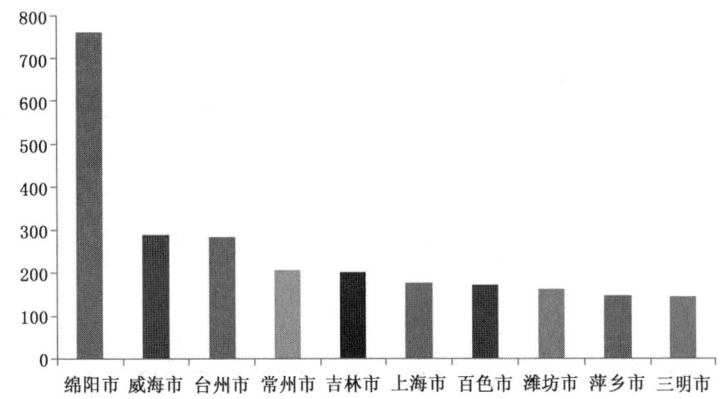

图 18　全国城市诚信建设万里行案例数量前十（单位：个）

具体来看，全国城市积极开展诚信文化宣传与教育活动，主要表现为：一方面，政府部门、银行等组织开展"诚信兴商"主题宣传活动，向商家、消费者等群体宣传国家、省及市有关商务信用建设的政策要求及商务信用知识和理念；另一方面，一些城市积极开展诚信宣传和主题教育活动，宣传道德诚信有关知识，积极引导人们在日常生活中讲诚信、重信用，构建诚信舆论氛围。

2. 全国城市积极引导市场主体开展信用承诺

监测数据显示，截至2018年12月31日，全国共204个城市均通过互联网公布了市场主体信用承诺书，其中，芜湖市、合肥市、赣州市等城市的市场主体信用承诺数量占工商企业数的比值较高，分别为101.2%、64.7%、56.6%（见图19）。

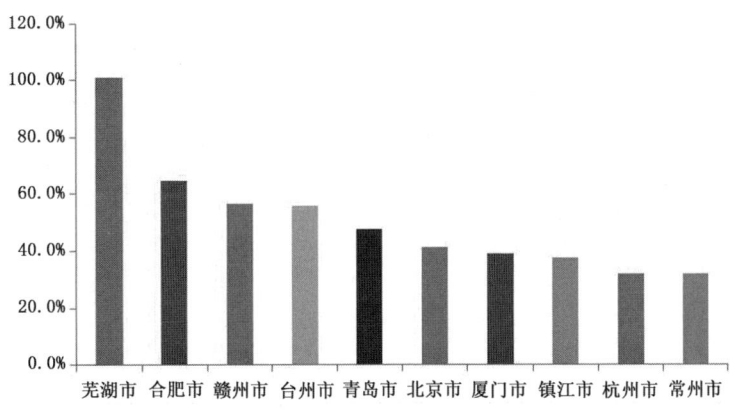

图 19　全国城市市场主体信用承诺数量占比前十

（六）全国城市重视信用创新，信用建设经验不断丰富

截至 2018 年 12 月 31 日，全国共 143 个城市开展了信用创新。北京市、上海市、南京市、杭州市等一些城市针对不同领域开展了信用创新，通过信用手段完善各领域信用服务。北京市在商务中心区建立信用评估体系，将企业信用监管平台嵌入企业信用风险评估模型，实时防范金融风险。上海市率先推出"上海青年守信安居计划"，破解青年民生问题，优化引才育才综合环境。南京市推出"我的南京·我的信用"App，面向全体诚信市民提供"南京 e 贷"信用贷款服务，并主动向市民推送个人信用信息，引导市民关注和维护、珍爱自身信用。宁波市开展"便民办税春风行动"，在事中事后管理方面，推行"实名办税制+分类分级+信用积分+风险管理"的闭环管理，以纳税信用与其他社会信用联动管理完善征管制度体系，建立风险评估和纳税信用评价联动机制。

二、全国城市在信用体系建设中存在的问题

（一）社会保障领域拖欠工资问题较为突出

监测数据显示，2018 年 1 月 1 日至 12 月 31 日，全国城市诚信体系建设、流通、生产领域不良信用事件公开量位于 21 个领域前三位。对比 2017 年，除社会保障领域不良信用事件量较 2017 年有所增多外，其他 20 个领域不良信用事件量均较 2017 年有所减少。从不良信用事件占比来看，2018 年，全国城市金融、知识产权领域不良信用事件占比较高，分别为 6.2%、3.9%（见图 20、图 21、图 22）。

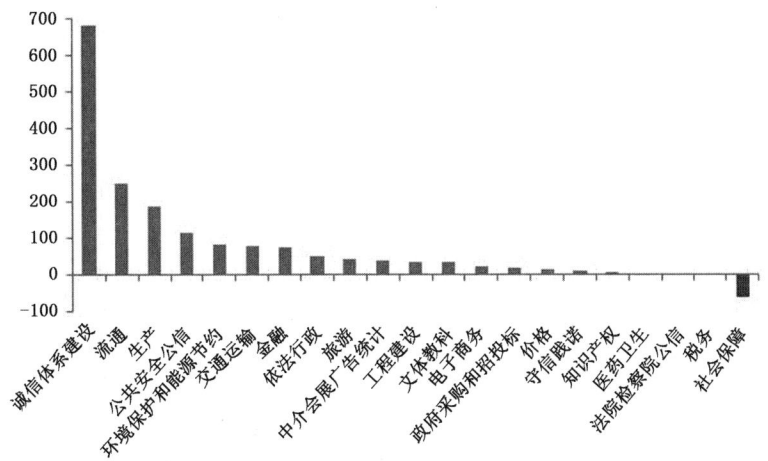

图20 2018年不良信用事件量同比减少数量

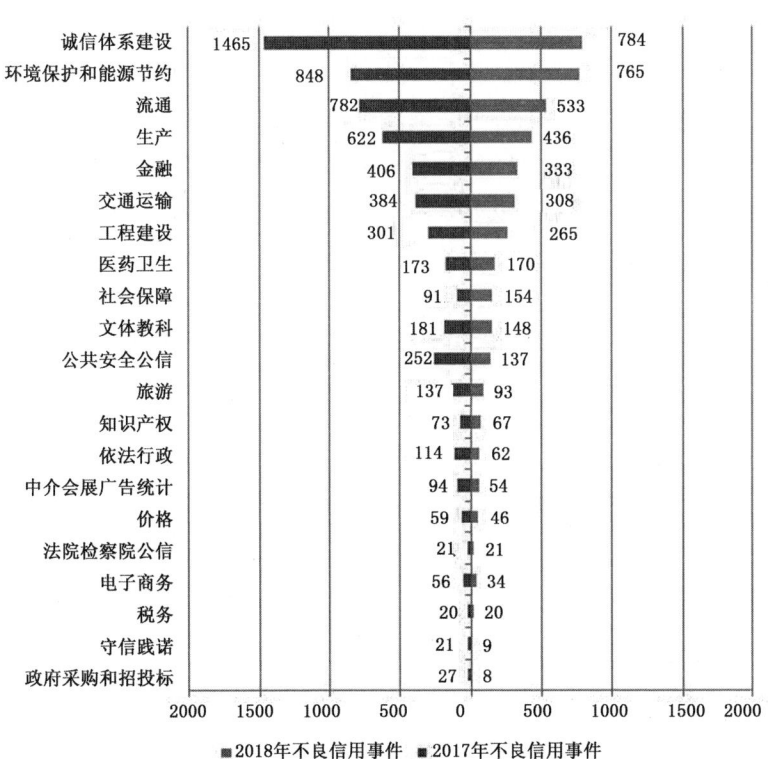

图21 2018与2017年21个领域不良信用事件量对比

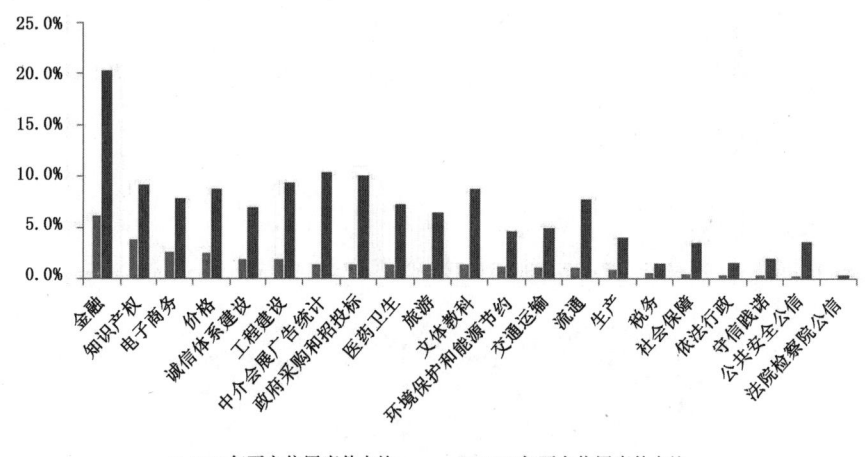

图22　2018与2017年21个领域不良信用事件占比对比

具体来看，2018年社会保障领域不良信用行为主要涉及拖欠工资、扶贫领域腐败、低保领域腐败、骗取医保、非法销售私彩、骗取养老金、骗取粮补、虚假招聘、虚构劳动关系、未缴社保、违规收取养老护理费、骗取住房公积金、骗取低保，其中，拖欠工资和扶贫领域贪腐问题较为突出，相关不良信用事件分别占比49.3%、27.9%（见图23）。

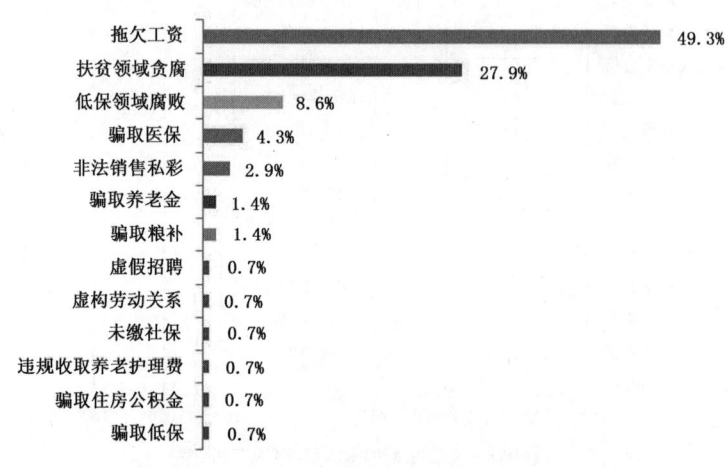

图23　2018年社会保障领域失信行为分布

(二) 部分城市"黑名单"和重点关注名单企业占比相对较高

截至 2018 年 12 月 31 日，依据国家统一标准认定的全国城市黑名单数量占工商企业数量比重（以下简称"黑名单"企业占比）平均水平为 1.31%，其中 124 个城市的"黑名单"企业占比高于平均水平。从不同城市类型来看，36 个省会及副省级以上城市"黑名单"企业占比平均水平为 1.27%，262 个地级市平均水平为 1.31%，地级市"黑名单"企业占比高于省会及副省级以上城市。

从"黑名单"数据来源来看，全国城市"黑名单"记录来源于失信被执行人名单、重大税收违法案件当事人名单、海关失信认证企业名单、安全生产"黑名单"、统计上严重失信名单、出入境严重失信企业、严重质量失信名单共 7 类数据，其中 98.6% 的"黑名单"记录来源于失信被执行人（见图 24）。

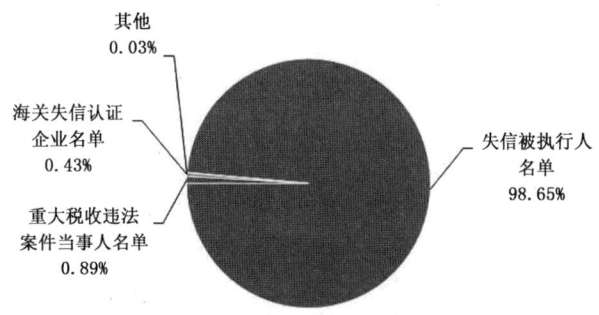

图 24　全国城市国家"黑名单"类型分布

截至 2018 年 12 月 31 日，全国城市重点关注名单数量占工商企业数量比重（以下简称重点关注名单企业占比）平均水平为 12.00%，其中 122 个城市高于平均水平。从不同城市类型来看，36 个省会及副省级以上城市重点关注名单企业占比平均水平为 16.76%，地级市平均水平为 11.35%，省会及副省级以上城市总体高于地级市。

(三) 涉金融和电子商务领域失信专项治理亟待加强

截至 2018 年 12 月 31 日，涉金融领域失信企业"黑名单"涉及全国

215个城市1376个失信企业的1432个"黑名单"记录,失信主体主要失信行为表现为恶意逃废债,骗取贷款、票据承兑、金融票证,非法吸收公众存款等,相关"黑名单"数量分别占比57.5%、19.4%、16.4%(见图25)。宁德市、佛山市、苏州市等城市未完成治理的涉金融领域失信企业"黑名单"数量较多(见图26)。

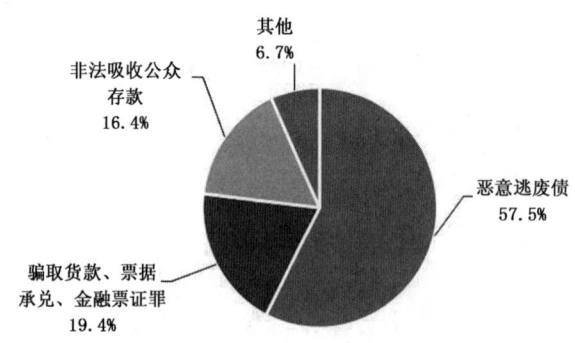

图25 全国城市涉金融领域失信行为分布

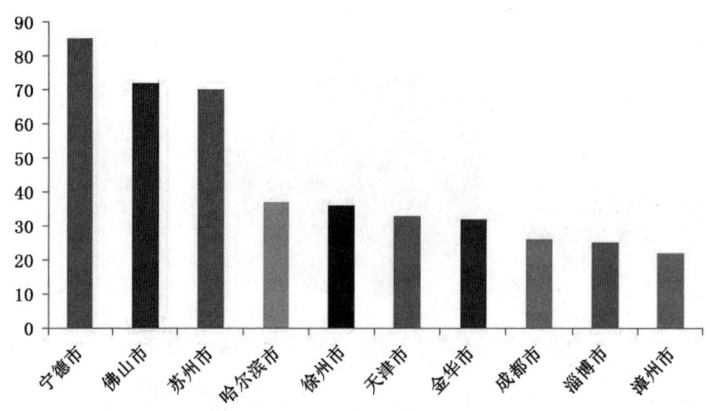

图26 全国城市涉金融领域"黑名单"数量分布前十(单位:个)

截至2018年12月31日,电子商务领域失信企业"黑名单"涉及全国126个城市650个失信企业的723个"黑名单"记录。深圳市、金华市、成都市等城市未完成治理的电子商务领域严重失信企业"黑名单"数量较多(见图27)。

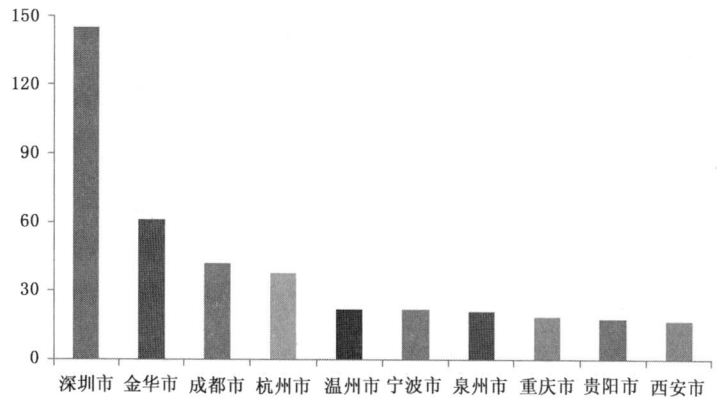

图 27 全国城市电子商务领域"黑名单"数量分布前十（单位：个）

（四）部分城市信用服务市场培育较不完善

1. 126 个城市未归集共享信用服务机构培育情况

截至 2018 年 12 月 31 日，全国共 172 个城市培育了信用服务机构，信用机构主要从事于信用评估咨询、信用评级、信用调查、信用管理咨询、信用培训及资格认证、信用征信、企业信用征集与评定等信用服务。但仍有 126 个城市未归集共享信用服务机构培育情况，信用服务市场发展缓慢，其中，四川、山西、广西未归集共享信用服务机构情况的所辖城市数量较多，分别为 12 个、10 个、10 个。

2. 214 个城市政府未归集共享第三方信用产品应用情况

截至 2018 年 12 月 31 日，全国共 84 个城市应用了第三方信用产品，信用产品类型主要涉及信用报告、信用记录、信用数据分析评价系统等。信用产品主要应用于行政管理、招投标、政府采购、公共资源交易、企业征信管理、商务合作、金融服务等领域。仍有 214 个城市政府未归集共享第三方信用机构提供的信用产品应用情况，其中，广东、四川、河南未归集共享信用产品应用情况的所辖城市数量较多，分别为 15 个、15 个、13 个。

第三节　城市信用建设建议及发展趋势预测

国家信息中心中经网　全国城市信用监测评价课题组

当前，中国社会信用体系建设进入快车道，国家有关部门不断强化顶层设计，各地方积极落实，加快推进各项信用工作。基于全国城市信用状况监测评价的结果，各城市应有针对性地部署下一步信用体系建设重点工作。同时，结合当前我国推进社会信用体系建设及城市信用状况监测评价工作的重点，对全国城市信用体系建设发展趋势进行预测。

一、全国城市推进信用体系建设的建议

（一）加强对非法集资、拖欠工资等失信问题的整治

一是各城市应加强金融领域信用监管，特别是应分析多发案件特点，根据非法集资犯罪新形势、新特点，开展打击非法集资犯罪专项整治行动，尤其要做好涉众型非法集资犯罪案件利益受损群体维稳工作，降低社会不良影响；还应加大防范非法集资主题宣传，提高社会公众防范意识。二是各城市应加大监管监察执法力度，规范企业用工行为，并建立企业欠薪保障制度；还应加大宣传教育力度，使劳动者和用人单位知法、懂法、守法。三是各城市应强化安全生产监管部门工作绩效考评，定期开展安全生产检查，对于存在安全隐患和安全生产问题的企业，应依法依规给予严厉处罚或停业整顿，还应建立安全生产领域企业"红黑名单"和联合奖惩机制，对于失信企业予以公开通报和联合惩戒，切实提高生产企业安全生产意识，遏制安全生产事故的发生。

（二）加大对"黑名单"和重点关注名单失信主体的治理

各城市应加强信息公开与共享，提高执行查控能力建设，完善失信被

执行人名单制度，完善党政机关支持人民法院执行工作制度，通过实施联合惩戒、开展信用修复培训等措施，引导促进失信被执行人尽快退出"黑名单"，维护稳定的社会秩序，优化改善社会诚信环境。

（三）强化涉金融和电子商务领域失信问题专项治理

各城市应积极贯彻落实国家发展和改革委员会、中国人民银行等多部门于2017年3月联合印发的《关于加强涉金融领域严重失信人名单监督管理工作的通知》和《关于对涉金融严重失信人实施联合惩戒的合作备忘录》以及国家发展和改革委员会、中央网信办等多部门于2018年5月联合印发的《关于加强对电子商务领域失信问题专项治理工作的通知》等有关文件要求，进一步加强对涉金融领域和电子商务领域的失信问题专项治理。一方面，应全面核查名单有关主体失信情况，对名单内企业主体进行依法治理整顿；另一方面，要建立并完善联合奖惩机制，对相关严重失信主体开展联合惩戒，提高市场主体诚信水平，净化涉金融和电子商务领域信用环境。

（四）积极培育信用服务市场

一方面，各城市应积极培育引入社会信用服务机构，并立足实际，结合城市信用体系建设的工作目标和推进要求，多渠道、多方式推动社会信用服务机构在社会信用体系建设中发挥积极作用。另一方面，城市政府部门应向信用服务机构开放，更多地使用信用服务机构所提供的信用产品和其他信用服务，让信用更大程度地为老百姓提供更便捷的服务。

二、城市信用建设发展趋势预测

（一）全国城市信用监管体系日趋完善

加强信用监管是提升现代化治理能力和治理水平的重要手段，是完善社会主义市场经济体制的关键一环。当前阶段，我国一些经济社会领域失信行为时有发生，国家不断提高对开展信用监管工作的重视程度。2017年以来，国家发展和改革委员会围绕涉金融、电子商务、慈善捐助等领域不定期发布严重失信"黑名单"，并向地方推送政府失信被执行人记录，促使城市开展失信专项治理。2018年7月，中央文明委发起开展经济社会领域19个失信重点问题专项治理，涉及金融、环保、医药卫生、社会保障、旅游、税务、交通运输、教育、文化、体育等多个领域的不同失信问题类型。国务院办公厅2019年7月印发《国务院办公厅关于加快推进社会信用体系建设构建以信用为基础的新型监管机制的指导意见》明确提出，以加强信用监管为着力点，建立健全贯穿市场主体全生命周期，衔接事前、事中、事后全监管环节的新型监管机制。文件首次提出，大力推进信用分级分类监管，以公共信用综合评价结果、行业信用评价结果等为依据，对监管对象进行分级分类，根据信用等级高低采取差异化的监管措施。国家公共信用信息中心已从2018年开始针对旅游、交通、天然气等一些行业和领域开展了公共信用综合评价，督促各行业企业守信合规经营。可以说，我国信用监管体系将日趋完善，而加强信用监管则将成为今后一个时期各地各部门开展社会信用体系建设的重要内容。

（二）全国城市联合奖惩机制逐渐步入质效并举阶段

守信联合激励和失信联合惩戒是社会信用体系建设的核心机制，近年来，在推进社会信用体系建设过程中发挥了重要作用。这主要归因于国家层面的整体部署规划及地方层面的积极落实，在两个层面紧密结合推进的整体形势下，一些经济社会领域已开始形成守信激励和失信惩戒的良好秩序和社会氛围，各地政府部门对联合奖惩工作在社会信用体系建设中的关键作用有了越来越清晰的认知，对联合奖惩工作的重视程度明显提高。未来国家发布的联合奖惩备忘录将覆盖更多领域，"红黑名单"建设将日益规范，来自政府、金融机构和第三方机构的海量数据在监管部门的应用将日益强化，信用修复机制的不断完善也将促使和引导失信主体提高自我纠错、主动自新意识，加快推进失信整改工作。可以说，我国联合奖惩工作将步入追求"质"与"效"的精耕细作阶段，全国城市联合奖惩机制也将从探索建立阶段进入到更趋完善、更趋成熟的阶段。

（三）全国城市将不断强化信用应用，提升信用便利价值

国家在启动"信易贷""信易租""信易行""信易游""信易批"等"信易+"系列项目的基础上，鼓励各地方创新"信易+"系列场景，在重点民生领域拓展社会化、市场化的守信激励措施，提升信用惠民便企的价值。近年来，不少地方强化信用应用，基于企业或个人信用状况为守信主体提供便利服务和措施，使社会主体享受到守信带来的红利，既营造了人人重视信用的社会氛围、降低失信问题的发生，也给监管部门提供了监管便利、减少了监管困扰。随着各地方信用工作的步伐越来越稳健，归集共享的信用数据越来越多，第三方信用机构越来越成熟，信用产品越来越多样、务实，各地将探索创新出更多"信易+"系列项目，使信用惠民便企的辐射范围越来越广泛。

（四）全国城市营商环境持续优化，促进社会信用体系更趋完善

世界银行发布的《2019年营商环境报告：强化培训，促进改革》显示，中国营商环境在全球的排名已从第78位跃升至第46位，提升32位，首次进入世界前50位。营商环境的改善离不开社会信用体系基础设施建设的持续推进和新型信用监管机制的不断优化，同时，营商环境的优化及不断深入，将推动政府持续完善管理体系，激发政府和市场对信用服务的需求。如"信易批"的推行，让信用为市场主体开辟绿色通道，依据信用状况"容缺受理、容缺预审"，为审批提速；"一网通办"的建设将促进信用信息的归集共享。因此，各地方不断优化营商环境的创新举措，也将促进社会信用体系更趋完善。

第二章
信用示范城市创建

　　创建信用示范城市对社会信用体系建设和城市经济社会发展具有重要意义。我国信用示范城市创建工作始于 2015 年。2018 年，杭州、南京等 12 个城市被列入首批社会信用体系建设示范城市（区）。2019 年，青岛、武汉等 16 个城市（区）被列入第二批社会信用体系建设示范城市（区）。创建信用示范城市的目标是推动我国建立完善的社会信用体系。创建信用示范城市的标准包括贯彻落实党中央国务院决策部署、弘扬社会主义核心价值观等 11 项评估指标和具体的评分标准。

第一节　创建信用示范城市的意义

张　红*

在社会信用体系建设过程中，城市是社会信用体系建设先行先试的重要阵地，信用是城市经济社会发展的重要基石。创建信用示范城市，有利于提升城市治理水平，激发城市发展活力，营造诚实守信的社会氛围，为地方经济发展构建良好的信用环境，为全国社会信用体系建设探索经验、做出示范。创建信用示范城市，还有利于完善城市综合服务功能，防范金融风险和全面深化金融改革。

一、提升城市治理水平

城市治理是国家治理体系的重要组成部分，建设社会信用体系是提升社会治理能力、完善国家治理体系的内在要求。社会信用体系建设通过褒扬诚信降低社会交往的风险和成本，减少社会生活中的矛盾、摩擦和冲突，为社会治理奠定良好的微观基础。社会信用体系建设与推进国家治理体系和国家治理能力现代化是相互影响、相互作用的。党的十八届三中全会提出，我国全面深化改革的总目标是"完善和发展中国特色社会主义制度，推进国家治理体系和治理能力现代化"。其中，国家治理体系包括规范政府治理、市场治理和社会治理三个子体系，而社会信用体系建设也包含政府信用体系建设、企业信用体系建设和个人信用体系建设三大方面，恰好与国家治理体系中的政府治理、市场治理和社会治理的三个核心内容相对应。在国家治理体系和治理能力已经上升到国家战略高度的情况下，

---

* 张红，经济学博士，上海立信会计金融学院副教授，现任信用管理系副主任。

推动国家各方面制度改革，使其更加成熟是必不可少的，而社会信用体系又是其中最不可或缺的重要内容之一。

在我国确立建立社会主义市场经济体制的改革目标后，市场经济快速发展，带来了人民生活水平的快速提高，但是伴随市场的无序性、自发性，以及国家各项制度尚未完善，产生的诚信缺失问题也愈发严重。在这种情况下，靠传统的管理手段很难从根本上解决诚信缺失问题，因此，必须培育一种新的、与市场经济的发展阶段与水平相适应的信用文化，使得信用不仅仅是一种美德，更是一种有效的管理手段，使其与企业的发展和个人生活中的工作、消费、就业、创业等许多方面直接挂钩，让守信者获得种种利益，失信者寸步难行，而这些都必须要靠建立规范的信用制度才能实现。社会信用体系建设为加强和创新社会治理提供了一种有效手段，通过信用强化对市场参与者的约束，增大违法失信的成本，将有利于维护社会良好秩序。

因此，创建信用示范城市，是社会信用体系建设的重要内容，是推进国家治理体系和国家治理能力现代化的重要组成部分。信用示范城市的创建有利于社会信用体系建设，提升城市治理水平，推进国家治理体系和治理能力现代化。

二、激发城市发展活力

信用能够激发一个城市的发展活力，是一个城市的金字招牌。市场经济是信用经济，市场经济发展程度越高，越依赖信用交易，反过来，信用交易又可以促进市场经济的发展。在市场经济条件下，日益扩展和复杂化的市场主体之间的关系逐步演变为彼此相连、互相制约的信用关系。在这种信用关系作为一种独立的经济关系得到充分发展时，它将对错综复杂的市场交换关系形成强有力的支撑，并促成规范的市场秩序。

规范市场秩序的根本之策就是要加强社会信用体系建设，使整个社会信用水平大幅提高，从而促进统一开放、竞争有序的市场体系的形成。如果一个城市的市场充满坑蒙拐骗，制假、售假盛行，社会主义市场经济是不可能得到完善和发展的。创建信用示范城市，建设社会信用体系，是发展社会主义市场经济的必然要求。社会信用体系是否完善已经成为衡量市场经济是否成熟的重要标志。

只有建设和完善信用城市，健全社会信用体系，消除市场上的各种坑蒙拐骗现象，市场竞争才能有序进行，投资和贸易环境才能得到优化，交易风险才有可能降低，从而有效促使相关市场经济主体更普遍地采用信用交易的方式与手段进行融资、支付和交易，快速扩大市场规模，大幅提高市场效率，使商品和生产要素的交易充满活力，从而使城市的经济活力得以加强。

西方发达国家正是顺应了市场经济发展的趋势，建立了信用管理体系，形成了信用环境与信用秩序，才有效治理了其市场经济发展过程中的信用乱象，有力地促进了经济的发展。随着我国经济的快速发展和市场化程度的提高，客观上对社会信用体系的建立提出了紧迫要求，创建信用示范城市正是对这一要求的反映。

三、营造诚实守信的社会氛围

城市是推进社会信用体系建设的重要载体。城市信用建设是一个城市的软实力，是发展中不可复制的竞争力。开展社会信用体系建设示范城市创建工作，可以有效地调动城市的积极性，推动信用建设落地生根，发挥模范带头作用。

虽然诚信是中国古代的道德规范，也是现代社会文明的标志，但是当前我国在社会信用方面仍然存在着社会道德水准下滑，经济生活中存在坑蒙拐骗、制假、售假、赖账不还等陋习。这些问题严重影响社会诚信度，影响社会主义市场经济的发展。加快社会信用体系建设，在社会生活中倡导诚实守信、讲求信用，有利于增强市场经济主体的诚信意识，提高人的道德素质，协调人际关系，增强社会凝聚力，促进社会进步。

对企业而言，其各项生产活动都离不开资金的流转，无论是转产改制，还是科技创新，都需要通过银行信贷、股票以及债券发行等方式筹集大量的生产发展和技术改造资金。企业是社会信用活动中最活跃的因素，是最大的信用需求者和供给者。如果其信用水平不高，存在一些失信行为，则会使得银行不敢轻易放贷，企业难以通过正常的信用渠道获取生产发展资金，从而影响企业的生产和发展。

对消费者而言，如果存在一些不良的信用记录，则会影响其信用交易的总额，对其日常生活带来很多不利影响，而良好的守信记录有助于其信用交易总额的扩大，给其生活、就业等方面带来极大的便利性。无论是买方市场还是卖方市场，扩大信用交易总额都有助于市场规模的扩大，从而带动经济的发展和就业的增加。

诚信是社会主义核心价值观的精神要求。对个人而言，诚信是高尚品德；对企业而言，诚信是黄金资产；对社会而言，诚信是公序良俗；对国家而言，诚信是重要的软实力。重塑现代诚信理念，创建信用示范城市，增强全民信用意识，大力普及信用知识，开展诚信主题活动，营造"守信者荣、失信者耻、无信者忧"的氛围，使诚信意识深植人心，形成全民自觉遵纪守法、诚实守信的良好社会风尚，有利于营造互信互利的社会氛围，提高全民族的道德水平，推动社会主义精神文明建设和和谐社会建设，促进社会的文明进步。

四、完善城市综合服务功能

培育社会信用体系，创建信用示范城市有助于政府转变职能，加强事中事后监管。国家实施的一系列改革举措，在减少事前审批的同时，必然要求加快建立社会信用体系，加强以信用为核心的事中事后监管，确保市场规范有序进行。

大数据是信用建设的重要支撑，征信是解决信用保障的环节。"用数据说话、用数据决策、用数据管理、用数据创新"，对提升城市综合服务功能具有重要意义。充分发挥现代信息资源优势，建立社会信用数据库和信用数据查询网络，实现信用信息的公开、透明、共享，有助于城市政府对城市的治理和服务功能的实现。

政府通过搭建公共信用信息共享平台，归集散落在各个方面的信用信息，在行政管理事项中推行查询信用记录和信用应用报告，利用大数据可以有效提高政府的工作效率。通过建立地方信用网站，向社会提供信用信息查询服务，更方便社会了解市场主体状况，创新公共服务管理，提升城市公共服务水平。

五、防范金融风险和深化金融改革

金融安全是国家经济安全的核心，金融风险危及金融安全，而信用风险是目前我国最大的金融风险。在由计划经济向社会主义市场经济转型的过程中，由于各种原因所导致的银行信用规模快速扩张，信用制度不规范、不健全造成了信用风险的累积。加强城市社会信用体系建设，通过增强借款人偿还能力和提高偿还意愿，促进借款人提高履约水平，能够降低银行业信用风险，从而维护金融安全，保证国家经济安全。

金融是现代经济的核心，深化金融改革是经济发展的必由之路。信用具备的货币属性，能够实现一定的经济政策功能，成为国家宏观调控的重要工具。在国际金融形势出现新的变化，国内改革开放和经济建设面临新的任务时，都要求进一步深化金融改革，提高我国金融竞争力。

创建信用示范城市，有利于规范市场经济秩序，打击失信行为，防范和化解金融风险，推进政府更好地履行经济调节、市场监管、社会管理和公共服务的职能，保证我国经济稳中求进，持续稳定地增长。

第二节　创建信用示范城市的目标及开展现状

张　红[*]

社会信用体系建设是一项长期、艰巨的系统工程，以创建社会信用体系建设示范城市为重要载体，各城市务实开展示范创建工作，在完善信用信息平台建设、推进联合奖惩工作、发展信用服务市场、创新信用应用模式等方面积极作为，为推动我国社会信用体系建设营造更加浓郁的诚信氛围。

一、创建信用示范城市的目标

根据国家发展改革委、人民银行印发的社会信用体系建设示范城市名单的相关文件，2015年创建信用示范城市的目标是建立社会信用体系建设示范城市创建的工作体系和运行机制，落实专门工作机构、人员和经费保障；实施统一社会信用代码制度；以行政执法信用记录为重点，建立健全公民、法人和其他组织各领域的信用记录，启动建设信用信息共享交换平台，实现与国家统一的信用信息共享交换平台和"信用中国"网站互联互通；加强在行政审批、招投标、政府采购、财政性资金使用等领域使用信用记录和信用产品；在若干重点领域建立并实施失信行为联合惩戒机制；大力开展诚信教育、诚信宣传等活动。

2016年创建信用示范城市的目标是建成信用信息共享交换平台，实现与国家统一的信用信息共享交换平台和"信用中国"网站的互联互通；在行政管理和公共服务各领域广泛应用信用记录和信用产品；全面建立事前信用承诺、事中信用分类监管、事后信用联合奖惩制度，初步建立以信用

---

[*] 张红，经济学博士，上海立信会计金融学院副教授，现任信用管理系副主任。

为核心的市场监管体系；社会诚信意识明显提高。

到2016年年底前，建立社会信用体系建设示范城市创建的工作体系和运行机制，落实专门工作机构、人员和经费保障；建立健全公民、法人和其他组织各领域的信用记录；建成地方信用网站，实现与"信用中国"网站互联互通；启动建设地方信用信息共享平台，向全国信用信息共享平台归集报送数据；实施统一社会信用代码制度，完成增量统一社会信用代码公示和存量机构代码向统一社会信用代码转换，并将代码及相关基础信息归集至全国信用信息共享平台；开展行政许可和行政处罚信息7个工作日内公示并在"信用中国"网站公开；加强在行政审批、招标投标、政府采购、财政性资金使用等领域使用信用记录和信用产品，培育发展信用服务机构；在若干重点领域建立并实施守信联合激励和失信联合惩戒机制；大力开展诚信教育、诚信宣传活动。

2017年创建信用示范城市的目标是到年底前，建成地方信用信息共享平台，进一步完善地方信用网站，实时与全国信用信息共享平台和"信用中国"网站共享信息；完成存量登记证照转换任务，向所有法人和其他组织颁发标注统一社会信用代码的新登记证照；开展公共信用信息便民服务和重点领域信用信息大数据示范应用；在行政管理和公共服务各领域广泛应用信用记录和信用产品；全面建立事前信用承诺、事中信用分类监管、事后信用联合奖惩制度，构建以信用为核心的市场监管体系；社会诚信意识明显提高。各创建城市（城区）还应结合自身实际，突破社会信用体系建设的重点难点问题，形成地方特色和经验。

信用示范城市的创建是我国社会信用体系建设的重要组成部分，其目标是探索城市信用体系建设的经验做法，为全国社会信用体系建设发挥示范作用。根据《社会信用体系建设规划纲要（2014—2020年）》，社会信用体系建设的主要目标是：到2020年，社会信用基础性法律法规和标准体系基本建立，以信用信息资源共享为基础的覆盖全社会的征信系统基本建成，信用监管体制基本健全，信用服务市场体系比较完善，守信激励和失信惩戒机制全面发挥作用。政务诚信、商务诚信、社会诚信和司法公信建设取得明显进展，市场和社会满意度大幅提高。全社会诚信意识普遍增强，经济社会发展信用环境明显改善，经济社会秩序显著好转。

二、信用示范城市创建的现状及成效

2015年8月，国家发展和改革委员会和中国人民银行联合发文，将沈阳、青岛、南京、无锡、宿迁、杭州、温州、义乌、合肥、芜湖、成都等11个城市列入首批全国创建社会信用体系建设示范城市，用改革创新的办法积极推进，以创建社会信用体系建设示范城市为重要载体，务实开展示范创建工作，进一步推动我国社会信用体系建设。

2016年4月6日，国家发展和改革委员会、中国人民银行联合印发《国家发展改革委 中国人民银行关于同意北京市海淀区等32个城市（城区）创建社会信用体系建设示范城市（城区）工作方案的复函》，批复了32个城市创建全国第二批社会信用体系建设示范城市工作方案，第二批创建社会信用体系建设示范城市包括北京市海淀区，内蒙古自治区呼和浩特市、乌海市，辽宁省大连市、鞍山市、辽阳市，黑龙江省绥芬河市，上海市浦东新区、嘉定区，江苏省苏州市，浙江省台州市，安徽省安庆市、淮北市，福建省福州市、厦门市、莆田市，山东省潍坊市、威海市、德州市、荣成市，河南省郑州市、南阳市，湖北省武汉市、咸宁市、宜昌市、黄石市，广东省广州市、深圳市、珠海市、汕头市、惠州市，四川省泸州市等32个城市（城区）。

2018年1月9日，国家发展和改革委员会办公厅、中国人民银行办公厅明确杭州市、南京市、厦门市、成都市、苏州市、宿迁市、惠州市、温州市、威海市、潍坊市、义乌市、荣成市等12个城市为首批社会信用体系建设示范城市。

这些示范城市高度重视、精心组织创建工作，扎实推进国家部署的社会信用体系建设各项工作，主动承担重点难点任务，结合实际积极先行先试，自2016年以来，在第三方机构开展的城市信用状况监测中排名始终位于全国前列，并探索形成了一系列可复制、可推广的经验做法，对推进全国城市信用体系建设起到了示范引领作用。

各示范城市都建立了公共信用信息共享平台，机制化、常态化归集公共信用信息并报送至省级和全国信用信息共享平台。率先完成法人和非法人组织统一社会信用代码制度改革，以统一社会信用代码为基础整合各类信用信息，建立自然人、法人和非法人组织完整的信用档案。

各示范城市都开通了城市信用门户网站，并开设公共信用信息服务大厅或窗口，提供公共信用信息"一站式"查询及更多个性化服务，为企业和群众查询信用信息提供便利。

各示范城市大力推进守信联合激励和失信联合惩戒，在重点领域都探索建立了红黑名单，出台相应的认定标准和管理办法。按照国家层面出台的联合奖惩备忘录，制定和实施本区域信用奖惩措施清单。政府带头开展应用，将联合奖惩措施嵌入有关部门和单位办理行业准入、项目审批、招标投标、政府采购、财政补助等行政管理和公共服务工作流程和信息系统，同时推动金融机构、征信机构、行业组织等查询使用信用信息，实现信用联合奖惩的机制化、自动化，大幅提高守信收益和失信成本。一大批失信主体在联合惩戒的威慑下主动纠正失信行为。

各示范城市积极培育信用服务机构，充分调动信用服务机构参与信用建设的积极性、创造性，充分运用信用服务机构在人才、技术方面的专业优势，在信用信息共享和信用产品开发应用等方面积极稳妥开展合作，为信用服务市场加快发展创造良好条件。

各示范城市主动创新信用应用，大力推进信用惠民，充分通过市民卡、手机客户端等多种便利渠道，在交通出行、积分落户、扶贫济困、医院诊疗、图书借阅、文化休闲等公共服务中为守信主体提供便利优惠，提升人民群众的获得感。

各示范城市都建立了强有力的社会信用体系建设组织领导和督促考核机制，确保各项工作任务落实落地。按照培育和践行社会主义核心价值观要求，通过设立"诚信日"、开展"诚信兴商"等主题活动和组织失信企业法定代表人信用修复培训班，大力宣传报道诚信典型和失信典型，营造褒奖诚信、惩戒失信的社会氛围，在全社会树立起"知信、守信、用信"的自觉行为习惯，提升城市诚信水平。

2019年8月12日国家发展和改革委员会、中国人民银行联合发文，将青岛市、武汉市、鞍山市、上海市浦东新区、上海市嘉定区、无锡市、合肥市、淮北市、芜湖市、安庆市、福州市、莆田市、郑州市、宜昌市、咸宁市、泸州市等16个城市（区）列为第二批社会信用体系建设示范城市（区）。

信用示范城市的创建客观上促进了规范的市场秩序的形成，初步建立了信用管理体系，形成了信用环境和信用秩序，培育了新的、与市场经济相适应的信用文化，使信用不仅仅是一种美德，更是一种实际的管理手段，有力地促进了城市经济社会发展，为全国社会信用体系建设发挥了积极的示范作用。

第三节 创建信用示范城市的标准

张 红[*]

根据创建信用示范城市和社会信用体系建设的目标，创建信用示范城市的标准包括贯彻落实党中央国务院决策部署、弘扬社会主义核心价值观、政务诚信建设、商务诚信建设、社会诚信建设、司法公信建设、金融生态环境建设、公共信用信息共建共享、产品应用、信用监管以及工作保障和推进落实措施等。

一、创建信用示范城市的标准

根据《社会信用体系建设示范城市评估指标细则（2019年参考版）》，创建信用示范城市的标准为：

---

[*] 张红，经济学博士，上海立信会计金融学院副教授，现任信用管理系副主任。

(一) 贯彻落实党中央国务院决策部署

贯彻落实习近平总书记重要指示和党中央国务院重要文件精神,有贯彻部署机制,有细化落实方案,政府重视程度高。

(二) 弘扬社会主义核心价值观

诚信文化建设与失信专项治理,有诚信宣教活动,有诚信失信典型,市民诚信意识高。

(三) 政务诚信建设

政务诚信建设的举措和成效,包括有公务员诚信档案,无政府重大失信事件,城市信用监测排名高。

(四) 商务诚信建设

商务诚信建设的举措和成效,有信用记录,有信息公示,有红黑名单,有分级监管。

(五) 社会诚信建设

社会诚信建设的举措和成效,有信用记录,有信息公示,有红黑名单,有分级监管。

(六) 司法公信建设

司法公信建设的举措和成效,有信用记录,有信息公示,有红黑名单,有分级监管。

(七) 金融生态环境建设

金融生态环境建设包括:
(1) 信用环境良好,地区不良贷款率低,无重大区域金融风险;
(2) 法治环境良好,金融案件执结率高,金融案件标的额兑现率高,非法集资发案数增长率低;

（3）政策环境良好，对金融机构无行政干预，对具有融资功能的非金融机构有效管理水平高，防范和处置地方金融风险水平高。

（八）公共信用信息共建共享

（1）统一社会信用代码，存量代码全转换，重错码率低；

（2）信息归集共享和公开，政务大厅全接入，信息共享全覆盖，许可处罚全上报，网站信息常更新。

（九）公共信用信息和产品应用

开展"互联网+信用+民生""信易+"项目应用，人人都有信用分，信用服务广覆盖，便企惠民见实效。

（十）信用监管

构建以信用为核心的新型监管机制，有信用承诺，有联合奖惩，有信用修复，有信用报告。

（十一）工作保障和推进落实措施

（1）工作保障，有领导机制，有专项经费；

（2）推进落实，有任务分工，有督查考核，有试点示范。

此外，还设立了鼓励探索创新和突出贡献的附加项，对示范创建城市结合实际，在社会信用体系建设中创新探索，成效明显，在创新信用监管和信用便民惠企方面形成地方特色和可推广复制经验的，建立失信案例调查制度和失信记录归集制度的，酌情加分，最高加10分。

二、社会信用体系建设示范城市评审标准硬指标

根据2019年社会信用体系建设示范城市评审标准硬指标，其分为基础性指标和引导性指标，基础性指标共10项，要求相关城市必须完成，有一项未完成的则一票否决；引导性指标按完成情况得分。具体如表1所示：

表1 社会信用体系建设示范城市评审硬指标

指标性质	序号	示范城市评审硬指标
基础性指标	1	存量代码100%转换为统一社会信用代码
	2	统一社会信用代码重错码率低于万分之一
	3	政府失信事件整改到位率达到100%
	4	辖区内政务服务大厅100%接入信用信息共享平台和信用网站
	5	行政许可和行政处罚信息100%上报至"信用中国"网站公示
	6	在运营黑名单主体及公共信用综合评价为"差"的市场主体80%提交信用报告
	7	经整改后退出黑名单比例达到在运营黑名单主体总量的30%
	8	信用修复培训覆盖面达到在运营黑名单主体总量的50%以上
	9	四类信用承诺覆盖面达到90%或100%。（1）主动承诺型承诺和行业自律型承诺，合计覆盖90%以上市场主体。（2）审批替代型承诺，《国务院关于在全国推开"证照分离"改革的通知》明确的实行告知承诺的19个事项100%覆盖。（3）容缺受理型承诺，行政审批事项100%应用守信容缺受理类承诺。（4）失信修复型承诺，覆盖100%在运营的黑名单主体
	10	区县信用监测100%全覆盖。城市政府已将信用监测延伸至所辖县市区，且已有明确规划进一步延伸至乡镇、街道。最近一年城市信用状况监测预警排名位于地级市前100名、县级市前100名、省会及副省级城市未列入约谈范围
引导性指标	11	城市实施联合奖惩领域的数量不少于国家层面实施联合奖惩领域数量。 联合奖惩覆盖面根据实施联合奖惩领域的数量计分，计分公式为城市实施联合奖惩领域数量/40，最高得1分
	12	单位失信记录100%穿透关联至其主要负责人和直接责任人失信记录。 失信行为穿透式监管根据单位失信记录与个人失信记录关联比例计分，计分公式为单位失信记录穿透关联至其主要负责人和直接责任人失信记录的数量/单位失信记录总数×2，最高得2分

续 表

指标性质	序号	示范城市评审硬指标
	13	政府、司法行政部门和水、电、气、热、通信等公用企事业单位100%联通信用信息共享平台并共享信息。 市级司法、行政部门和水、电、气、热、通信等公用企业事业单位100%联通信用信息共享平台并归集共享信息的计4分,每增加1个未联通并归集共享信息的单位减0.5分
	14	在信用门户网站上,法人和非法人组织户均信息公示量达到2条,日均点击量达到城市户籍人口总量的1%。 信用门户网站公示信息量根据公示的法人和非法人组织户均信息条数 m 计算,计分公式为 0.5m,最高得2分。 信用门户网站活跃度根据城市户籍人口日人均点击量 n 计算,计分公式为 100n,最高得2分
	15	归集的有效联合奖惩案例数量占"红黑名单"总量的30%以上。 联合奖惩案例根据案例占比计分,计分公式为有效的联合奖惩案例数量/在运营红黑名单主体总量×5,最高为3分
	16	10个以上领域信用联合奖惩嵌入相关信息系统和工作流程,实现发起-响应-反馈的自动化。 联合奖惩机制化程度根据嵌入信息系统和工作流程的比例计分,计分公式为将联合奖惩嵌入信息系统和工作流程的领域数量 * 0.1,最高得2分
	17	超过70%的城市户籍人口拥有个人诚信分。 开展市民信用分评价且超过50%的城市户籍人口拥有个人诚信分,得1.5分,在此基础上每多10%,加0.5分,最高得4分
	18	10个以上领域实施"互联网+信用+民生"和"信易+"创新应用。 对个人和企业提供"互联网+信用+教育"、"互联网+信用+医疗"、"互联网+信用+养老"以及"信易贷"、"信易批"、"信易租"、"信易游"、"信易行"等创新服务,每一个领域实质性开展工作并形成案例得0.3分,最高得6分。 "信易批"开展情况根据已经实施容缺受理的部门数量计分,计分公式为已经实施容缺受理的部门数量/具有行政审批权力的部门总量×2,最高得2分。 "信易贷"开展情况根据"信易贷"放款金额计分,计分公式为"信易贷"放款金额/在运营市场主体数×0.002%,最高得2分

续　表

指标性质	序号	示范城市评审硬指标
	19	20个以上领域开展行业信用记录、信息公示、风险提示、预警监测、信用培训等信用监管工作。 建立公务员诚信档案，将公务员信用记录作为干部考核、任用和奖惩的重要依据的，得2分。 在商务诚信和社会诚信建设中，每1个领域建立信用记录的，得0.1分；每1个领域相关信用信息在信用门户网站公示的，得0.1分；每1个领域认定红黑名单并归集至信用信息共享平台的，得0.2分；每1个领域建立并实施信用分级分类监管制度的，得0.2分。 在司法公信建设中，建立行业诚信档案并实施分级分类监管的，得3分；公开审判信息和强制执行案件信息，执行检务公开、司法行政信息公开等，得1分；认定和归集共享司法领域红黑名单的，得2分
	20	20个领域开展失信问题专项治理，并举办"诚信建设万里行"活动。 按照中央宣传部部署推进"诚信建设万里行"，根据城市接力、宣传教育、百城万企亮信用等活动情况计分，最高得2分。 按照中央文明委部署推进20个重点领域（文明委〔2018〕4号文件的19个领域+假承诺假证明假证件领域）失信问题专项治理，根据"黑名单"和重点关注名单梳理整改、长效机制建设等情况计分，最高得2分

第四节　创建信用示范城市的评估体系

张　红[*]

　　基于创建信用示范城市的标准，我国不断完善创建信用示范城市的评估体系，将标准中涉及的11个项目细分为15项评价内容，并给出了相应的评分标准。评估体系的建立与完善不仅为合理考核各信用示范城市开展落实信用工作的情况提供了量化指标依据，而且还为各城市部署下一步信

---

[*] 张红，经济学博士，上海立信会计金融学院副教授，现任信用管理系副主任。

用工作重点指明了方向。

一、创建信用示范城市评估体系的完善

自 2015 年全国首批创建社会信用体系建设示范城市起，创建信用示范城市评估体系不断完善。首先，信用监管在评估指标中所占的分值不断增加。2017 年，信用监管所占分值只有 10 分，2018 年增加到 19 分，2019 年进一步增加到 22 分。其次，公共信用信息共建共享所占分值较大，2017 年至 2019 年分别为 15 分、14 分和 17 分。再次，公共信用信息和产品应用所占分值则由 2017 年的 11 分增加到 2018 年的 18 分，2019 年略微减少至 14 分（如表 1 所示）。最后，从 2017 至 2019 年，各项指标细化程度越来越高，可量化程度也越来越高。

表1 社会信用体系建设示范城市评估指标分值（2017—2019 年）

项目	2017	2018	2019
一、贯彻落实党中央国务院决策部署情况	6	5	4
二、弘扬社会主义核心价值观情况	6	4	4
三、政务诚信建设	8	6	6
四、商务诚信建设	8	6	6
五、社会诚信建设	8	6	6
六、司法公信建设	8	6	6
七、金融生态环境建设（由人民银行评分）	10	10	10
八、公共信用信息共建共享	15	14	17
九、公共信用信息和产品应用	11	18	14
十、信用监管	10	19	22
十一、工作保障和推进落实措施	10	6	5
附加项：探索创新和突出贡献	不超过 10 分	不超过 10 分	10 分

二、创建信用示范城市的评估体系

在创建信用示范城市的标准基础上,创建信用示范城市的评估体系如表2所示:

表2 社会信用体系建设示范城市评估指标细则(2019年参考版)

项目	分值	评估内容	评分标准
一、贯彻落实党中央国务院决策部署	4	贯彻落实习近平总书记重要指示和党中央国务院重要文件精神	【有贯彻部署机制,有细化落实方案,政府重视程度高】 根据城市(城区)党委政府学习落实习近平总书记关于社会信用体系建设的重要指示批示精神,贯彻落实党中央、国务院和国家社会信用体系建设牵头部门关于社会信用体系建设系列重要文件[1],建立有效机制、制定规划计划和实施方案部署落实社会信用体系建设等情况,酌情计分
二、弘扬社会主义核心价值观	4	诚信文化建设与失信专项治理	【有诚信宣教活动,有诚信失信典型,市民诚信意识高】 1. 按照中央宣传部部署推进"诚信建设万里行",根据城市接力、宣传教育、百城万企亮信用等活动情况计分,最高得2分。 2. 按照中央文明委部署推进20个重点领域(文明委〔2018〕4号文件的19个领域+假承诺假证明假证件领域)失信问题专项治理,根据黑名单和重点关注名单梳理整改、长效机制建设等情况计分,最高得2分

---

[1] 主要包括《国务院关于印发社会信用体系建设规划纲要(2014—2020年)的通知》《法人和其他组织统一社会信用代码制度建设总体方案》《国务院办公厅关于运用大数据加强对市场主体服务和监管的若干意见》《国家发展改革委 人民银行 中央编办关于在行政管理事项中使用信用记录和信用报告的若干意见的通知》《国务院关于建立完善守信联合激励和失信联合惩戒制度加快推进社会诚信建设的指导意见》《关于加快推进失信被执行人信用监督、警示和惩戒机制建设的意见》《国务院关于加强政务诚信建设的指导意见》《国务院办公厅关于加强个人诚信建设的指导意见》《关于全面加强电子商务领域诚信建设的指导意见》《国家发展改革委 人民银行关于加强和规范守信联合激励和失信联合惩戒对象名单管理工作的意见》《国家发展改革委办公厅 人民银行办公厅关于对失信主体加强信用监管的通知》,以及实名登记制度有关文件。

续 表

项目	分值	评估内容	评分标准
三、政务诚信建设	6	政务诚信建设的举措和成效	【有公务员诚信档案，无政府重大失信事件，城市信用监测排名高】 1. 建立公务员诚信档案，将公务员信用记录作为干部考核、任用和奖惩的重要依据的，得2分。 2. 无政府重大失信事件，或已全部整改到位的，得2分；每增加1件未整改到位的政府失信事件减0.5分（根据中经网信息考核）。 3. 城市政府已将信息监测延伸至所辖县市区，且已有明确规划进一步延伸至乡镇、街道的，得1分；城市总体信用状况根据城市信用监测结果计分，计分公式为近6期监测得分平均值×0.01，最高得1分（根据中经网信息考核）
四、商务诚信建设	6	商务诚信建设的举措和成效	【有信用记录，有信息公示，有红黑名单，有分级监管】 1. 商务诚信建设包括生产、流通、税务、价格、工程建设、招标投标、交通运输、电子商务、中介服务业、会展广告等领域，在上述每1个领域建立信用记录的，得0.1分； 2. 上述领域每1个领域相关信用信息在信用门户网站公示的，得0.1分； 3. 上述领域每1个领域认定红黑名单并归集至信用信息共享平台的，得0.2分； 4. 上述领域每1个领域建立并实施信用分级分类监管制度的，得0.2分
五、社会诚信建设	6	社会诚信建设的举措和成效	【有信用记录，有信息公示，有红黑名单，有分级监管】 1. 社会诚信建设包括医药卫生和计划生育、社会保障、劳动用工、教育科研、文化体育旅游、知识产权、环境保护和能源节约、社会组织、重点职业人群、互联网应用及服务等领域，在上述每1个领域建立信用记录的，得0.1分； 2. 上述领域每1个领域相关信用信息在信用门户网站公示的，得0.1分； 3. 上述领域每1个领域认定红黑名单并归集至信用信息共享平台的，得0.2分； 4. 上述领域每1个领域建立并实施信用分级分类监管制度的，得0.2分

续 表

项目	分值	评估内容	评分标准
六、司法公信建设	6	司法公信建设的举措和成效	【有信用记录，有信息公示，有红黑名单，有分级监管】 1. 建立律师、公证员、基层法律服务工作者、法律援助人员、司法鉴定人员等职业人群以及律师事务所、公证机构、基层法律服务所、司法鉴定机构等单位的诚信档案并实施分级分类监管的，得3分。 2. 公开审判信息和强制执行案件信息，执行检务公开、司法行政信息公开等，得1分。 3. 认定和归集共享司法领域红黑名单的，得2分
七、金融生态环境建设（由中国人民银行评分）	10	信用环境（4分）	【地区不良贷款率低，无重大区域金融风险】 1. 地区不良贷款率。地区不良贷款率可从银监部门取数或通过银行机构统计。本项得分为0、2和连续打分三种情形：如果地区不良贷款率<2%，得2分；如果2%≤地区不良贷款率<5%，得分=2/3×（5-地区不良贷款率×100）；如果地区不良贷款率≥5%，得0分。 2. 重大区域金融风险。出现重大区域金融风险，引发较大负面影响和广泛社会关注的，如较为严重的地方政府债务风险、区域担保圈风险、产能过剩行业债务风险等，存在较大负面影响和广泛社会关注，不能得到及时遏制，发生多米诺骨牌效应，迅速转移、传染和扩散。本项得分为0、2两档：如果为"是"，得0分；如果为"否"，得2分
		法治环境（3分）	【金融案件执结率高，金融案件标的额兑现率高，非法集资发案数增长率低】 1. 金融案件执结率。金融案件执结率=报告期银行业机构债权案件执结数/（上期银行业机构债权案件未执结数+报告期银行业机构债权案件收案数）。可从法院取数，如存在困难也可以通过银行机构统计。本项得分为0、1和连续打分三种情形：如果金融案件执结率≥80%，得1分；如果0%<金融案件执结率<80%，得分=1/80×（金融案件执结率×100-0）；如果金融案件执结率=0%，得0分

续 表

项目	分值	评估内容	评分标准
			2. 金融案件标的额兑现率。金融案件标的额兑现率＝报告期内银行业机构胜诉债权案件受偿金额/报告期银行业机构胜诉债权案件判决标的总额。可从法院取数，如存在困难也可以通过银行机构统计。本项得分为0、1和连续打分三种情形：如果金融案件标的额兑现率≥70%，得1分；如果0%＜金融案件标的额兑现率＜70%，得分＝1/70×（金融案件标的额兑现率×100-0）；如果金融案件标的额兑现率＝0%，得0分。 3. 非法集资发案数增长率。非法集资发案数增长率＝（报告期非法集资发案数－上期非法集资发案数）/上期非法集资发案数，可从地方打击非法集资办公室（如金融办、公安、银监部门）取数。本项得分为0、1和连续打分三种情形：如果非法集资发案数增长率＜0%，得1分；如果0%≤非法集资发案数增长率＜50%，得分＝1/50×（50-非法集资发案数增长率×100）；如果非法集资发案数增长率≥50%，得0分
		政策环境 （3分）	【对金融机构无行政干预，对具有融资功能的非金融机构有效管理水平高，防范和处置地方金融风险水平高】 • 地方政府是否对金融机构进行行政干预。本项得分为0、1两档：如果以下任一条为"是"，得0分；如果均为"否"，得1分。 1. 诱导和干预金融机构的日常经营，如：通过对部分金融机构高管人员的任免来影响地方法人金融机构的公司治理，继而对地方金融机构的日常经营施加影响；利用财政性存款、重大项目金融服务、财政性资金补贴、税收优惠等政府掌握的资源，对金融机构进行"诱导性"干预等。 2. 硬性规定金融机构贷款投放的规模，如：地方政府通过出台考核办法，对金融机构贷款业务量进行考核；为支持大企业发展，出面协调金融机构对其发放贷款；对明显出现经营困难的企业，强制要求不抽贷、不压贷等。

续 表

项目	分值	评估内容	评分标准
			3. 限制资金在地区间的正常流动，如：存在限制银行机构地区间资金调剂现象的。
• 地方政府是否对具有融资功能的非金融机构进行有效管理。本项得分为0、1两档；如果以下任一条为"是"，得0分；如果均为"否"，得1分。
1. 对具有融资功能非金融机构的准入与日常管理不到位，如：对小贷公司、融资性担保公司、典当行等具有融资功能的非金融机构的审批和日常监管流于形式，未按制度要求进行现场或非现场检查的，对具有融资功能的非金融机构管理人员数量和素质不能满足监管要求等。
2. 未建立相关统计制度，不能及时准确统计共享相关数据和信息的，如：各行业主管部门未能建立小贷公司、融资性担保公司、典当行等经营情况统计制度，或建立相关制度但部门之间数据和信息不能实现有效共享等。
3. 管理不到位，发生重大风险事件的，如：小贷公司、融资性担保公司、典当行等发生非法集资、吸收或者变相吸收公众存款、发放高利贷等行为造成恶劣影响等。
• 地方政府是否落实防范和处置地方金融风险的职责。本项得分为0、1两档；如果以下任一条为"是"，得0分；如果均为"否"，得1分。
1. 未能有效落实中央和地方金融监管职责分工，如：未出台地方金融监管工作制度，未明确具有融资功能非金融机构监管部门和监管职责等。
2. 未建立健全地方金融风险应急处置机制，如：未建立突发金融风险应急预案，未明确相关部门职责；未定期开展突发金融风险应急演练等。
3. 未能落实防范和处置地方金融风险的职责，如：未明确防范和处置地方金融风险具体或牵头部门，未能落实对农村信用社、小贷公司、融资性担保公司、典当行的金融风险处置责任等。
4. 发生金融风险未能有效处置，造成恶劣影响的，如：未快速有效处置金融风险，导致金融风险扩散蔓延，发生挤兑存款、挤提保费等

续 表

项目	分值	评估内容	评分标准
八、公共信息共建共享	17	统一社会信用代码（2分）	【存量代码全转换，重错码率低】 1. 向所有存量法人和非法人组织换发统一社会信用代码（对个体工商户要求至少在信息系统内完成新旧代码映射），存量代码转换率为100%的得1分，每降低1%减0.2分。 2. 重错码率为0的得1分，每增加0.01%减0.1分。（由全国组织机构统一社会信用代码服务中心提供）
		信息归集共享和公开（15分）	【政务大厅全接入，信息共享全覆盖，许可处罚全上报，网站信息常更新】 1. 与国家平台联合奖惩系统对接，实现对全量红黑名单信息的实时访问，并嵌入政务服务大厅或相关业务信息系统，辖区内政务服务大厅100%接入信用信息共享平台和信用门户网站的计3分，每增加1个未接入的大厅减1分。 2. 市级司法、行政部门和水、电、气、热、通信等公用企业事业单位100%联通信用信息共享平台并归集共享信息的计4分，每增加1个未联通并归集共享信息的单位减0.5分。 3. 行政许可、行政处罚信息100%上报至"信用中国"网站公示计2分，公示率每降低1%减0.2分。 4. 信用门户网站公示信息量根据公示的法人和非法人组织户均信息条数 m 计算，计分公式为 0.5m，最高得2分。 5. 信用门户网站活跃度根据城市户籍人口日人均点击量 n 计算，计分公式为 100n，最高得2分。 6. 根据市级（含所辖区、县）政府出资产业投资基金在全国政府出资产业投资基金信用信息登记系统进行信用信息登记和绩效评价的情况酌情计分，最高得2分。

续表

项目	分值	评估内容	评分标准
九、公共信用信息和产品应用	14	开展"互联网+信用+民生""信易+"项目应用	【人人都有信用分，信用服务广覆盖，便企惠民见实效】 1. 开展市民信用分评价且超过50%的城市户籍人口拥有个人诚信分，得1.5分，在此基础上每多10%，加0.5分，最高得4分。 2. 对个人和企业提供"互联网+信用+教育"、"互联网+信用+医疗"、"互联网+信用+养老"以及"信易贷"、"信易批"、"信易租"、"信易游"、"信易行"等创新服务，每一个领域实质性开展工作并形成案例得0.3分，最高得6分。 3. "信易批"开展情况根据已经实施容缺受理的部门数量计分，计分公式为已经实施容缺受理的部门数量/具有行政审批权力的部门总量×2，最高得2分。 4. "信易贷"开展情况根据"信易贷"放款金额计分，计分公式为"信易贷"放款金额/在运营市场主体数×0.002%，最高得2分。
十、信用监管	22	构建以信用为核心的新型监管机制	【有信用承诺，有联合奖惩，有信用修复，有信用报告】 1. 信用承诺工作，根据承诺覆盖率计分，计分公式为（主动承诺型承诺+行业自律型承诺数量）/市场主体数+实行审批替代型的审批事项数量/19+接受容缺受理型承诺的行政审批事项数量/全部行政审批事项+失信修复型承诺数量/在运营的"黑名单"主体数量，最高得4分。 2. 失信行为穿透式监管，根据单位失信记录与个人失信记录关联比例计分，计分公式为单位失信记录穿透关联至其主要负责人和直接责任人失信记录的数量/单位失信记录总数×2，最高得2分。 3. 联合奖惩覆盖面，根据实施联合奖惩领域的数量计分，计分公式为城市实施联合奖惩领域数量/40，最高得1分。 4. 联合奖惩机制化程度，根据嵌入信息系统和工作流程的比例计分，计分公式为将联合奖惩嵌入信息系统和工作流程的领域数量×0.1，最高得2分。

续 表

项目	分值	评估内容	评分标准
			5. 联合奖惩案例，根据案例占比计分，计分公式为有效的联合奖惩案例数量/在运营红黑名单主体总量×5，最高为3分。 6. "黑名单"整改成效，根据经整改后退出"黑名单"的比例计分，计分公式为经整改后退出的"黑名单"数量/在运营"黑名单"主体总量×5，最高得3分。 7. 信用修复培训，根据接受修复主体的比例计分，计分公式为接受修复培训的"黑名单"主体数量/在运营"黑名单"主体总量×2，最高得2分。 8. 使用信用报告工作，根据相关主体提交信用报告的比例计分，计分公式为提交信用报告的在运营"黑名单"主体及公共信用综合评价结果为"差"的市场主体数量/在运营"黑名单"主体及公共信用综合评价结果为"差"的市场主体总量×5，最高得5分
十一、工作保障和推进落实措施	5	工作保障 （2分）	【有领导机制，有专项经费】 1. 成立由市领导牵头的示范创建工作组织领导机制，得1分。 2. 地方财政为社会信用体系建设提供专项经费保障的，得1分
		推进落实 （3分）	【有任务分工，有督查考核，有试点示范】 1. 制定详细的示范创建工作任务分工，明确责任单位和进度要求的，得1分。 2. 对辖区内各部门社会信用体系建设工作进行督查考核的，得1分。 3. 在辖区内组织开展社会信用体系建设试点示范的，得1分。 4. 推动行业协会商会和社会组织等开展信用建设的，得1分。
附加项：探索创新和突出贡献	10		示范创建城市结合实际，在社会信用体系建设中创新探索，成效明显，在创新信用监管和信用便民惠企方面形成地方特色和可推广复制经验的，建立失信案例调查制度和失信记录归集制度的，酌情加分，最高加10分。

第三章
城市信用综合竞赛

随着城市信用体系建设的深入，全国各城市推陈出新，建设富有地区特色的城市信用建设模式。城市信用综合竞赛旨在交流城市信用建设的优秀经验，探讨城市信用建设有效路径，促进各城市学习借鉴城市信用建设的好经验、好做法，完善社会信用体系建设。

第一节　城市信用建设高峰论坛

李　伟　王尚书[*]

国务院办公厅 2014 年发布的《国务院关于印发社会信用体系建设规划纲要（2014—2020 年）的通知》以及 2016 年发布的《国务院关于建立完善守信联合激励和失信联合惩戒制度 加快推进社会诚信建设的指导意见》等文件中均明确提出，要推动社会信用体系建设，提升城市信用建设水平。

为贯彻落实国务院关于社会信用体系建设的有关精神，在国家发展改革委的指导下，自 2017 年开始，新华通讯社和城市政府每年共同主办"中国城市信用建设高峰论坛"，邀请社会信用体系建设部际联席会议各成员单位联络员、全国各省区市社会信用体系牵头单位负责人、302 个城市（区）政府负责人、信用服务机构代表以及相关领域专家学者等参加。

一、论坛的作用与意义

（一）中国城市信用建设高峰论坛有助于发挥媒体机构对我国社会信用建设的宣传力

新华通讯社作为社会信用体系建设部际联席会议成员单位，充分发挥国家通讯社和世界性通讯社品牌、公信力、渠道、采集、传播等多方面优势，以中央主流权威媒体的影响力和引导力，举全力推动社会信用体系建

---

[*] 李伟，新华社中国经济信息社新华信用事业部总经理，主任编辑；王尚书，新华社中国经济信息社新华信用事业部分析师。

设,广泛宣传引导社会信用体系建设,有助于进一步使中国城市信用建设高峰论坛成为我国社会信用建设的重要推动力量,并逐步加强与国内外城市的交流,推动中国城市信用建设达到国际一流水平。

(二) 中国城市信用建设高峰论坛有助于推动提升信用服务市场的专业化服务能力

培育发展信用服务机构,有利于加快形成市场化信用服务与公共性信用服务互为补充的信用服务体系。国家发展改革委 2018 年发布的《国家发展改革委办公厅关于充分发挥信用服务机构作用 加快推进社会信用体系建设的通知》中明确提出,要发挥信用服务机构的作用,提高信用服务机构的公信力、竞争力,为推动社会信用体系建设提供市场化、专业化力量支持。纵观历届中国城市信用高峰论坛的举办,无论信用是助力"信易+"让城市生活更美好、信用助力中小企业融资,还是城市信用的亮点宣传,信用服务机构在社会信用体系建设中的重要作用得到更为清晰广泛的认识,部分业界行为规范、标杆性示范效应明显的信用服务机构也在高峰论坛上的年度主题和重点成果展现环节露面,这将进一步引导行业发展重点,推动信用服务机构提升专业化服务能力。

(三) 中国城市信用建设高峰论坛有助于推动我国社会信用建设在全国范围内的均衡发展

随着我国社会信用体系建设的逐步深入推进,城市信用建设不断取得新进展,部分城市、地区已通过信用制度的设计和政策文件的出台、与高新技术的融合、信用产品的推广使用等方式,将信用融合应用为城市治理的有效手段。中国城市信用高峰论坛的举办提供了一个全方位、多维度展现城市信用建设成果的舞台,这不仅有利于主办城市和参加峰会的城市在其中找到展现自身信用建设成果的场景,也促进其在一个正面的、鼓舞人心、备受激励的环境氛围中体验、感受、查找到自身的不足和提升空间,这有助于推动不同地区的城市找到自身发力重点、全面提升信用综合实力，进而推动社会信用体系建设的区域均衡发展。

二、论坛举办情况

首届中国城市信用建设高峰论坛于2017年7月18日至19日，由新华通讯社和杭州市人民政府在杭州举办，新华通讯社中国经济信息社、杭州市发展改革委和蚂蚁金服集团承办，以下简称"杭州峰会"。

第二届中国城市信用建设高峰论坛于2018年6月10日至11日在福州召开，由国家发展改革委指导，新华通讯社、福州市人民政府共同主办，中国经济信息社、福州市发展改革委、福州市数字办、京东金融集团共同承办，以下简称"福州峰会"。

第三届中国城市信用建设高峰论坛于2019年9月24日至25日在山东济南召开，新华通讯社、济南市人民政府共同主办，中国经济信息社、济南市发展改革委承办，以下简称"济南峰会"。

三、论坛经验与亮点

每届论坛上不仅通过集中发布《中国城市信用建设年报》《中国城市信用状况监测评价报告》等方式，全景式、多维度综合呈现当年全国范围内的城市信用建设状况，通过设置重点突出的发布活动环节展现当年国家社会信用体系建设的阶段成果，并在论坛期间举办主题鲜明的平行分论坛，组织城市政府市长、信用服务机构代表和专家学者开展社会信用体系建设的热点话题探讨。

（一）杭州峰会

作为首届中国城市信用建设高峰论坛，杭州峰会成功谱写出中国城市信用建设高峰论坛活动聚焦城市信用建设的基调，并以"信用城市、品质生活"为主题，聚焦市民信用。峰会上发布《信用风险提示在市民生活中的十大应用场景》《信用城市 杭州宣言》，很好地展现了举办城市的魅力和特色。峰会上发布的"十大领域守信激励红名单、失信受惩黑名单"、启动"社会信用体系建设综合研究课题项目"，推出国家级信用信息服务品牌"新华信用"，"全国联合奖惩典型案例征集暨媒体纪行"活动，多维度展现了国家层面开展社会信用建设的政策实施重点和研究方向、市场化服务特色、城市信用亮点成果。杭州峰会通过举办"城市信用治理与服务创新""信用风险提示在市民生活中的应用场景和实践路径""社会信用法治建设的地方实践"三个平行主题论坛，组织城市政府市长、信用服务机构代表和专家学者等探讨相关热点话题。

（二）福州峰会

福州峰会以"信用让生活更美好"为主题，并在峰会期间举办的四个平行论坛围绕"信用平台与网站建设""信用产品创新与应用""信用监测理论与实践""联合奖惩和信用修复建设"等主题展开讨论。国家发展改革委在福州峰会启动"守信激励创新行动"（简称"信易+"行动），成立了"信易+"联盟，公布了首批30个守信激励创新城市名单。在峰会上，"2017年度全国信用联合奖惩十大典型案例并启动第二届媒体纪行活动"，30个守信激励创新城市联合发布《市民信用生活指南》环节，得到了全社会的广泛关注。"新华信用"城市信用大数据平台的发布上线，标志着国家级信用信息服务品牌服务能力的进一步提升。峰会主办城市牵头设置的福州信用生活体验馆等展览体验展区，将"数字福州"与信用体系建设成果深度融合，论坛期间累计超过1万人次观展和参与体验，充分展现城市信用建设特色，受到与会代表的高度评价。

（三）济南峰会

济南峰会以"信用，赢未来"为主题，展现国家年度社会信用体系建设的重点和进展。论坛成果丰硕，开幕式发布环节权威、主论坛内容精彩纷呈，分论坛围绕"诚信文化与信用济南建设""城市信用监测与实践""信用科技和信用场景发展创新与应用""信用+园区建设""行业协会信用体系建设"等主题展开了讨论，成效显著。论坛开幕式重磅推出第二批社会信用体系建设示范城市上台集中亮相展示，青岛市、武汉市、鞍山市、上海市浦东新区、上海市嘉定区、无锡市、合肥市、淮北市、芜湖市、安庆市、福州市、莆田市、郑州市、宜昌市、咸宁市、泸州市等16个城市（区）"榜上有名"。峰会启动了全国中小企业融资综合信用服务平台，标志着由"政、银、企、信"多方合作，共建风险分担和风险缓释机制，面向全国、对接地方，形成"开放、兼容、共享、共赢"的融资综合信用服务体系创新和重点成效，也是落实金融供给侧结构性改革，助力破解中小企业融资难题，畅通金融体系和实体经济良性循环的重要举措。"新华信用"英文版的启动上线，进一步夯实了国家级信用信息服务平台"新华信用"服务能力和品牌影响力。信用领域的年度奥斯卡——第二届"新华信用杯"全国信用优秀案例的展示，进一步调动了城市开展信用建设的积极性，激励更多的城市追赶榜样，增强了城市竞相推进信用建设的工作动力，有力地推进了我国社会信用体系建设。

2019济南峰会上第二批社会信用体系建设示范城市济南峰会发布环节

第二节　城市信用平台网站建设观摩培训活动

郭文波[*]

城市信用平台网站建设观摩培训活动，将全国信用工作者齐聚一堂，通过展示全国各地信用平台网站的建设情况，不仅达到交流互鉴、培训信用工作者的目的，而且推动了全国信用平台网站的完善与建设，以观摩促进社会信用建设。

一、2017年全国信用信息共享平台和信用门户网站建设观摩培训活动

11月28日至30日，首届全国信用信息共享平台和信用门户网站建设观摩培训班在北京举办。经过两天的专家评议与观摩预选，11月30日，观摩培训班进入最终的观摩阶段。16个省市单位入围观摩展示环节，省级以上单位有国家信息中心、江苏省、浙江省、广东省、河南省、贵州省、辽宁省、黑龙江省；市级层面有南京、深圳、杭州、上海、厦门、福州、沈阳、青岛。中国信息协会特邀副会长何华康、青岛海关原总工程师任尔伟、中国改革报社副总编兼《中国信用》杂志总编辑吴小雁以及税务总局稽查局举报中心主任李光辉就各城市展示情况作出了点评。国家发展改革委副主任连维良出席并作了重要讲话。

在此次观摩培训班上，一批优秀的平台网站被认定为全国信用信息共享平台和信用门户网站一体化建设示范性平台网站、标准化平台网站、特色性平台网站。其中江苏、浙江、深圳、杭州被认定为全国信用信息共享

---

[*] 郭文波，西安交通大学管理学院博士、博士后。

平台和信用门户网站一体化建设示范性平台网站；广东、河南、贵州、辽宁、黑龙江、上海、厦门、福州、沈阳、青岛被认定为全国信用信息共享平台和信用门户网站一体化标准化平台网站；湖南、江西、山东、安徽、山西、河北、湖北、成都、广州、宁波、北京、合肥、长沙、武汉、重庆、兰州被认定为全国信用信息共享平台和信用门户网站一体化建设特色性平台网站。

二、2018年全国信用信息共享平台和信用门户网站建设观摩培训活动

9月10日至12日，2018年全国各级信用信息共享平台和信用门户网站建设观摩培训活动在南京市钟山宾馆举办，本次活动由国家发展改革委指导，国家信息中心与国家公共信用信息中心主办，南京市人民政府和江苏省经济信息化委协办，南京市发展改革委承办。27家省级参评单位、49家城市参评单位就当地信用体系建设成果以及信用信息共享平台和信用门户网站建设成果进行了观摩交流，活动总体呈现出"参加单位多、展示亮点新、活动效果好、影响力强"四大特点，诠释了信用工作者开拓进取、真抓实干的钉钉子精神，彰显了信用工作者强化社会责任意识、推进诚信建设制度化的决心和努力。

观摩活动最后，向一批优秀平台网站授牌全国信用信息共享平台和信用门户网站一体化建设示范性平台网站、标准化平台网站、特色性平台网站，其中：江苏省、广东省、苏州市、厦门市、上海市、北京市获示范性平台网站；河南省、贵州省、山东省、辽宁省、福州市、义乌市、上海市浦东新区、威海市、芜湖市、沈阳市获标准化平台网站；海南省、湖北省、浙江省、江西省、四川省、重庆市、武汉市、哈尔滨市、兰州市、辽阳市、泸州市、中山市、宿迁市、北京市海淀区、贵阳市白云区获特色性平台网站。

观摩培训活动让全国的信用工作者聚在一起，相互交流经验、取长补

短、拓宽思路、互勉共进，有力地推动了信用信息共享平台和信用门户网站的建设，观摩培训活动收到了预期效果。

三、观摩培训活动经验与亮点

观摩培训活动，系统展示了全国各地平台网站的建设情况，对全国信用工作者进行了全面培训，有力推动了全国平台网站的建设。观摩培训活动上，大家总结经验，相互学习，在今后的工作中加以运用。

在专家点评与观摩预选阶段，展示方式分为PPT展示和在线演示两个部分，主要展示网站平台基础功能，包括数据上传下载、目录管理、网站在线查询、异议投诉处理、安全保障等方面内容。

除了对标以上"标准动作"，在展示中还看到了很多让人眼前一亮的"创新动作"，如穿透式信息共享、大数据监测预警、信用应用创新、数据质量监测指标体系等。

江苏省实现了穿透式信息共享，36.8亿的信息归集量在全国居于首位。基于穿透式信息共享，实现了大量的不见面信息服务，建立信用监测预警报告、信用体检报告，依托平台网站开展专项治理。

山东省已经实现大数据监测预警。通过对"黑名单"、重点关注名单分行业、地域、属性进行分析，山东省制定预警规则，设置黄灯、红灯预警等级，形成专题预警报告，不仅助推各行业、各地区信用建设，更有利于全省经济社会健康发展。利用平台归集的红名单信息，与省政务服务大厅、省旅发委、省中小企业局、省税务局等部门联合开展"信易+"应用。与"爱城市"App联合开展面向中小企业的"信易贷"。

以行业为抓手，宁夏回族自治区着力推进信用应用创新。一是信用+医疗。对参保人、医疗机构、医务人员及医疗服务行为进行监管。二是在扶贫、交通、法院等领域深入推进信用应用。采用信用核查、信用评分、大数据技术等手段，在相关领域深入开展信用应用。

广东省建立数据质量监测指标体系，开展数据治理，同时挖掘数据背后反映的问题,在一张图上展示,构建起全流程数据管理机制。一是注重数据质量治理。制定数据质量监测指标体系,从交换及时性、交换合格率、数据覆盖面、信息类有效率以及额外推送等评价信源部门数据质量情况,将数据治理情况进行可视化展示。二是注重数据监测分析。重点挖掘分析红黑名单、法院执行信息、双公示信息等归集及时、社会关注高的数据。包括:被列入红名单的"黑名单"企业数量、红黑名单主体平均存续时间、各地市单位GDP"黑名单"数量等;被执行案件平均未履行年限、平均未履行标的金额,失信被执行人等数量变化情况及自然人年龄分布情况等;各地市单位GDP处罚数量分布、企业注册登记后首个许可或处罚的时间间隔变化、处罚类别和行业领域分布情况等。

四川省泸州市归集泸州白酒全产业链企业信用信息,建立企业信用档案,打通数据共享通道。建立泸州老窖RFID流通电子追溯体系,对白酒的原料、生产、物流及销售等环节,建设来源可追溯、去向可查询、责任可追究的溯源体系,确保"泸酒"品质。

四、下一步工作考虑

国家发展改革委副主任连维良对信用平台和门户网站下一步建设重点作出了明确要求,指出观摩活动的目的是以观摩促进信用建设,以观摩促进工作提升,下一步工作任务是要把大家的创新成果推广到全国,应用于全国。要借鉴这次观摩的经验和成果,实现平台建设"五个更高水平"发展,促进信用网站实现"五个更强大"的功能。

(一)实现平台建设"五个更高水平"发展

一是更高水平归集信息。全面复制"双公示"经验,以公示助归集,在环保排放、市场准入等领域再做出若干个像"双公示"一样的品牌。同时将推动"双公示"落实的第三方评估延伸至更大范围,比如,红黑名单应用、联合奖惩案例归集、信用承诺、信用修复等领域,推出第三方评估的"升级版"。

二是更高水平评价主体。南京市、厦门市以及广州公共资源交易中心开展公共信用评价的经验值得推广，遵循"坚守公益属性，不收费；评价每日更新，高频率；评分智能计算，非人工"，使公共信用评价成为推动社会信用建设的新动力。

三是更高水平共享信息。通过"平台接入大厅"，一方面实现平台嵌入各级政府的行政审批流程，使信用信息在各级政府部门中共享应用；另一方面实现政务服务大厅受理行政审批事项、政府信息公开、业务咨询时产生的信用信息及时共享至平台，使平台进入城市精细化管理和智慧城市建设之中。

四是更高水平管理数据库。按照"保安全、保私密"的要求，强化基础设施建设，探索区块链等先进技术应用，提高平台的安全防护能力，依法加强信息保护，保护商业秘密和个人隐私，研究信用信息分类分级管理制度。

五是更高水平合作开发。发挥各地方信用中心和信息中心在履行好信用建设相关职责的前提下，加强与各类社会机构的合作，整合各类社会资源支持信用建设。

（二）促进信用网站实现"五个更强大"的功能

一是更强大的信息查询功能。网站要进一步深化、细化、精化查询功能：实现按照联合奖惩措施、认定部门、领域等多维度查询相关的红黑名单信息；实现按照行政类别、作出行政决定的部门、地区等多维度查询相关的行政许可和行政处罚信息；实现按照信用评价等级、作出信用评价的部门、行业等多维度查询相关的受评主体。

二是更强大的信息归集公示功能。更有成效地组织源头公示。依法全量公示业务信息、司法信息、行政执法信息、公用事业信息、信用评价信息等。更有成效地开展归集公示。依法全量归集公示登记备案、行政许可、行政处罚、经营异常名录、严重违法失信企业名单、监督检查、质量抽检等信息,比如污染物排放信息等。更有成效地实施转换公示。网站要对信息进行整合加工,公示信用风险提示信息、大数据监测分析和预测预警信息等。

三是更强大的信用承诺功能。实现"信用承诺三全":全覆盖,在网站作出信用承诺的主体覆盖各类自然人、法人和其他组织;全公示,各类主体作出的信用承诺全部要在网站公示;全跟踪,要对作出信用承诺的主体进行全流程跟踪,对于违背信用承诺的,要给予相应的惩戒。相关主体的履约践诺情况,以及受惩和信用修复情况均在网站公示。

四是更强大的奖惩案例归集宣传功能。信用建设,奖惩是关键,案例是标志。目前,守信联合激励和失信联合惩戒运作方面的难题已基本破解,下一步将进一步强化联合奖惩案例的归集。

五是更强大的"信易+"服务功能。各地方不断创新"信易+"服务,要系统梳理,大力推广。

第三节　全国信用 App 观摩活动暨社会化信用服务现场会

杨　柳[*]

随着移动互联网技术的不断发展和智能手机的普及,以数字技术、网络技术、移动通信技术等为依托的智能移动端迅猛发展,改变着信息流通机制,也成了人们生活的一种新方式。社会信用体系建设也应紧跟时代,与时俱进。

当前中国移动手机用户突破 14 亿,超过人口数量。在这样"无人不手机"的时代,信用只有进入手机,才能深入社会;信用建设只有进入手机,才能卓有成效;从事信用工作的同志,只有抓住信用 App,才是抓住

---

[*] 杨柳,国家公共信用信息中心综合规划处处长。

了信用建设的牛鼻子；只有做到与人民群众生产生活息息相关，"信用"才能真正落地，才有助于营造全社会知信、守信、用信的良好氛围，实现信用有感、信用有用、信用有价。2019年年初，习近平总书记在中共中央政治局第十二次集体学习时就强调，要坚持移动优先策略，促进信用信息依托移动终端和新媒体实现共融互通，创新推动信用信息社会化应用。

一、现场会活动成果

为加快推进社会信用体系建设，继续充分交流地方各级政府、各类市场主体在不同应用场景的建设成效和创新经验，推动以移动终端和新媒体为载体，促进信用信息开发应用支撑创新发展，2019年4月24日至25日，全国信用App观摩活动暨社会化信用服务现场会在湖北宜昌举行。本次活动由国家发展改革委指导，国家公共信用信息中心、湖北省发展改革委、宜昌市人民政府联合主办，涉及77家企业或单位、32省（区、市）信用建设牵头部门近500人参加。政府App中，"苏州市民卡"获重点推广项目，"我的南京""深信"获示范推广项目，"杭州市民卡""义乌市场信用""厦门白鹭分""信用上海""舟山智慧民生"获颁试点推广项目，"信用荣成""信用湖北""诚信住建""e福州""闽政通"获颁优秀创新项目。企业App中，支付宝获重点推广项目，天眼查、企查查获示范推广项目，游云南、家服E、运满满、车有料、中国移动获颁试点推广项目，京东金融、市民e家、源点信用、滴滴出行、车置宝获颁优秀创新项目。

在移动互联网时代，App是人与社会互动的基本手段，信用App的核心是信用与App的双向融入，借助手机App的强大功能，着力创新"信易+"系列应用场景，大力丰富"信用查"综合服务内容，加快助力实现智能化联合奖惩措施的落地。本次活动是深入学习贯彻习近平新时代中国特色社会主义思想和党的十九大精神的实践活动，是对公共信用数据与社会数据互融互通的一次尝试，对探索以移动终端和新媒体为载体，促进信用信息开发应用支撑重点领域创新发展有重要意义。

二、现场会对信用市场化应用的启发

（一）推动信用数据开放共享，搭建供需双方对话平台

1. 拓宽数据共享范围，丰富数据开放维度

建立大数据信用共享机制，借助各方数据、建模研发技术、场景应用资源等优势，拓宽数据共享维度，包括企业信用轨迹信息、个人信用轨迹信息、行业分析信息、区域政策信息等动态信息，进一步完善优化行业、企业及个人信用评价指标体系、评分模型及规范。

2. 打破数据交互壁垒，促进数据深度融合

推动公共信用信息与市场信用信息的深度融合，促进信用信息在跨行业间交互共享，加强国家、省、市三级信用信息共享平台的互融互通，充分运用大数据先进理念和技术，促进社会信息资源开放共享，提升信用服务精准度。同时，助力试点地区"多证合一"改革，为精准服务、信用监管、预测分析提供信息支撑。

3. 升级数据服务体系，建立诚信电子档案

以信用服务、信用应用为核心，在数据互融互通的基础上，选择具有大数据精准获取能力、数据建模研发能力、"信易+"应用场景的平台成员单位，探索共同研究数据实验建模，逐步建立完善行业服务人员诚信电子档案，补充完善重点人群的信用评价、信用评分指标体系，探索各地方政府对本地区自然人信用评价的融合机制，如"城市信用分"分值转换机制等，提高信用画像精准度与全面性。

4. 完善数据治理标准体系，建立数据流通安全机制

以数据融通为导向，高效提升信用数据从开放共享到价值挖掘的全链

条质量把控，鼓励社会部门及市场主体广泛参与并初步建立及完善面向应用的数据质量标准体系，设立共同认可的数据流通安全机制，为信用数据的安全、稳定、高效提供系统性的保障，动态持续支持信用体系的稳步建设。

（二）推动信用服务应用落地，助力营商环境优化升级

1. 打造政企银合作试点，全力搭建信用生态社区

广泛培育信用建设诚信典范，提升社会信用意识。加强移动终端与信用信息共享平台共融互通，强化信用的价值性，推动政务区域信用服务与市场专业信用服务互融互通，打造政府、企业、金融机构等合作试点，对接产业优质资本资源，为信用建设诚信典型示范企业或产品提供优先推荐、政策扶持、贷款优惠等多元化、切实有效的支持，推动信用体系互利共赢发展。

2. 均衡区域信用建设水平，扶持落后地区信用基础建设

当前各地信用建设工作进度和水平存在较大差距，主要是重视程度不一、市场环境不一、服务领域不一、经济发展程度不一等原因，可采取"一帮一、结对子"的方式，定点帮扶落后地区信用基础建设，结合当地实际情况培育信用产品、信用市场，提升全社会信用应用水平。

3. 加快实现智能化信用联合奖惩，做好联合奖惩支撑

充分整合大型互联网公司的技术开发优势、国家级主流媒体的舆情数据抓取能力、基于应用的社会服务机构的实时过程数据优势等，研究建立统一身份认证平台，具备二维码、人像识别等多元认证功能，实现"红黑名单"清单管理以及"自动推送信用信息、自动识别红黑名单、自动提示奖惩依据、自动实施限制处理、自动反馈处理结果"的信用联合奖惩智能化模式。

4. 建立信用产业孵化平台，培育信用产品服务大市场

大力发展信用产业的核心业态、关联业态和衍生业态，打造大数据信

用建设全产业链、全服务链和全治理链。积极培育行业创新型企业，大力发展信用体系相关教育培训和科研，打造大数据信用人才培养基地、信用创新产业孵化基地。

5. 建立信息安全机制，确保信息主体合法权益

信用信息安全以及信息主体的隐私保护应是信用体系建设的安全底线。按照"保安全、保私密"的要求，强化基础设施建设，探索区块链等先进技术应用，提高平台的安全防护能力，依法加强信息保护，研究信用信息分类分级管理制度，保护商业秘密和个人隐私。广泛应用新技术、大数据分析等来保证信息安全，应凭借多样化数据源进行全方位画像分析，运用大数据分析技术，在尽可能减少隐私信用信息采集的情况下，有效识别市场主体的信用风险，并借助区块链高防篡改等特点，提升信用信息安全等级。

第四章
城市信用与营商环境

营商环境是一个国家或地区有效开展国际交流与合作、参与国际竞争的重要依托,是一个国家或地区经济软实力的重要体现,是提升国际竞争力的重要内容。

第一节　营商环境指标的信用释义

杨　柳[*]

营商环境,通常意义上指的是企业在开设、经营、贸易、纳税、关闭及执行合约等方面遵循的政策法规所需的时间和成本等条件。营商环境评价的核心是反映保障企业建立、运营和发展壮大的制度环境和法治环境,重点是营商的便利性、高效性、公平性以及成本等市场环境,突出反映市场主体追求平等市场地位的诉求。

一、世界银行营商环境评价指标及释义

世界银行经过十几年的研究探索、整理和归纳,建立了一整套衡量各国营商环境的指标体系。目前纳入评价体系的10个重要指标包括开办企业、办理施工许可、获得电力、登记财产、获得信贷、投资者保护、纳税、跨境贸易、合同执行和办理破产。同时,其评价领域也会动态调整,近年来又新增加诸如"营商环境便利度"等指标。

(一) 开办企业

这项指标反映的是开办企业的难易程度,主要测评一家小型或中型有限责任制公司从注册到正式运营需要办理的手续、耗费的时间和费用。

(二) 办理施工许可

这项指标反映的是企业建设标准化厂房的难度,主要测评企业建设一

---

[*] 杨柳,国家公共信用信息中心综合规划处处长。

个仓库所需要的手续、时间和费用，包括获取必需的许可证和批文、提交所要求的通告、申请和接受一切检查及获得公用设施的整个过程。

（三）获得电力

这项指标反映的是企业获得电力供应的难易程度，主要测评一个企业为了使其新建的仓库获得永久的电力连接而办理的手续、花费的时间和费用。除此之外，还要衡量电力供应的可靠性，电费及电价的透明度。

（四）登记财产

这项指标反映的是企业获得产权保护的程度，主要测评注册登记一件财产所需完成的步骤、花费的时间和费用。这也是基于一个标准化案例进行测评的，就是一个企业家购买并登记一处没有所有权纠纷的土地和建筑物所用的手续、时间和费用。

（五）获得信贷

获得信贷指企业获得信贷支持的法律保护力度及便利程度，主要测评有关信贷的法律基础，信用体系覆盖的范围、途径和质量等。

（六）投资者保护

反映企业股东权益保护力度，包含交易透明度、关联交易责任、股东诉讼难易程度及投资者保护力度等维度。

（七）纳税

反映企业所需承担的税负，以及缴付税款过程中的行政负担。

（八）跨境贸易

反映企业在进出口贸易方面的便利程度，主要测评标准装运货物所涉及的成本和程序。

（九）合同执行

反映合同执行的效率，测评企业间案件从原告向法院提交诉讼，到最终获得解决所花费的时间、费用和步骤。

（十）办理破产

反映破产程序的时间和成本，以及破产法规中存在的程序障碍等。

综合上述指标及其释义，不难看出，营商环境就是指伴随企业活动整个过程（包括从开办、营运到结束的各环节）的各种周围环境和条件的总和。详见图1。

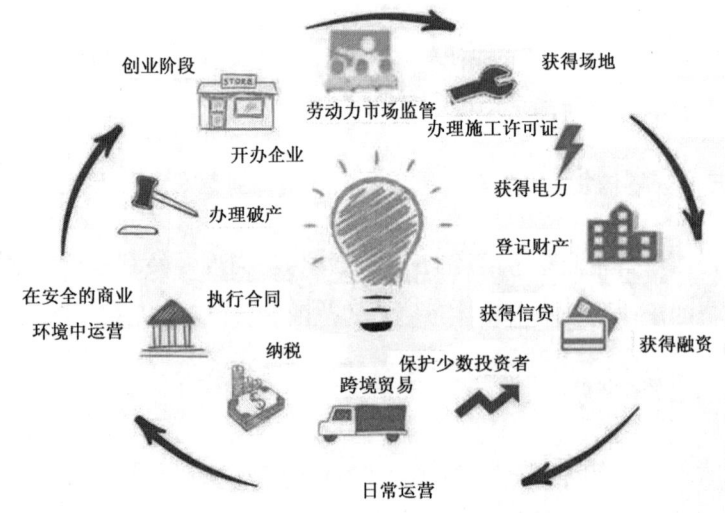

图1　企业活动过程与营商环境指标

二、营商环境指标的信用内涵

对标世界银行营商环境评价指标体系，同时基于国家社会信用治理的需要以及社会主义市场经济要求，党中央、国务院作出重大部署，将信用建设作为推动"放管服"改革、完善社会治理、提升治理能力的重要抓手。习近平总书记强调，要改善投资和市场环境，加快对外开放步伐，降低市场运行成本，营造稳定公平透明、可预期的营商环境。通过信用建设推动社会制度软环境改革，降低企业经营活动过程中的制度性成本，从而达到优化营商环境的目的。

一是"放管服"，即简政放权、放管结合、优化服务。党的十九大、中央经济工作会议和国务院常务会议都提出，要进一步优化营商环境，强调以深化"放管服"改革为抓手，要以简政减税减费为重点，多推"啃硬骨头"的举措，持续激发市场活力和社会创造力。放管结合的效果，最终也要体现到为企业和群众服务上来。

二是四个办，即"马上办、网上办、就近办、一次办"。2018年5月，中共中央办公厅、国务院办公厅印发《关于深入推进审批服务便民化的指导意见》，全面推行审批服务"四个办"，把政务服务工作变成了党中央国务院的决策部署。"四个办"这简单的几个字，体现的是政府部门的一次自我革命，彰显了服务理念的革新。

三是"最多跑一次"，即通过优化办理流程、整合政务资源、融合线上线下、借助新兴手段等方式，群众和企业到政府办理"一件事情"在申请材料齐全、符合法定受理条件时，从政府部门受理申请到作出办理决定、形成办理结果的全过程一次上门或零上门。

四是"双随机，一公开"，是指在行政执法监管过程中随机抽取检查对象，随机选派执法检查人员，抽查情况及查处结果及时向社会公开。

五是"证照分离"改革。为进一步破解"准入不准营"问题，国务院于2018年10月10日印发《关于在全国推开"证照分离"改革的通知》，要求在全国范围内对第一批106项涉企行政审批事项分别按照直接取消审批、审批改为备案、实行告知承诺、优化准入服务等四种方式实施"证照分离"改革。

营商环境作为一种市场流通环境，是国家为了维护市场主体合法权益，激发市场主体活力，促进经济社会发展，以市场主体需求为导向，建立市场化、法制化、信息化的服务保障体系，以保证稳定公开透明的商品流通。营商环境作为一种制度创新，是经济社会发展的内生变量，是通过综合运用政策、法律、制度、规则等手段支配商业活动，确保经济发展的软实力。优化营商环境是建设现代化经济体系、促进经济高质量发展的重要基础；是发挥政府服务职能，遵循市场规律，推进放管服改革，释放市场主体活力，实现经济社会公平、高效、可持续发展的方向和路径。

现代市场经济本质上就是信用经济。良好的社会信用环境，包括政务诚信、社会诚信、商务诚信、司法公信等，是社会制度软环境的重要组成部分和经济健康发展的基本保证。社会信用环境的改善助力营商环境优化，这从侧面反映了营商环境指标中包含信用元素。

第二节 城市信用优化营商环境的路径

杨 柳[*]

市场交易主体守信履约，形成信用关系链条，是维系优良市场秩序的必要条件，也是打造良好营商环境的基本条件。以守信激励和失信惩戒为机制的城市信用体系，通过规范社会主体行为，从而形成诚实守信的社会大环境。基于城市信用在优化营商环境方面的积极意义，分析城市信用优化营商环境的必要性及合理性，探讨以城市信用建设进一步优化营商环境的路径，以期更好地发挥信用建设促进营商环境优化的作用。

一、城市信用优化营商环境的必要性及合理性分析

我国社会信用体系建设经历了起步阶段、初步发展阶段、加速发展阶段三个发展阶段，现已经进入全面推进社会信用体系建设的加速发展阶

---

* 杨柳，国家公共信用信息中心综合规划处处长。

段。我国社会信用体系建设取得不断进步,表现在联合惩戒措施应用范围持续拓展、联合奖惩机制实施成效不断扩大、信用信息归集共享总量大幅增长、统一社会信用代码制度全面实施等四个方面。建立社会信用体系是发展社会主义市场经济的基础保障,良好的社会信用环境为持续优化营商环境筑牢了基础。

(一) 城市信用体系是保障市场经济稳定运行的基础

首先,信用是市场经济运行的前提和基础。在市场经济条件下,日益扩展和复杂化的市场关系逐步构建起彼此相连、互相制约的信用关系。这种信用关系作为一种独立的经济关系得到充分发展,并维系着错综复杂的市场交换关系,支持并促成规范的市场秩序。可见,没有信用,就没有市场存在的基础。

其次,信用是市场经济健康发展的基本保障。西方发达国家顺应市场经济发展的趋势,建立了信用管理体系,形成了信用环境与信用秩序,有力地促进了经济的发展。社会信用体系的完善与否已成为市场经济成熟与否的显著标志。在我国,符合市场经济要求的城市信用体系建设刚刚起步。随着我国经济的快速发展和市场化程度的提高,客观上对城市信用体系的建立提出了紧迫要求。

最后,信用是重要的宏观调控手段。信用具有货币属性,能够实现一定的经济政策功能,成为国家宏观调控的重要工具。

(二) 城市信用体系是保持国民经济持续稳定增长的需要

一是企业的经济活动需要信用来保障。企业是社会信用活动中最活跃的层次,是巨大的信用需求者和供给者。企业进行转产改制和科技创新,需要通过银行信贷、证券市场操作和债券的发行等方式筹集大量的生产发展和技术改造资金。但由于信用缺失行为大量存在,使银行不敢轻易放贷,企业难以通过正常的信用渠道获取生产发展资金。

二是扩大消费市场需要信用来启动。在买方市场条件下,依靠扩大本国信用交易总额来扩大市场规模、拉动经济增长是许多发达国家的成功经验。在良好的市场信用环境下，一国的市场规模会因信用交易的增长而成倍增长，从而拉动经济、增加就业。因此，要扩大市场消费需求，拉动经济增长，就必须加快建立社会信用体系。

（三）城市信用体系是防范金融风险和深化金融改革的需要

一是防范金融风险，必须加强信用制度建设。金融安全是国家经济安全的核心，金融风险危及金融安全，而信用风险是目前我国最大金融风险。我国的金融风险主要是在经济转型过程中，银行信用规模快速扩张，信用制度不规范、不健全造成的。加强信用制度建设，通过增强借款人偿还能力和提高偿还意愿，促进借款人提高履约水平，能够降低银行业信用风险，从而维护金融安全，保证国家经济安全。

二是深化金融改革，促进金融发展，必须加强信用制度建设。金融是现代经济的核心，深化金融改革是经济发展的必由之路。当前，国际金融形势出现新的变化，国内改革开放和经济建设面临新的任务，都要求进一步深化金融改革，提高我国金融竞争力。

（四）城市信用体系是优化营商环境、构建新型市场监管机制的需要

信用是社会主义市场经济的重要基础，党中央、国务院对加强社会信用体系建设高度重视，推动出台了加强诚信体系建设的一系列法律法规、专项规划和政策文件，按照《社会信用体系建设规划纲要（2014—2020年）》等文件精神，国家发展和改革委员会牵头持续推进建立健全事前信用承诺、事中信息公示、信用分级分类监管以及事后信用联合奖惩的全流程信用监管机制，实现"信用管终身"，明确了整改、约谈、共享、公示、追责、修复等一系列监管制度。依托全国信用信息共享平台，推进"信易贷""信易租""信易行""信易游""信易批"等守信激励项目，拓展信用应用场景，让信用良好主体在融资信贷、创业租赁、交通出行、旅游服务、行政审批等领域获得便利和优惠，有关机构和城市已实现了守信激励

项目试点落地,以信用建设切实增进群众福祉。

虽然目前我国社会信用体系建设及应用取得了一定进步和效果,但距离构建以信用为基础的新型监管机制,真正做到对违法失信者"利剑高悬",对诚信守法者"无事不扰",让全社会真正体会到信用有感、信用有用、信用有价,还有很多需要完善和探索的地方。对于国外先进的信用体系建设模式及应用模式,我们不能简单地复制粘贴,要立足我国国情和发展实践,揭示新特点新规律,提炼和总结我国经济发展实践与社会信用建设之间的规律性成果,把实践经验上升为系统化的体制机制,不断开拓中国特色社会信用体系建设及信用应用的新境界,不断完善以信用为基础的新型市场监管机制,持续优化营商环境。

二、城市信用建设优化营商环境的基本路径

目前,我国城镇化已进入高速增长期,国内规模城市总数达到世界首位,城镇人口数量已占据总人口数的60%。随着城市规模的扩大,当前城市发展中面临的问题愈加严峻,经济环境与城市发展的联系也愈加紧密。营商环境是一种制度安排,是经济社会发展的关键因素;营商环境的改善也成为各国各地提升国际竞争力的核心要素。一直以来,我国各地立足自身优势,对标国际最高标准、最好水平,坚持需求导向、问题导向、效果导向,着力深化"放管服"改革,优化营商环境,取得了阶段性成效。在推动发展过程中构建适合我国经济特点的以信用建设优化营商环境的路径。

(一)提高诚信意识,贯彻落实优化营商环境的政策法规

优化营商环境应以学习贯彻《优化营商环境条例(征求意见稿)》为法治保障,强化营商环境改革在简政放权、创新监管和优化服务方面的目标任务,坚持公开公正、廉洁高效、平等保护、诚实守信的原则,以市场主体需求为导向,增强服务意识,规范监管市场主体生产经营活动。同

时，深刻认识优化营商环境是维护市场主体合法权益，激发市场主体活力，促进经济社会发展的方向与路径；是新时代建设现代化经济体系、促进经济社会高质量发展的重要基础；是提升国际国内市场竞争力的核心要素；是提升企业的发展活力、创新能力和整体实力，确保经济社会稳步发展的软实力。

（二）强化信用机制建设，优化市场环境

一是加快建设以信用为基础的新型监管机制。按照依法依规、改革创新、协同共治的基本原则，以加强信用监管为着力点，创新监管理念、监管制度和监管方式，建立健全贯穿市场主体全生命周期，衔接事前、事中、事后全监管环节的新型监管机制。二是加强政府违约失信问责机制建设。开展政府违约失信问题清理整治，将诚信建设纳入政府绩效考核体系，监测评价政务诚信状况。三是强化组织领导，以完善新型监管机制和政务诚信建设机制为手段，健全营商环境建设工作机构和综合协调机制，研究解决优化营商环境工作中的重大问题，监督检查、指导推进优化营商环境工作。四是建立市场主体信用评价机制，以信用评价完善营商环境考核评价指标体系建设。建立营商环境建设考核评价制度，开展营商环境建设综合考核评价，定期向社会公布评价结果。同时，加强损害营商环境行为投诉举报处理机制建设。

（三）强化司法公信建设，打造创新创业的良好法治环境

一是依法行使行政强制手段，最大限度减少对市场主体正常生产经营活动的影响。不得随意撤销、变更已经生效的行政决定。规范行政执法人员的行政检查行为，严禁索取收受财物，不得妨碍市场主体正常生产经营活动。二是建立多元化纠纷解决机制，帮助市场主体依法维权。司法机关要主动参与整顿和规范市场经济秩序活动，坚持依法保护、平等保护、全面保护原则，加大打击危害经济安全、妨碍企业发展力度。三是建立法官服务企业沟通平台，落实"一对一"沟通机制。开展送法入企活动，提升

市场主体法律意识，提高司法执行效率，保障市场主体合法权益，营造创新创业的良好法治环境。

（四）加强政务诚信建设，降低市场主体的制度性交易成本

打造诚信政府，制定统一的招商政策，对市场主体提供高效优质的服务，避免随意招商，杜绝招商后遗症等问题。同时，通过政务领域公共信用信息与金融机构的信贷数据共享，为企业创造便利的融资环境，以此解决中小企业融资难、融资贵等问题。以城市开展信用建设工作为契机，加强信用信息在行政审批事项中的应用，实行信用"容缺受理"，深化简政放权，激发市场主体活力。深化政务服务事项"只跑一次"改革，建立政务服务数据共享平台，实行"一网通办"，实现网上直办、就近能办、同城通办、异地可办。公布权责清单，打造良好的政策环境。制定政务服务事项清单和办事指南，适时向社会公布行使行政职权的依据、行使主体、运行流程和相应职责，提高市场主体对国家政策的知晓度，有效降低市场主体办理审批事项的成本。

（五）强化知识产权信用体系建设，营造鼓励自主创新的营商环境

强化知识产权保护，加强信用体系建设。建立完善市场主体产权依法保护制度，建立侵权惩罚性赔偿制度，切实提高侵权成本，制裁侵权违法行为，鼓励市场主体自主创新。实施"互联网+"知识产权保护，通过源头追溯、实时监测、在线识别等，提高执法保护效率，降低维权成本。

第五章
典型城市信用建设[*]

人以诚立，城因诚兴。近年来，城市一级政府作为社会信用体系建设最有条件、最有手段、最能有所作为的一级政府，涌现出了一批扎实推进、大胆尝试的信用体系建设"急行军""排头兵"，并探索出一系列可复制、可推广的宝贵经验。信用已成为城市闪亮的金字招牌。

以城立信，诚信是促进城市健康持续发展的重要保障。

当前，越来越多城市将信用体系建设与当地经济发展、城市治理相结合，机制化、常态化为城市做"体检"，排查信用风险，调整发展路径。同时，与市民、企业等市场主体的需求相结合，

---

[*] 本章由《中国改革报》副总编辑、《中国信用》杂志总编辑吴小雁，《中国信用》杂志编辑记者刘梦雨统一审稿。

挖掘诚信价值，提升失信成本。在事前、事中、事后监管，以及政务诚信、商务诚信、社会诚信、司法公信等领域取得积极进展。目前，我国城市化进程进入关键阶段，更为注重经济社会发展和公共服务改善，在此过程中"信用"是重要媒介和抓手。一大批城市实施信用分级分类监管，在行政审批过程中推行信用承诺、容缺受理等举措，是提升城市现代化治理水平，优化营商环境的生动实践。经过搭建基本制度框架、信用信息平台等基础设施的阶段，目前，我国信用建设进入以应用为导向的新阶段。在各地的积极探索之下，应用场景不断拓宽，产品服务不断丰富，守信者的"信用资产"日益有形、有价、有感。同时，全社会"知信、用信、守信"的燎原之势日渐形成。各城市通过申报中宣部、国家发展改革委主办的"诚信之星"，深入街道、社区、学校开展"诚信建设万里行"主题宣传活动，借助市民喜闻乐见的新媒体形式策划系列活动等，引发广泛共鸣，形成广泛共识。

以城立信，示范引领，充分发挥"头雁效应"。

截至 2019 年 10 月，国家发展改革委和中国人民银行已批复两批 28 个城市（区）成为我国社会信用体系建设示范城市（区）。"头雁效应"如何得以充分发挥？示范城市勇于探索、勇于实践、率先突破，以首创经验示范、引领、带动其他城市，不仅为经济社会发展提供了良好的社会诚信保障，也推动了我国社会信用体系建设。具体表现为：一方面，结合地域性特点"探路"特色做法。不少城市将发展当地支柱性产业、城市精细化管理等与信用建设结合起来，其效果翻倍显现。其中，信用监管、告知承诺制、"信易+"等创新应用已上升为国家层面推广的举措。另一方面，直面信用建设难点问题。随着我国社会信用建设逐渐深入，信用立法、信用修复、第三方信用服务市场等亟待建立，不少示范城市在这些方面提出了实践方案，为国家层面建立健全相关制度提供了依据。

信用能够为一座城市带来朝气和活力，广泛播撒诚信的种子，让"言忠信，行笃敬"的行为准则在市民中间、在城市之间传递，让诚信成为每位市民的习惯，"诚信"二字也将铭刻在城市品质之中。

第一节 杭州：探索打造最讲信用城市

王 超 李 树[*]

杭州，素有"人间天堂"的美誉。杭州之美不仅是因为"淡妆浓抹总相宜"的西湖，更是因为深植于杭州每一个角落的文化底蕴。杭州始终坚持以信用惠民为理念，以奖惩联动为核心，以信用监管为抓手，以平台开放为支撑，着力推进社会信用体系建设，让"诚信"这一传统美德与现代文明有机融合，也为建设别样精彩的世界名城添砖加瓦。

一、夯实基础建设，凝聚信用建设合力

（一）机制健全

早在2002年杭州就成立了由常务副市长为组长的"信用杭州"建设领导小组，其办公室设在发展改革部门，2019年1月成员单位已达72家。13个区、县（市）和钱塘新区管委会均成立了信用建设领导小组及其办公室。从2016年起信用建设工作纳入全市综合考核。

（二）制度保障

杭州是最早编制信用规划的副省级城市，已相继编制出台了信用"十一五"、"十二五"和"十三五"规划。在此期间，围绕联合奖惩、政务诚信、个人诚信等方面，杭州先后出台了以《杭州市公共信用信息管理条

---

[*] 王超，杭州市信息中心信用事业部副主任、高级工程师；李树，就职于杭州市信息中心信用事业部。

例》为核心的多部信用制度，信用制度及行业信用管理办法100多部。

（三）平台优化

杭州市公共信用信息平台经过十多年建设，已建成围绕城市治理、城市服务、信息惠民三个维度的信用大数平台。充分发挥平台大数据优势，为信用社会治理和公共服务打好基础。2017年11月，在全国平台网站观摩会上获示范性网站平台。截至2019年6月，平台已归集所有市级机关、区（县、市）和主要共用事业单位，共338类2947项3.66亿条有效信用信息，已形成2900余万份自然人信用记录和186余万份法人信用记录，完全覆盖了全市常住人口、流动人口及各类注册法人。

二、推进信用监管，提升政府服务能力

（一）信用前置，实现行政审批流程"再造"

一是信用核查前置。将平台的信用核查等功能融入政府采购、公共资源交易、房产管理、人力社保、项目审批、交通运输等业务平台，形成面向政务领域的大数据信用监管服务，实现信用前置、流程再造，切实提高行政管理效率。如在投资审批领域，杭州已经将信用核查嵌入办事人员网上申报平台。在材料申报过程中，自动调用杭州市公共信用信息平台的信用记录，警示失信行为。二是信用承诺前置。在商事登记制度改革方面，杭州通过在桐庐县的探索创新，将"信用承诺"前置，建立了"现场领证，事后检查"的工作机制，缩减了办事环节，提高了办事效率，探索出了一条解决"准入准营不同步"的有效路径。三是结果应用前置。按照全省统一部署，加快构建信用业务全面协同，将公共信用评价前嵌入全市业务系统。截至2019年6月，全市已有24个系统1974个事项与省信用平台实现互联互通，累计核查3万余次。

（二）试点示范，重点领域用信显成效

一是深化"征信抄告"措施，缓解征收难。对逾期未缴纳"超计划用水累进加价费"的单位，发出《日常监管抄告函》，推送给杭州市公共信用信息平台，实行信用等级管理。2018年通过"征信抄告"已成功收回拖欠加价水费130万余元。通过两年的实践，"征信抄告"有效缓解了加价水费征收难问题。二是推进农资和农产品生产领域信用建设。结合食用农产品合格证管理系统和农资监管与服务信息化系统建设，完善农资和农产品生产经营主体的基础信息和行政处罚等信用信息，建立以信用为核心的农资和农产品生产经营主体电子化的信用档案。依据省农产品质量安全可追溯体系，涉农县智慧监管实现全覆盖，全市3770家规模主体纳入主体信息库管理，1301家规模主体实现二维码追溯。三是强化信用与公积金执法有机结合，探索新型监管体制。开展企业诚信缴存公积金情况专项检查，共对全市273家劳动密集型企业及重点企业进行缴存情况检查，对有问题的企业以探索新型监管体制约谈、发函和上门检查的方式，要求限期进行整改，规范缴存比例，对未自行整改的单位，予以立案处理，通过信用约束实现企业的诚信缴存。对涉嫌不缴公积金或违规骗提公积金等六种失信行为的单位或个人进行事先处置和失信惩戒告知。2018年共查处不缴公积金、逾期不缴或少缴单位344起，实施责令整改行政处理92起，申请法院强制执行11起。对经责令拒不整改的3家单位、骗提公积金3人、严重贷款逾期失信2人按规定列入公积金失信黑名单，并在门户网站和市"信用杭州"网站公示。通过信用和执法的有机结合，形成了"1+1>2"的积极成效。

（三）联合奖惩，营造良好诚实守信环境

一是结合治安、交警、出入境等工作开展失信联合惩戒。杭州市公安局对失信被执行人采取了扣车、限制出境等措施。2018年全年，杭州市公安局出入境管理局协助杭州各级人民法院将188名失信人员共376本出入境证件予以作废。杭州市交警支队按国家联合惩戒的要求，协助查询被执行人车辆信息

26100余次，协助人民法院将48400辆车辆标注为"查封"或"锁定"状态。另外，杭州市公安局严格执行《杭州市严重交通违法行为当事人实施失信联合惩戒措施的合作备忘录》的规定，向本市交通运输部门通报营运车辆驾驶人违反法律法规逾期未处理记录302条；营运车辆逾期未检、未报废的记录726条；通报交通违法突出运输企业571家；通报营运车辆发生的道路交通死亡事故83起；向市场监管部门通报"登记地址与实际经营地址不一致"企业325家；向教育部门通报取消校车驾驶资格驾驶人16人。

二是加强园林绿化招投标领域信用体系建设。大力推行在绿化项目招投标领域使用第三方信用报告，2018年修订《杭州市园林绿化企业信用管理办法》，新增信用评价借用及应用内容，明确规定国有投资的园林绿化工程的招标投标活动中，招标人应根据企业信用评价结果考量投标人资格，设置招投标的信用分值，且不低于20%招投标评分比例。委托第三方信用服务公司每季度出台整个行业的信用报告，结果可根据招标业主选择，直接应用在资信分评分环节。

三是推进旅游领域信用联合惩戒。结合杭州旅游发展实际，杭州市文化广电旅游局与杭州市中级人民法院联合建立旅游纠纷调诉衔接工作机制，成立市旅游纠纷巡回法庭和市旅游纠纷人民调解委员会，积极构建旅游纠纷人民调解、行政调解和司法调解的大调解格局。坚持问题导向，明察、暗访、团队动态检查多措并举，组织开展"一日游"、出境游、境内游、购物商场、全域旅游等五大专项检查。2018年共检查各类旅游企业367家次，组织"市民暗访团"等随团暗访59批次，组织"一日游"、出境游等专项整治5次，罚没款金额20余万元。

三、深化惠民便企，增强群众获得感

（一）以人为本，诚信分让守信者获得便利

杭州积极将信用分与公共服务、社会生活相结合，探索城市信用分

(钱江分)与市场信用分(芝麻分)融合发展的创新模式。截至 2019 年 6 月,杭州共有 27 个信用惠民便企应用场景,涉及优惠或减免金额超过 170 亿元,惠及 9400 余万人次。让信用"红利"能够惠及全市市民。一是推广"舒心就医"杭州模式。从 2019 年 7 月起,全市 245 家公立医疗机构全部提供舒心就医服务。患者可以根据个人信用情况获得门诊、急诊 500~5000 元不等、住院 15000 元的信用额度。在这个额度内,患者整个就诊过程中不需要支付费用,可在就诊结束后 48 小时之内,或者离院前通过自助机或手机等进行支付,甚至可以对在不同医院、不同科室看病产生的所有应付费项目进行合并支付,真正做到了"最多付一次"。有数据显示,舒心就医在市属医院实施以来,已有 174 万人次享受"最多付一次"的舒心就医服务,患者在医院就诊时间平均缩短了 1 个小时。二是打造"信用免押之城"。2018 年 6 月 6 日杭州提出打造"信用免押金城市"的战略部署,2019 年 3 月 14 日推出凭"钱江分"减免公租房押金业务。公租房保障家庭可在杭州市各公共租赁房租赁服务窗口查询钱江分,家庭中任意一成员钱江分达到 700 分的,可申请押金减免优惠。联合芝麻信用推广免押金租赁汽车、共享单车、充电宝,推行酒店免押金信用住。三是成立城市信用联盟,"钱江分"可跨城市使用。2019 年 8 月 9 日,杭州、南京、武汉、苏州、郑州签署了个人守信联合激励城市合作框架协议,实现跨区域信用分互认和应用场景互通,杭州市民可以通过钱江分在以上城市享受免押金办图书借阅证,信易行预约专车享受折扣,购买苏州通转转卡,享受合作景点免排队、免预约服务等便利服务。

(二)助力企业,各类信用便企应用优化营商环境

一是积极推动"银税互动"。充分运用信用等级评价结果,助力企业发展。进一步扩大纳税信用的影响力,为纳税守信企业提供必要的贷款支持,免收贷款承诺费、资金管理费等费用并给予利率优惠。截至 2019 年 6 月底,全市累计发放"银税互动"纯信用贷款 8488 笔(户),涉及金额近 31.8 亿元。二是着力推进"信易租"。为优化创新创业环境,积极拓展信

易租服务，在杭州多个创业园区实施了"信易租"服务，对园区的创业公司尤其是中小微企业，依据企业或法定代表人信用状况，提供办公设备或办公场地租赁免押金服务。截至2019年6月底，已累计为2027家企业（人）提供信易租服务，共涉及金额2307.8万元。

杭州作为首批社会信用体系建设示范城市，将探索在实践中加强政务用信，发挥信用在优化营商环境、强化惠民便企服务的作用，努力将杭州打造成为"最讲信用的城市"。下一步，杭州将聚焦重点民生和公共服务领域，创新社会治理方式，努力将信用联合奖惩嵌入行政许可，进一步推进信用协同应用，加强信用监管构建以信用为核心的新型监管体系。在不断落实"信易+"系列场景的基础上创新信用惠民便企场景，增强群众的信用"获得感""幸福感"。

第二节　南京：围绕全市中心工作，彰显信用基础功能

蓝　军[*]

作为国家首批信用建设示范城市，在国家发展改革委、国家信用中心和江苏省信用办、信用中心的领导下，南京市各区各部门协同配合，加快社会信用体系建设工作，在近来取得了一系列积极进展。

一、南京市信用工作现状与成效

（一）推动更加有力

信用工作纳入市委市政府重点任务和南京市重点督察督办任务，列入

---

[*] 蓝军，南京市发展改革委副主任。

真抓实干激励范围进行专项考核。新一轮机构改革后，充实调整市信用工作领导小组成员，加强领导力量；市市场监管局、江宁区发展改革委等单位成立了专门的信用工作部门，夯实工作基础。连续两年表彰奖励信用工作先进单位、个人和创新项目，激励各区各部门争先进位。

（二）制度更加完善

《南京市社会信用条例》列为2019年度市人大立法一号工程，已经南京市人民政府常务会议审议通过，并报南京市人大于8月一审通过，为进一步夯实南京市信用工作法制基础创造了积极条件。南京市政府出台了《关于做好政务诚信建设有关工作的通知》《行政审批告知承诺暂行办法》等政策，推进信用建设服务"放管服""审批便民"改革。各区、各部门出台配套信用政策文件，形成分层次、分领域的信用制度体系；其中《南京市政府采购供应商信用管理工作暂行办法》等政策措施对推进相关工作起到了积极的创新示范作用。

（三）措施更加扎实

1. 平台建设不断完善

经南京市信用中心统计，全市信用平台实现70余个市级部门和所有区信用信息的常态化归集，上报数据量超16亿条。提供信用报告、审查、身份核验、信用修复、预警、关联图谱分析、"黑名单"反扫描等服务。创新上线"信用联合奖惩支持系统"，实现信用红黑名单的定向分发、奖惩措施自动提醒、结果直接反馈。

2. 信用监管日益强化

应用信用审查预防风险，在南京市财政资金申请等行政管理工作中，信用审查已成基本程序，助力提高政策资源使用效率。实施信用评价分类监管，在税务、环保、工程建设多领域进行信用等级评价，配套"双随机、一公开"，对诚信企业无事不扰、对失信企业强化监管。使用信用报告激励诚信。经南京市信用办统计，2019年1—8月，仅货物招投标就有约400个重大项目使用信用报告1800份，积极支持高信用等级企业脱颖而出，获得市场认可。

3. 联合奖惩取得突破

经南京市信用办统计：2018年全年，南京市在库63987个红名单主体和自然人在行政管理和公共服务领域受到优待。落实联合惩戒政策，纳入失信被执行人名单35000余人，失信被执行人主动履行义务不断增多；2019年1—8月，39户企业纳入税收"黑名单"管理，18家企业772人被列入食品安全领域"黑名单"，32家建筑领域企业和个人被限制市场准入；已经组织2000多家企业开展信用修复公益性培训，支持多家企业完成信用修复良好、重新获得良好市场发展机会。

（四）创新更加丰富

1. 服务惠企

银税互动帮助诚信中小微企业融资发展，经南京市税务局统计，截至2019年9月，相关企业获得授信额度289亿元、发改贷款580亿元。信用管理引入中小微企业金融服务中心平台建设，强化人才工程政策资金管理，提高政策资源使用效率，支持优质诚信创业创新人才和企业发展。支持斑马云、满运科技等平台企业应用信用大数据提供精准服务、分类管理，应用信用约束手段激励交易各方诚信履约，优化行业生态。其中，斑马云家政服务公司已参与制定国家家政服务行业信用标准。

2. 创新便民

打通信用信息与政务信息，通过"我的南京"App，为市民便捷办理购房证明、社保证明、个人信用报告等各类证明事项；深化"市民诚信卡"激励工程，信用+"工程进入金陵图书馆图书借阅、市属文博场馆、公共自行车免押、途牛旅游等市民生活场景；推出"数据+模型+场景"的"南京E贷"等诚信激励产品，经南京银行统计，截至2019年9月底，已支持诚信市民消费创业融资约 140 亿元。

（五）成效更加显著

1. 助力优化营商环境

推动信用信息嵌入政务服务平台区块链电子证照系统，通过信息共享，助力建设虚拟"服务柜台"、实现"一网通办"。强化事前信用审查、事中事后信用监管，推动建设项目信用承诺制改革，由"先批后建"改为"先建后验"。相关工作措施将纳入南京市优化营商环境政策 2.0 版，并强化应用信用大数据帮助企业获得市场资源、建立轻微偶发失信企业豁免清单制度支持企业获得发展机会、全面治理失信行为保护企业正当权益等信用工作新政策。

2. 促进社会治理创新

探索开展"1+N"城市信用分领域评价应用工作。将文明交通信用状况与落户积分挂钩，在网格化基层治理、建筑工地差别化管理、保障房申请等综合监管领域，加强信用动态监管、风险预警和失信拦截。加大联合惩戒力度，助推解决渣土车管理等问题。

3. 推进重点领域专项治理

市文明办出台《关于集中治理诚信缺失突出问题 提升诚信南京建设水平的实施方案》，向人民群众烦心的 19 项失信重点领域亮剑。传销蔓延态势得到遏制；防范处置非法集资整治工作持续开展；医疗乱象专项整治和拖欠农民工工资失信整治取得阶段性实效；开展校外教育培训机构专项整治行动，教育市场环境得到进一步净化。

2018 年，南京市在第二届中国城市信用建设高峰论坛上获得了"守信激励创新奖"等四个奖项，圆满承办了全国第二届信用平台和网站观摩培训活动。2019 年，在全国信用服务 App 观摩活动中，"我的南京""家服 E""运满满"等 3 个项目进入了全国 16 强；在国家对 36 个省会及副省级以上重点城市的月度信用状况监测中，始终保持了排名靠前的好成绩，在第三届中国城市信用建设高峰论坛上获得了36个重点城市信用监测排名TOP10第三名等奖项。在全省年度信用工作考评中，连续获得设区市第一名。

二、南京市信用工作存在的问题

虽然取得了一定进展，但是对标国家要求、社会期待，南京市社会信用体系建设工作还存在很大差距，主要体现在：

1. 打破信息孤岛、实现信息充分高效共享有待于进一步努力

一些数据因为业务管理权限等各种原因未能有效全面归集；市场信用信息与公共信用信息的融合使用还比较薄弱。

2. 落实各项政策、实施联合信用奖惩有待于进一步强力推进

一些单位仍然存在落实政策顾虑多、动作慢的问题，联合奖惩点状尝试活跃，但系统性铺开不足。

3. 服务中心工作、彰显信用工作重要功能有待于进一步加强

信用建设工作还需要在南京市建设创新名城、优化营商环境、创新城市治理中等中心工作中积极体现其重要的基础性功能。

三、下一步工作计划

党中央、国务院对社会信用体系部署力度持续加大，密集出台新政策，提出工作新要求。2019年7月，国务院办公厅出台《关于加快推进社会信用体系建设 构建以信用为基础的新型监管机制的指导意见》（国办发〔2019〕35号），要求发挥信用在创新监管机制、提高监管能力和水平方面的基础性作用。为此，南京市信用工作要落实国家政策要求、围绕南京市中心工作，积极融入经济社会发展各领域、嵌入政务服务全流程，补短板、抓重点、求突破、创特色、出实效，进一步全面提升各项信用建设工

作水平,助力提升城市首位度,高质量完成复查工作。

(一)完善新型市场监管机制,优化营商环境

对照国办发〔2019〕35号文和联合信用奖惩备忘录,推动南京市围绕事前、事中、事后全程信用监管,建立健全信用承诺、信用评价、分类分级监管、约谈核查、信用修复、联合奖惩等工作制度。积极参加国家和省"信用告知承诺制"改革试点,减少审批事项、优化审批程序,服务市民创业、企业发展。

(二)推动信用大数据深入应用,建设创新名城

结合贯彻市委市政府一号文等业务需要,配合相关部门通过数据分析产生业务"白名单",引导各类政策资源和社会资源主动、精准投向优质诚信创业创新企业;通过诚信激励、失信惩戒,引导相关人才和企业自觉、诚信履约。

(三)促进南京市社会治理创新,助力高质量发展

会同市政法委等有关部门,结合网格化管理,强化信用信息共享,加强事前失信预警、风险排查,防患于未然;积极归集相关拒不执行生效司法判决、行政决定等失信信息,通过跨部门、跨地区、跨领域联合惩戒督促当事人主动履责纠错,减少执法"硬对抗";深入开展19个领域失信问题专项治理工作,倡导诚信自律良好社会风尚。

(四)加快立法进程,提升信用工作制度化水平

对照《南京市社会信用条例(审议稿)》要求,梳理任务,提前准备,有序有力组织实施;细化要求、赋权明责,刚性推进归集应用;加强宣传,形成良好工作氛围;并积极推动信用建设工作布置、制度建设清单化,信用工作业务流程再造规范化。

（五）强化市场应用，实现可持续深入推进

依据《南京市社会信用条例》提供的制度支撑，实现公共信用信息和市场信用信息的深度融合使用，在市场主体的交易行为中主动应用信用大数据引导资源投向、应用信用约束诚信履约，把信用价值体现在广泛而具体的市场经济活动中，自发、深刻影响市场主体切身利益，让践行诚信理念成为其内在发展需求，推动信用工作获得不竭前进动力。

第三节　上海：大力彰显信用力量，信用让上海更美好

金　斌　吴璟珅[*]

近年来，上海社会信用体系建设坚持制度、平台、数据、应用、行业"五位一体"的推进思路，形成基于数据、行为、应用"三清单"，覆盖事前、事中、事后"三阶段"的全过程信用管理模式，聚焦放管服改革、优化营商环境，加快推进信用制度建设、提升平台服务能级和深化重点领域应用，积极探索建立以信用为基础的新型监管机制。

一、上海社会信用体系建设主要成效

（一）信用制度体系逐步健全

《上海社会信用条例》（以下简称《条例》）发布实施后，上海各区、各部门结合自身实际认真贯彻落实，制定一系列配套制度。上海市发展和

---

[*] 金斌，上海市公共信用信息服务中心信用信息资源部主任；吴璟珅，上海市公共信用信息服务中心信用信息资源部副主任。

改革委员会作为全市信用工作牵头部门，及时修正《上海市公共信用信息归集和使用管理办法》，以市政府名义发布《关于本市加强政务诚信建设的实施意见》，印发《关于进一步完善本市行政许可和行政处罚等信用信息公示工作的通知》等一系列配套文件。目前，上海在失信被执行人、税务、商务、社会保险、养老服务、司法行政、食品药品安全以及政务诚信等重点行业和领域，出台各类配套制度超过50个，《条例》"前有制度源头、后有文件配套"的立体式法规体系基本形成。

1. 信用条款深度嵌入地方立法

上海市出台的《上海市单用途预付消费卡管理规定》《上海市环境保护条例》《上海市道路交通管理条例》等法规，对本领域实施信用查询、失信信息归集、行业信用评价、严重失信主体名单管理等方面作出规定。

2. 部门信用配套管理制度相继出台

上海市商务委员会、上海市民政局、上海市人力资源和社会保障局等部门相继出台《上海市商务信用信息管理试行办法》《上海市养老机构失信信息归集和使用管理办法（试行）》《上海市社会保险失信信息管理办法》等规范性文件，加强征信、评信和用信管理，积极构建以信用为核心的综合监管机制。

3. 各区信用制度建设稳步推进

浦东、黄浦、虹口等区结合自身实际，分别出台公共信用信息管理办法、社会信用体系建设三年行动计划或工作方案等，推动信用工作落地。

（二）公共信用平台基础设施建设日益完善

上海市公共信用平台是全市信用体系建设的重要基础设施，不断强化平台"信息流动的枢纽、开放服务的窗口、支撑服务的载体"等功能。按照《条例》中明确的三大功能定位，平台枢纽功能发挥方面，上海市信用平台已实现与国家公共信用信息平台、16个区公共信用信息子平台、自贸区、司法局、住建委等7个重点行业子平台的互联互通，建立健全全市

"1+16+N"的信用信息平台架构。信用信息查询服务方面，着力打造市公共信用信息服务平台、"信用上海"网站、App和微信公众号"四位一体"的全方位服务支持体系。信用平台载体支撑方面，与网上政务大厅实现对接，助力"互联网+政务服务"，可查询全市企业的法人信用报告及200多万条双公示信用信息，法院、税务、海关等领域的红黑名单信息，推动各区、各部门在日常监管、资金支持、录用晋升等环节实现"逢办必查"。建成信用联动奖惩子系统，构建信用联动奖惩发起、响应和反馈机制，推动各部门开展重点领域信用联动奖惩。在2018年全国各级信用信息共享平台和信用门户网站建设观摩培训活动上，上海市信用平台获得一等奖、荣获示范性平台称号，浦东新区荣获标准化平台称号。在2019年全国信用App观摩活动中，信用上海App被评选为试点推广项目。

（三）信用数据基础不断夯实

1. 数据归集基本实现两个全覆盖

一是全市政府部门全覆盖。截至2019年6月30日，上海市共计88家单位确认向平台提供公共信用信息事项43256项。其中，提供单位包括37家市级行政机关、16家区政府、9家中央在沪单位、2家人民团体、1家司法机关、9家公用事业单位和14家社会组织；数据类型涵盖登记类、资质类、监管类、判决类、执行类、履约类、管理类和公益类等八大类。二是全市法人和自然人全覆盖。可对外提供查询数据约3.5亿条，法人数据约1135万条，自然人数据约3.4亿条。通过数据共享实现与国家信用平台联通，实现"双公示"数据和事项目录集中公示，并同步推送"信用中国网"。（以上数据来源于上海市公共信用信息服务平台）

2. 实现数据质量全生命周期管理

上海市信用平台围绕信息归集、加工、监控、应用、异议处理全生命周期，形成闭环管理机制。信息归集环节，按三清单编制要求进一步明确了数据标准和录入规则，进行规范化的数据交换共享。信息加工环节，按照信息类型、公开属性、失信程度等不同维度进行数据分类和标签化处理,建立识别库,对司法处理、安全生产等6大重点领域、246个细分领域根据应用增加信用标签。信息监控环节,对全量信用数据定制质量监控点,开展数据分析、监测预警、日志审计等工作。信息应用环节,根据用户需求,定制信用数据专题库,提供便捷、多样的信息查询应用方式和渠道。异议处理环节,对信息主体提出的异议申请的数据,及时进行内部核查和外部协查,在法定时间内完成异议标注或数据删改。

(四) 信用应用创新深化拓展

信用应用是社会信用体系建设的关键,上海以应用为导向,不断推进政府、市场和社会各领域的信用应用。

1. 以"放管服"改革为重点,着力推进政府应用

聚焦"信用+放",以完善信用承诺制为重点,助力优化审批流程。聚焦"信用+管",依托信用核查和信用评价,支撑深化全过程信用监管模式。事前,及时监测信息主体信用状况及其变化情况,发挥信用的事前风险监测预警功能;事中,开展信用评价,用于日常检查、专项检查中确定监管频次等基于信用的事中分类监管;事后,深化落实联合奖惩制度,推动实施政府采购、招投标等领域的事后失信惩戒措施。聚焦"信用+服",发挥数据共享和信用报告应用功能,支持政府提供基于信用的高效便捷服务。针对群众反映强烈的烦琐证明问题,首创以信用报告实现"多证合一"的工作新机制,率先在食品药品安全、质量安全、文化执法、劳动监察等领域为企业开具无违法违规信用报告。

2. 以信用信息融合为方向,积极创新市场应用

着力推进"信易+"系列项目。上海市信用平台全面落实国家发展改革委关于"信易+"系列项目的工作部署,以信用上海App为载体,聚焦信用好的主体,累计对接"医、食、住、行、美、贷"等惠民便企应用场景110项,各项激励措施累计价值超两千万元。

3. 以增加群众获得感为目标，深化拓展社会应用

上海图书馆依托上海市信用平台对无负面记录的读者提供免押金办证，目前，这一应用已扩展至全市 25 家区级馆点、5 家少儿图书馆点、13 家街镇馆，累计为全市超过 29 万人提供了免押金办证服务，累计为市民免除押金超过 2900 万元，便民的同时节约了押金管理成本，取得良好的社会反响。（以上数据来源于上海市公共信用信息服务平台）

（五）长三角跨区域信用合作进一步深化

上海作为信用专题组轮值方积极推动长三角地区信用合作，获得国家发展改革委、生态环境部的充分肯定和大力支持。一是编制发布《长三角地区深化推进国家社会信用体系建设区域合作示范区建设行动方案（2018—2020 年）》，明确重点任务和专项行动。二是会同三省信用、环保、食药监、质监等部门共同签署区域环境保护、食品药品安全和质量安全领域信用联动奖惩合作备忘录，按照"失信行为标准互认、信用信息共享互动、惩戒措施路径互通"的模式，率先推动环保领域实现跨区域信用联合奖惩，并逐步推广至旅游、食品药品、产品质量等领域。

二、存在的主要问题

总体来看，上海信用建设发展势头较好，城市信用监测始终名列前茅，国家举办的各类优秀信用案例、信用实践成果评优评选等活动中，上海均有入围，得到了国家发展改革委的高度肯定。但是对照国家和市委、市政府的要求，信用工作还存在一定的不足和差距：一是信用信息归集和作用有待进一步提升。上海市信用平台主要以公共信用信息为主，如行政许可、行政处罚、司法判决、表彰评优等，但正面增信信息较少，与市场信用信息的融合不够，与央行金融信贷信息也未建立互联共通，在一定程度上制约了信用大数据应用价值的发挥。二是信用支撑放管服改革的事中

事后监管有待进一步深化。近年来，上海持续开展行政审批告知承诺、分类监管等工作，取得了一定的成效。告知承诺有效推动了市场主体准入便利化，但有些监管部门对于违反承诺行为的情形，未及时建立被审批人的信用档案和实施联合惩戒措施，全过程闭环管理机制有待加强。三是信用修复机制有待进一步建立完善。随着失信惩戒逐步发挥作用，失信主体一处失信、处处受限的感受越来越强烈，信用修复主体权益保护问题开始显现，信用修复意愿随之提升，信用修复机制、方式和渠道等方面还需明确，并形成具体的操作规范。近几年，兄弟省市在信用体系建设方面大胆创新、勇于实践，形成了很多创新性的做法，值得上海结合实际学习借鉴，增创新优势。围绕对标先进水平，努力推动上海信用体系高质量发展。

三、工作展望

下一步，要深入贯彻习近平总书记考察上海重要指示精神，按照中央和市委、市政府关于社会信用体系建设的决策和部署，紧紧围绕经济高质量发展、优化营商环境、长三角一体化发展国家战略实施、服务进口博览会、社会治理创新等重大战略和重点任务，着力提升信用工作服务经济社会主战场能力，全面推进上海社会信用体系建设取得更大成效。

（一）全面提升上海公共信用平台服务能级

着力做好信用信息归集共享开放等基础性工作。一是提升平台数据归集数量和质量。对接公用事业单位、金融机构、行业组织等数据源单位，加强数据归集和共享。二是加大公共信用信息开放使用程度。对信用服务机构、金融机构、行业协会商会等各类主体进一步开放数据，提高公共数据查询的可获得性和时效性。三是创新信用信息服务方式。充实完善"信用上海"网站、App、微信公众号等载体的内容和功能，推出信用名片、信用图谱、信用预警等个性化信用服务产品，切实满足各类用户场景化的用信需求。

(二) 着力推进重点领域跨区域信用联合奖惩

建立守信联合激励失信联合惩戒机制。一是失信联合惩戒方面，落实国家已签署的信用联合奖惩备忘录，依托"一网通办"，将严重失信名单嵌入行政审批和办事流程中，实现"逢办必查"；深化落实环保、旅游、食药品等领域信用联合奖惩工作，逐步拓展到社会保障、交通运输、安全生产等领域。针对奖惩依据、奖惩手段、信用修复等机制建设形成制度设计的统一格局。二是守信联合激励方面，大力实施信用惠民便企"信易+"工程，以市场需求为导向，在交通出行、文化旅游、住房租赁等更多公共服务、民生领域为守信主体提供优惠便利，促进信用消费。

(三) 加快构建以信用为基础的新型监管机制

完善全过程信用监管体系。事前，逐步推广信息公示披露、事先告知承诺、信用报告查询等制度，重点在药品监管、卫生健康、道路运输、公安等领域加快推动证照分离改革，建立申请人、被审批人诚信档案，提升监管风险防范水平。事中，加快"双随机、一公开"、信用风险分类监管、大数据分析预警等信用监管手段的运用，重点在市场监管、税务、教育、环保、社会保障等领域深入推进行业分类分级监管，进一步优化监管模式，提升监管的精准度和有效性。事后，全面实施失信联合惩戒，切实加强信用约束。深化上海市公共信用平台与"一网通办"系统的对接，将红黑名单嵌入政府办事流程，实现便利化查询。

第四节 北京：诚信助力首都优化营商环境

张金波[*]

2001年，北京市启动社会信用体系建设，是国内最早起步的省市之一。2008年，北京市社会信用体系建设联席会议制度建立。2014年，为顺应新形势的需要，由北京市经济和信息化委员会（现为北京市经济和信息化局）和中国人民银行营业管理部共同牵头，调整了北京市社会信用体系建设联席会议成员名单。2016年，北京市社会信用体系建设联席会议成员覆盖了工商、民政、编办等53家成员单位。

2015年，北京市政府印发的《关于加快社会信用体系建设的实施意见》（以下简称《实施意见》），是北京市首部社会信用体系建设顶层设计文件，提出了两步走战略，明确了政务诚信、商务诚信、社会诚信、司法公信等10大任务。为认真贯彻落实《实施意见》精神，北京市政府办公厅印发了《社会信用体系建设三年重点工作任务（2015—2017年)》（以下简称《三年重点工作任务》），进一步明确了2017年底前需完成的55项重点工作任务和责任分工。三年来，北京各区政府和各相关部门积极探索、注重实效，由简入繁地全面启动并推进了各项信用工作，55项重点任务全部完成，取得了初步成效，总体水平处于全国前列。

二、北京社会信用体系建设现状及主要成效

（一）出台一系列工作落实文件，加快完善政策法规制度体系

2015年以来，为深入贯彻国家决策部署，认真落实《实施意见》和

---

[*] 张金波，北京昌平科技园发展有限公司信用总监。

《三年重点工作任务》精神，北京市相继印发了16个政策性文件，其中以市政府办公厅名义下发了2个，以市信用联席会议办公室名义印发了14个，涉及统一社会信用代码、双公示、信用联合奖惩、政府机构失信专项治理等7个方面。北京市还发布了20个信用联合奖惩备忘录，制定了《北京市公共信用信息管理办法》（草案），计划近期以政府规章的形式颁布实施。各区、各部门分别印发了86个和35个信用相关政策制度。市信用联席会议办公室组织召开了3次全市信用联席会议，开展了督导和绩效考核评估工作，并对16个区和12个重点领域的信用环境状况进行了监测。

（二）加快全市统一信用平台建设，初步实现信用信息共享应用

按照"一网四库一平台"的总体框架，2015年北京市启动了北京市公共信用信息服务平台（以下简称市信用平台）建设工作，形成了企业、个人、社团组织、事业单位4大信用信息数据库，开通了"信用北京"网站。目前，市信用平台归集了全市55个部门的企业信用信息、27个部门的个人信用信息、1万余家社团组织信用信息、1.1万家事业单位信用信息，已为16个区60个部门提供了在线查询服务，为北京政务服务中心行政审批系统提供了技术接口，与国家信用信息共享平台实现了对接，累计向国家平台报送信息2.6亿条。依托市信用平台开通了全市统一的信用联合奖惩信息管理系统，为16个区和55个部门开通了使用权限。"信用北京"网站公开各类信息3亿余条，总访问量达450万余次，日均访问量约4800人次。企业信用信息公示系统累计查询13.9亿次，日均查询量203万次。个人信用信息系统提供个人信用记录报告查询服务2451次。

（三）加快建立信用奖惩联动机制，信用联合奖惩建设取得成效

按照信用联合奖惩备忘录要求，北京市44个部门共同对安全生产、食品药品、互联网等13个重点领域列入异常经营名录的企业采取了限制从事政府采购、限制取得政府供应土地、限制任职资格等18项惩戒措施，限制任职资格4724人次；21个部门共同对重大税收违法案件当事人采取了限

制出境、限制取得生产许可、限制融资授信等18项联合惩戒措施，已累计将156户次企业法定代表人列为限制出境对象，并对26名代表人的实际出境行为实现了阻止；将14.3万人次列入失信被执行人"黑名单"，实行限制乘坐飞机和高等级列车等惩戒措施；冻结违法建设当事人房产4436处。在全市联合惩戒机制的威慑下，17%的"老赖"自动履行义务，近50%的重大税收违法当事人补交了税款。

（四）加快重点领域信用制度建设，不断提高市场监管服务水平

北京市12个行业和领域的主管部门建立了本行业领域信用评价和分类监管制度。市国税局和市地税局持续开展纳税信用等级评定，与工商银行北京分行等40余家银行建立了银税合作关系，2018年以来共有815户纳税信用A级企业与银行实现了对接，获得贷款42.8亿元。市住房城乡建设委将全部3634家施工总承包企业、99413名注册建造师、470家工程监理企业、11919名注册监理工程师纳入信用评价系统，评价结果应用于工程招标评标环节。市质监局持续开展质量信用内部评级工作，根据企业的信用等级调整监督检查频次，对严重违法企业在许可审批、资质审核、政府采购等方面予以限制或禁止。市交通委在公路工程招标评标中应用"企业信用分"，并根据信用等级对中标企业缴纳保证金等采取差异化政策。北京出入境检验检疫局将全市9384家企业纳入信用评价系统，根据信用等级累计对162家企业给予了监管便利措施，对115家企业实施了严管措施。市人力社保局对企业开展了劳动保障守法诚信评价管理，遴选了182家人力资源诚信服务示范单位。市水务局每年组织开展水利建设市场主体信用等级评价工作，为137个市场主体颁发信用等级证书。市安全监管局对1209家试点企业开展了信用等级评价。市商务委建设了"开放北京"信用监管系统，对外资企业实行以"双积分"为核心的信用分类管理。市科委对申报项目的相关责任主体开展了信用评价。市旅游委对旅游企业和导游员开展了信用评价。

（五）加快区域信用建设创新示范，深入推进京津冀信用合作共建

北京市16个区都启动了信用体系建设，开通了信用网站或信用专栏。海淀区作为国家社会信用体系建设创建示范城区，建设了全区统一的公共信用信息共享交换平台，在政府采购、招标投标等活动中使用了信用信息，在财政专项资金安排工作中使用了4776份信用报告，为企业提供支持资金11亿元，促进了科技研发创新和成果转化。东城区崇外街道与区工商局共同搭建了社会信用信息基层服务平台，依托平台信息对无证无照、"拆墙打洞"等开展联合整治5次，查处违法行为44起。怀柔区建设了社会信用信息服务平台，在政府采购、招标投标、社会保障等领域使用了信用信息和信用报告产品，对医疗机构执业行为开展了信用积分管理。中关村管委会建设了中关村企业信用信息公共服务平台，被国家发展改革委列为全国信用信息化试点项目，已累计为近万家中关村示范区企业提供了24795份信用报告。2015年以来，京津冀三地信用主管部门共同推进了社会信用体系合作共建工作，共同签署了《京津冀社会信用体系合作共建框架协议》，发表了合作共建宣言，建立了合作共建推进小组，共同建设了"信用京津冀"专栏，向社会公示了120万条京津冀区域信用信息。

（六）认真落实国家专项工作部署，圆满完成各项信用工作任务

2015年以来，国家下达了一系列信用专项任务，北京市已全部完成。一是完成了统一社会信用代码制度建设，在工商、质监、民政、编办等部门实施了全国统一社会信用代码登记制度，建成了全市统一的社会信用代码数据库和信用代码公示专栏，完成190余万法人和其他社会组织统一社会信用代码的转换和赋码工作，完成代码转换100%。二是完成了行政许可和行政处罚等信用信息"双公示"工作，各区、各部门全部建立了"双公示"专栏，向"信用中国"网站及时报送了65万条"双公示"信息。三是完成了政府机构失信问题专项治理工作，57家被列入失信被执行人名单的政府机构全部按时履行了义务，整改合格率100%。

(七)深入开展诚信宣传教育活动，全社会诚信意识进一步提升

广泛利用新闻媒体、大型活动、学术研讨会、论坛等平台，大力开展了诚信宣传教育。市委宣传部和首都精神文明办开展了"诚实做人、守信做事"主题活动。人民银行营业管理部开展了"信用记录关爱日""征信知识宣传周"活动。市经济信息化委开展了 52 场"进企业、进社区、进学校"的"信用北京行"诚信宣传活动。市商务委开展了"诚信兴商宣传月""百城万店无假货""诚信经营示范店创建"活动。市质监局开展了"3·15 国际消费者权益日"质量信用宣传活动。市经济信息化委、首都精神文明办、市工商局、市地税局等部门联合开展了北京市企业诚信创建活动，评选出 50 多个行业 2050 家诚信创建企业。

三、下一步计划

2018 年 8 月，北京市委副书记、市长陈吉宁调研社会信用体系建设时强调，要深入学习贯彻习近平新时代中国特色社会主义思想，把社会信用体系建设作为提高城市管理水平、优化营商环境的重要手段，加快推进信用北京建设，为首都高质量发展提供支撑和保障。

接下来北京市将紧紧围绕首都城市战略定位，增强社会诚信意识和信用价值感知，充分发挥行业性、市场性和社会性信用奖惩作用。以构建 1 个公共信用信息服务平台、融合连接 N 个行政领域和区级公共信用服务体系、推动发展 X 个社会化信用应用体系和场景的"1+N+X"总体架构为主线，形成信用体系建设和城市管理、优化营商环境一体化发展的新格局。注重做好以下五个方面：

(一)实现信用数据融合，形成信用信息共享应用

一是全面建立各行业领域信用记录，围绕政府采购、招标投标、劳动就业等重点领域，在办理注册登记、资质审核等环节，及时准确记录相关

主体的行为。二是大力推动公共信用信息全量归集，制订全市统一的信用信息采集和分类管理标准，定期发布年度《北京市公共信用信息目录》，按目录实现行政管理和公共服务各环节中信用信息的"应采尽采、应归尽归"。三是建立北京红黑名单对象数据清单、认定标准行为清单、联合奖惩措施清单构建的全市统一的信用联合奖惩"三清单"制度，完善红黑名单认定、告知和异议处理程序，规范名单信息共享和发布，建立定期公示制度。四是充分发挥北京市公共信用信息服务平台的核心枢纽作用，全面升级应用支撑能力，支持跨平台、跨层级嵌入式服务，消除信息"壁垒"和"孤岛"，实现与市公共信用信息服务平台的"嵌入式"无缝对接，加快区级公共信用信息服务平台建设，实现全市信用信息系统互联互通。

（二）实现信用监管协同，提升城市管理水平

一是做好顶层设计，探索利用信用承诺、信用公示、信用评价、信用事中事后监管、信用预警和联合奖惩措施等方式，优化事项办理流程，提升政务服务效能。二是大力推进重点领域联合惩戒，针对交通治理、工程建设、拆违等领域的失信行为，加快联合签署一批管理办法或联合惩戒备忘录，依托全市统一的公共信用信息服务平台，在限制从事特定行业或项目、政府支持或补贴、任职资格、准入资格、加强日常监管检查等方面实施惩戒。三是全面落实国家联合奖惩备忘录，与国家主管部门建立协调机制，明确联合奖惩对象认定标准，厘清职责分工、工作流程和实施标准，确保全面落实，奖惩到位。四是结合"街乡吹哨，部门报到"，推进"多网"深度融合，把信用管理和应用贯穿至市级、区级和街乡镇，提升基层信用监管与综合执法效能，提高基层信用监管与服务能力。五是探索在特定行业市场准入、积分落户、公务员招考等行政管理事项中使用或统一购买第三方信用服务，积极稳妥推动公共信用信息与金融、征信、评级等市场机构共享，支持第三方服务机构提供更为广泛和便捷的线上线下信用产品，引导企业自发在市场交易、中介服务等环节使用信用产品和服务。

（三）实现信用惠民便企，营造高质量营商环境

一是推进面向自然人的"信易+"惠民专项，引导第三方机构开展"个人诚信分"体系建设，支持社会对信用分优良的个人在金融、交通、旅游、就业、创业、租房等领域给予激励和便利服务，在医疗方面，率先建立政府支持、市场化运作、基金保障的急诊新机制，实现先看病、后交费，提高医疗保障水平，提升社会对良好信用的获得感。二是大力推进"信易+"便企专项，健全政府部门与金融机构、公共服务单位、产业园区、社会机构等的协同机制，支持一批创新型企业跨界融合产业链上下游，开展"信易贷""信易租""信易行""信易游"等系列"信易+"应用示范项目。三是引导失信企业修复信用，研究出台失信主体信用自主修复的具体措施，健全信用修复制度，明确信用修复标准和条件，建立诚信约谈、教育培训考试等信用修复渠道。四是大力开展重点领域失信问题治理，开展集中专项治理，依法严肃查处失信行为，发挥信用联合奖惩的引导力和威慑力，鼓励失信主体加快整改，引导全社会褒扬诚信、惩戒失信。

（四）实现信用应用创新，推动信用体系高端发展

一是打造信用服务业创新高地，出台促进信用服务业创新发展政策，支持有条件的区域建设若干信用产业园或集聚区。二是促进公共信用信息和社会信用信息互动融合，加大对信用服务机构的数据开放，探索与第三方社会服务机构信用数据合作模式，研究通过数据访问服务、政府购买服务等方式，建立政府与社会数据共享机制。三是支持信用产品和应用创新，持续推动信用创新应用试点示范，鼓励企业运用人工智能、区块链、大数据、云计算等新技术，不断强化信用产品开发与创新应用。支持企业联合创建信用大数据应用创新中心、信用科技实验室、信用创新服务联盟等创新主体，实现在信用标准、信用评价模型、信用行业应用等领域的创新突破。四是全面推进京津冀社会信用体系合作共建，以守信激励政策体

系、信用标准体系、信用评价体系为着力点，促进三地公共信用信息共享交换和信用应用融合，聚焦金融、旅游、环保和个人诚信等重点领域，推进京津冀三地信用监管联动和统一应用，创建国家守信联合激励示范区。

（五）实现信用宣传机制，加大诚信文化建设

一是持续开展诚信建设万里行宣传活动，建立政府、社会、媒体紧密合作机制，聚焦信用热点问题，形成全社会诚实守信、重信守诺的良好氛围。二是推出一批高质量的网络诚信主题文化作品，开展"信用进社区""信用进商圈""信用进园区""信用进校园"工作，建设一批社会化信用教育基地，加强对各行业和领域信用建设优秀经验的宣传推广。三是加强信用专业人才培养，将诚信建设纳入公务员培训和领导干部进修课程，持续推进"信用进社区商圈、进企业、进园区、进校园"活动，深入开展诚信兴商、诚实做人守信做事、诚信企业创建等主题活动，全面提高社会公众知信、守信意识。

第五节　厦门：强化信息技术应用，夯实社会信用体系建设基础

张丹清[*]

厦门市委市政府高度重视的信息化建设工作，通过顶层设计，以先进的互联互通、整合共享、业务协同等先进理念为指导，经过多年来持续投入建设，形成了全国领先的信息化基础条件，互联互通、共享协同、高度集约化特点鲜明，近年来更是通过一系列的数字化、信息化应用，给这座城市创建社会信用体系建设示范市按下了"智慧"的快速键。

---

[*] 张丹清，厦门市信息中心，中级工程师。

一、工作成果及经验

依托多年来不断发展完善的网络和政务云平台等信息化基础设施,以及各部门自身的业务应用系统,充分利用全市统一的政务信息资源共享与业务协同平台,实现跨部门、跨层级的信息共享、数据同步、业务协同,全市统一的社会信用信息共享平台和信用门户网站已成为社会信用体系建设的重要基础设施和开展以信用为核心的信用监管的有效载体。

(一)先进的平台总体架构

信用平台建设形成极具厦门特色的"一张表、一支撑、一保障、两网、两库、两窗口、N应用"。一张表即制定统一数据标准体系,在全国率先实现工商、发改一张表,一次报送,各部门共享使用;一支撑即依托市区两级共享协同平台,实现多部门数据共享与业务协同;一保障即创新应用公安部实名认证安全系统,实现"实人+实名+实证",为平台提供安全保障,通过信息安全等级保护二级;两网即政务网的"信用共享平台"和互联网的"信用厦门"网站;两库即建成法人信用信息库和自然人信用信息库,并实现与国家、省级公共信用信息平台的互联互通;两窗口即在自贸区和行政服务中心分别设立信用服务窗口;N应用即建设N个支撑市级各部门、各区信用管理和服务的应用系统。

(二)日臻完善的平台管理制度和标准规范

先后制定出台了《厦门市公共信用信息管理办法(试行)》《厦门市信用数据共享开放管理暂行办法》等206份社会信用体系建设相关政策、制度和标准规范。

(三)实时、自动、安全的数据归集机制

平台数据归集具有总量大、种类多、来源广、覆盖全的特点,截至

2018年12月底,平台已汇聚79个部门、1.3亿条信用数据,实现自然人、法人和其他组织百分百覆盖,汇聚各类红黑名单926万条,并且每天自动同步更新,并按国家和省平台的要求及时上报各类数据。

(四) 简洁、便民的信用厦门网站服务功能

信用厦门网站在保持规范的同时又具有鲜明的厦门城市特色,辨识度高。网站栏目丰富、内容翔实,网站不仅有国家要求的信用动态、政策法规、专项治理、联合奖惩、行业信用、信息公示、信用服务、典型案例、"信易+"、个人信用、"诚信建设万里行"等标准栏目,具有完善的网站信用信息异议投诉处理机制,而且还结合厦门实际推出信用评价、信用创新、工程建设等特色栏目。信用厦门网站点击量超过2160万次;互联网查询量超过1010万次,政务网查询量2903万次;信用报告查询量超过354万次;联合惩戒专题23个,累计措施事项410项,累计比中次数59157次,累计奖惩次数达到1578次。

(五) 紧贴厦门实际的信用场景应用

在互联网,通过信用厦门网站、微网站、微信公众号、便民自助终端、白鹭分微信公众号、i厦门App、市民卡App、旅游信用小程序等多种方式、多个渠道建立面向公众的信用服务;在政务网,建设全市统一信用信息共享平台,包括信用管理工作平台、联合惩戒管理平台、信用共享协同平台、城市信用监测平台、大数据可视化平台等;在部门端,实现六个区信用信息子平台全覆盖,建立自贸区信用平台、区域金融预警平台、商事主体信用公示平台、旅游信用信息平台、港航信用信息平台、规划信用信息平台、国土信用信息平台等一系列丰富的部门信用应用系统。

1. 信用监管一张图

建立以信用为核心的新型市场监管机制,通过一张图将信用监管的事前、事中、事后主要信用应用手段、监管开展情况、取得成效以及13个重

点领域宏观信用监测情况，用数据可视化的方式进行全景式展示。

2. 全过程联合奖惩管理

对联合奖惩工作的全过程采取有效方法落实奖惩措施。事前，以权责清单为纽带，将措施事项和部门业务事项进行关联；事中，通过联合奖惩平台与部门业务系统对接，实现自动比对、自动拦截、及时反馈；事后，针对通过人工方式进行审核可能存在的漏管情况，建立事后倒查监督机制。

3. 大数据金融风险预警

针对金融、类金融企业的暴雷问题，利用大数据技术开发互联网金融预警分析平台，通过整合政务、金融、互联网舆情等数据，建立五个维度的风险预警模型，对企业风险度进行动态评分，形成风暴指数，根据不同指数采取对应措施，从而有效预防金融暴雷风险。

4. 全景式可视化展现

引用大数据分析、3D动画等技术，按照大数据可视化呈现方式与业务应用有机结合的原则，以图表结合地图可视化、全景式、全方位、多维度、多专题、动态化展现平台概况、数据归集、信用应用、典型案例、诚信建设等情况。

5. 诚信建设万里行

利用3D时间轴的方式生动展示厦门社会信用体系建设过程中的关键时刻；在信用网站用一张图将厦门社会信用体系建设从服务国家战略、助推实体经济、增进民生福祉、优化社会治理等四个方面开展的工作进行直观、形象化呈现。

6. 信用名片摇一摇

信用名片依托全市统一实名认证平台，整合市民库、法人库信息，集成个人、法人信用报告、白鹭分等信用产品，提供扫码交换名片和摇一摇分发名片两种使用方式。丰富信用识别手段，推广白鹭分应用。

7. 全景式联合奖惩专栏

专栏不仅提供奖惩文章，还将奖惩专题相关的基本信息、红黑名单、奖惩措施、奖惩成效等情况进行分析、展现，围绕每个奖惩专项工作建立全方位的专题应用。

8. "六个一"一站式查询

通过"一眼了解概况""一跳快速定位""一页查看全貌""一点下载报告""一项提交异议""一满意点个赞"可查看企业主体完整画像。网站上的不同栏目，如：双公示、信用承诺、信用评价等都可跳转关联主体信用档案。

9. 信用评价"超市"

将政府部门、行业协会、专业信用评级机构的各类信用评价产品，统一归集到信用评价超市中，并将评价产品进行结构化分解，方便直观呈现信用评价具体做法，变分散为集中、变碎片化为整体化、变文档化为结构化，推动信用评价产品的宣传、推广，加强评价产品社会监督。

（六）全国领先的可操作的信用修复机制和流程

积极发挥社会信用体系建设示范市先行先试作用，以在垃圾分类管理中涉及的失信自然人信用修复为试点，通过建立失信自然人参加垃圾分类管理志愿者活动，在全国率先探索可操作的信用修复机制和流程。

二、存在的主要问题

虽然目前厦门信用信息化建设方面已搭建了较完备的基础，并取得了一些成效，但仍存在一些问题。一是公共信用信息的归集方面。由于政府部门改革以及部分垂管部门的管理问题，导致部门的信用目录时常变动，相应的信用信息有时也难以汇聚。此外，目前仅有"双公示"数据出台了相应的数据规范，其他类型数据（如行政强制等）尚无相应的规范，或由于系统陈旧、缺乏维护、数据质量差等技术原因导致归集困难。二是公共信用信息与市场信用信息的融合方面。银行征信信息由于相关法规的原因，归集难度较大；水电气热等公用企事业单位信用信息目前尚无相关法规支持，也难以归集。

三、下一步工作计划

（一）完善信用数据标准

实现全市统一的信用数据标准，方便信用数据的归集。出台相关法规约束信用数据的格式、字段，避免"同事项不同内容"的情况。同时，依照各部门职能事项，动态更新全市信用目录，使信用市平台的信用信息"应有尽有"。进一步为分级分类监管、信用评价、信用画像等应用夯实数据基础。

（二）扩宽信用应用场景

以应用为导向，继续加快推进信用应用场景建设。拓展社会信用体系应用场景，将其应用在医疗、教育、培训、家政等领域，提升市民信用获得感；将信用报告、红黑名单嵌入行业监管业务系统当中，使业务开展与信用紧密相连，让信用辅助业务开展。

（三）提升创新共享模式

推动建立公共信用信息与市场信用信息相融合的全量归集。针对不同种类、不同来源、不同隐私程度的信用信息，建立分级分类管理标准。利用区块链、云计算等技术，提高信息化系统抗攻击、可追溯、防篡改、保密传输的能力。进一步提升信用数据共享利用价值。

（四）积极发展信用服务产业

充分发挥厦门软件产业、信用创新中心、全国中小企业融资综合信用服务平台的作用和影响力，鼓励企业利用人工智能、区块链、大数据、云计算等先进技术开发"信用+信息化"产品，支持社会信用体系建设和社会信用服务产业的发展，全面提升信用服务行业的整体水平和综合竞争力，使该新兴产业成为厦门市经济的一大亮点。

（五）加大投资探索力度

针对因技术问题造成的对接难度较大的信用数据，加大投资推进力度，升级相关系统，规范系统接口，鼓励各部门探索新技术、新方法对接市信用平台。对于因规范问题产生对接困难的信用数据，积极创新合作模式，出台相应规范，探索双赢方案。

第六节 苏州：多领域夯实信用体系基础建设

顾　斌　朱成林[*]

自获批成为全国第一批创建信用体系建设示范城市以来，苏州市在信用体系建设方面不断探索，已建成覆盖苏州全市的综合立体信用体系平台。信用监管方面，深入推进"双嵌入"机制，在环境保护、金融税务、安全监管、住建、劳动用工等重点领域建立联合惩戒跨部门联动机制。个人信用建设方面，首创了市民信用评价产品"桂花分"，并和南京、杭州、武汉、郑州组成城市联盟，实现个人信用分互通互认。"信易+"应用方面，积极推进"信易游""信易租""信易行""信易贷"，推进信用惠企。目前，苏州市社会信用体系建设已经顺利完成了基础构筑和框架搭建工作，正转入更深层次的建设阶段。

---

[*] 顾斌，苏州市发展改革委信用建设处处长；朱成林，中国经济信息社江苏中心信用事业部主任。

一、现状及成效

（一）打破信息孤岛，建立信用信息共享平台

打破信息孤岛，实现信用信息的共享和开放，是社会信用体系建设的关键。为此，苏州市开发建设了"一网、两库、一平台、一大厅"的综合立体信用体系，让分散在不同部门的公共信用信息汇集在一起，形成统一的整体，客观反映个人或法人的信用状况，实现全市信用信息跨行业、跨层级、跨地区的快速聚集和相互融合。

其中，"一网"指"信用苏州"门户网站，该网站提供公共信用信息"一站式"查询，上线4年累计访问量过百万。"两库"指2014年建成的覆盖市企业和个人的信用数据库。截至2017年12月31日，企业信用数据库已归集65家部门、3467万条信息，自然人信用数据库归集22家部门，2500万信息，同步报送省信用办信息共享平台，主要信息资源部门实现互联互通。"一平台"指市级公共信用信息共享平台，该平台于2013年启动建设，实现市和所辖市、区两级平台对接，支持上下联动、多部门协同运用，平台现已归集信用信息3.533亿条记录，法人、其他组织和自然人归集覆盖率达100%。"一大厅"指公共信用信息服务大厅，大厅现已累计服务企业51036家。

（二）创新监管机制，推进信用监管"双嵌入"机制

截至2018年10月31日，苏州全市累计出台各类信用政策制度200多项，信用信息共享平台归集信息4.6亿条，实现全市法人、组织和自然人全覆盖。良好的信用体系建设基础为苏州争先探索新应用场景提供了保障。

在实际监管中，苏州创新推进"双嵌入"机制，把信用嵌入监管制度和业务系统，强化信用管理。

推动部门将信用管理嵌入各自办事流程和业务系统，不断提高信用信

息在市场准入、行政审批、招标投标、政府采购、行政管理、评优评奖等环节的应用效果。同时，推进政务服务平台与公共信用信息平台的互联互通和信息共享，实现各级政务服务大厅全面接入信用信息共享平台。鼓励和指导各市区充分发挥主动性，积极争创国家级信用示范县（区），努力争取国家各部委行业信用示范、试点项目落地。

各部门通过嵌入信用模块，从而能同信用信息平台市区两级同建、信用服务窗口各地分设、区域特色培育等模式实现平台无缝对接，把国家、省对信用工作的要求延伸到10个板块。如苏州打造的大数据信用监管平台——"企信通"，其基于统一的底层数据库，可为政府各部门事前事中事后监管提供定制化、专业化综合服务，推动跨部门联合奖惩等信用管理的探索实践。截至2018年6月30日，已纳入联合奖惩专题37个，参与部门65家，涉及奖惩对象5782个。

在此基础上，苏州市各地各部门推进健全分类监管和联合奖惩机制，及早形成信用监管合力。

在联合奖惩方面，苏州在环境保护、金融税务、安全监管、住建、劳动用工等重点领域，联合开展绿色信贷示范应用、"政税银"信用合作应用、企业安全生产差别化授信、房地产行业失信联动惩戒、严重欠薪失信行为联动惩戒等跨部门联动项目等。

同时，根据国家陆续出台的多部委联合奖惩备忘录，开发联合奖惩子平台，逐一实现各类联动奖惩信息的归集、反馈、监测流程化，让备忘录始终"在线"。

（三）多项信用应用，实现信用惠民惠企

苏州以"信用惠民"为理念，将"信用苏州"打造成新的城市名片，在"信用惠民"的应用场景方面，开创了不少国内先河。

1. 首创市民信用评价产品"桂花分"

2016年，苏州以市花桂花命名，推出市民信用评价产品"桂花分"。

"桂花分"以苏州市民卡为载体，依托全市信用信息大平台，采集各类公共服务、公用事业、便民服务网点等信息，把关乎市民生活的购物、出行、体育锻炼、水电气缴费等信息作为建立市民日常生活信用状况的基础数据。

桂花分满分为200分，其中基础分100分，附加分100分。附加分主要由品德指标构成，如果市民有守信、志愿服务等行为，就会增加附加分。反之，如果有失信行为，则会从基础分里扣分。从守信激励入手，让守信者在生活中得到更多便利和实惠：拥有较高"桂花分"的苏州市民乘坐城市公共交通享有折上折优惠；可以免押金借阅图书，延长还书期；免押金借用公共自行车，延长免费骑行时间。凡"桂花分"较高的市民，在以文化惠民卡、休闲年卡等为载体的市民文化旅游消费中，可优惠办卡；在医疗领域，享有绿色挂号和缴费通道及特需服务等。

"桂花分"不仅为守信者大开方便之门，对失信者还提供"修复之道"。目前苏州市信用办正在与市交通部门合作，针对交通部门认定的一般失信、较重失信、严重失信不同程度的失信人，提供相应的修复方案，让失信者借助无偿献血、城市志愿者服务等公益项目修复失信行为，不再仅仅"罚款、扣分"了之。

2019年8月6日，苏州和南京、杭州、武汉、郑州组成城市联盟，一起打造个人守信联合激励城市合作机制，各城市间个人诚信分（记录）将实现互通互认。将来，个人信用值较高的苏州市民到郑州，桂花分就能被商鼎分认同，享受到公交、轨交、有轨电车等专属优惠。

2. 积极推进"信易+"各项目落地

近年来，苏州市通过不断拓展"信易+"应用场景，为信用刷爆"存在感"，并凭借正向引导，让信用良好主体在多领域获得便利和优惠。

为了探索开展多部门联合激励工作，苏州先后推出"信易行""信易贷"等多项守信联合激励服务产品，建立行政审批"绿色通道"，给予诚信企业和个人重点支持和优先便利，让企业实现"信用越好，审批越容易"。

苏州还积极与税务部门、银行机构开展"政税银""绿色贷"等信用合作，引导企业以"信"换"贷"，为守信企业提供享受"信易+"服务的"绿色通道"。其中，"政税银"信用合作实现了政府、地税部门和银行间的三方信息共享，银行可以通过税务部门提供的企业纳税信用记录，了解企业生产经营情况，对守信企业给予免于抵押、增加授信额度、下浮贷款利率、缩短审批时间等融资优惠；对失信企业则进行融资限制，降低金融风险。

2015年1月1日，江苏省苏州地方税务局在全国率先施行《涉税失信行为管理办法》，通过主动对接社会信用体系，政府相关部门可以对失信对象在投融资、工程招投标、进出口、出入境、政府采购等方面予以限制，有利于营造"诚信受益、失信惩戒"的社会氛围。

3. 吸纳社会力量参与信用应用场景创新

近年来，苏州市支持行业协会、信用促进会发展，加强行业管理，引导行业在信用应用方面进行创新。积极鼓励市场主体参与信用创新应用，引入"企查查""信用卫士""口袋校园"等信用服务机构到苏州开发创新应用服务。截至2018年11月30日，苏州市已成立信用行业协会5个、信用产业园区2家、备案信用服务机构46家，累计扶持信用项目50多个。

4. 推动各行业积极应用信用产品

苏州市在安全生产、事业单位信用管理、政府招投标、财政资金管理等领域积极推广应用信用产品，并在市公共信用信息服务大厅及10个延伸信用窗口对市民提供服务。截至2018年11月30日，累计服务企业超过8万家，覆盖44个部门237项扶持奖励、评优评先等。

二、存在的问题

随着信用体系建设向更广范围、更深层次不断推进，苏州信用体系建设仍面临着三方面挑战。

一是基础数据共享不足,采集标准亟待统一。数据采集是征信的基础。在信用征信数据归集方面,目前苏州市的公共信用信息共享平台上的数据主要是企业和个人信息,除双公示信息外,有关其他政府部门的信息共享较少。另外,国内各类数据缺乏有效的共享机制,且同质化严重,多为公开渠道可获取的数据,缺失个性化独家数据源。与此同时,各类数据参差不齐,缺乏统一的标准,直接影响征信报告的质量。

二是"桂花分"兼容性不够,尚未打通"用户习惯"。城市各个管理部门的业务情况千差万别,信用建设的难点和重点各不相同,相关法律法规的适用性和覆盖面不够全面、难以统一,这也要求"桂花分"未来需要有足够的兼容性。"桂花分"的载体最直接的是通过市民卡来实现,但在各个部门的业务卡中嫁接和推广的空间依旧很大,这需要苏州市各部门以更大力度来共同推广"桂花分"的信用应用场景。就现阶段而言,苏州市民在使用习惯方面仍然固守已有的各项消费渠道,各项服务条线之间没有完全融通。

三是社会信用体系建设的体制机制面临挑战。虽然市信用办推动协调力度很大,但由于不同部门重视程度和工作思路不一致,在信息共享、联合奖惩等工作协同方面仍面临诸多困难。

三、下一步的工作方向及建议

个人无信不立,企业无信不兴,城市亦然。对一个城市来说,良好的信用是经济社会发展的特殊资源和无形资本,也是最大的品牌。建议苏州从以下三方面进一步加快推进社会信用体系建设。

(一)探索建立"政府+企业+研究机构"的工作机制

苏州可以与信用服务机构、相关研究机构共同开展信用建设,充分发挥专业化信用服务机构在信用建设和监管中的积极作用,以及相关高校、科研院所在信用管理方面的专业知识智力支持,探索建立"政府+企业+研究机构"的政务诚信建设合作机制。共同开展社会信用体系建设重大问题课题研究;不定期开展政务诚信建设方面的专业培训、专题研讨、座谈交流等活动;引导政府部门使用信用服务和产品,共同促进政务诚信建设。

(二)加强开展"双公示"第三方评估工作

"双公示"第三方评估为信用评估提供了一种行之有效的手段,将"双公示"第三方评估汇集的信用信息,纳入信用主体信用记录,供各级政府、各相关部门在政府采购、招标投标、行政审批、市场准入、资质审核等行政管理事项中进行查询。苏州围绕行政许可和行政处罚等信用信息公开工作("双公示")开展第三方评估,有利于全面、客观、准确地评估行政许可和行政处罚等信息公示工作。有利于通过第三方评估,总结"双公示"工作经验并进行复制、推广,将第三方评估作为促进政务诚信的有效手段。同时,也可充分发挥第三方机构专业优势,在推进信用信息共享、守信联合激励和失信联合惩戒制度落实、城市信用体系建设等方面,加强对苏州信用工作的培训和指导。

(三)提升诚信宣传氛围,筑牢社会信用体系根基

"桂花分"的应用涉及市民生活方方面面,筑牢城市信用体系根基,苏州市应进一步强化诚信氛围营造。建议与中央和地方主流媒体、专业新媒体平台合作,利用报纸、广播、电视、社交网络等媒体资源,多渠道树立诚信典型,倡导诚实守信;曝光重点领域严重失信行为,形成舆论压力;广泛宣传各开展守信联合激励和失信联合惩戒的做法和经验,扩大联合惩戒制度的影响力和警示力。另一方面,在文化根基上下功夫,建立以信用为中心的行政文化、组织文化、企业文化,形成社会共建的良好诚信氛围,为苏州市打造国际一流营商环境奠定基础。

第七节 义乌:"信用+"赋能改革,打造商贸诚信高地

张峥妍[*]

义乌是一座建立在市场上的城市,信用是市场的生命线,是企业的安身立命之本。一直以来,义乌市委市政府高度重视信用体系建设,立足商贸城市特色和优势,打造覆盖所有市场主体和个人的信用一张网,推进建立信用全生命周期闭环管理机制,全面拓展推广信用应用,不断完善以信用为基石的诚信营商环境。2019年更是将信用列入十大改革任务,大力度推进"信用一网通享"。义乌信用建设工作已进入以场景应用为导向、以提升群众感知度和满意度为目标的全面深化阶段。

一、织密信用一张网

(一)信用归集扩围增量

在不断完善公共信用库建设的基础上,着力建设金融信用库和商务信用库。一是公共信用库。截至2019年8月31日,已归集62个部门的1483个数据项,覆盖所有52万市场主体和230万个人,数据归集总量超过3亿条。二是金融信用库。2019年6月,中国人民银行义乌市支行、义乌市金融办联合印发《关于推进商贸信用体系建设有关工作的通知》,推进建立金融数据库,全面归集信贷、担保、结汇等金融信用信息。三是商贸信用库,整合国际贸易、跨境电商综合服务平台数据,归集贸易链条上的订单、关单、物流、信息流等商贸信息,更多维度刻画企业信用画像。

---

[*] 张峥妍,就职于义乌市信用中心。

（二）信用评价优化升级

义乌市已建成覆盖所有主体的信用评价体系，对企业和个人分别设定165个和173个加减分项以及22个一票否决项，通过系统自动计算动态生成评价结果，企业和其他组织分设 A~E 五个等级，个人信用 0~200 分赋分。但在信用分实际应用过程中，发现单一维度综合评价区分度不高、一个分数精细度不够、难以全领域通用的问题。因此，义乌市升级打造信用评价2.0版，建立企业和个人的五维信用评价模型，同时推动各行业领域细化制定契合行业实际的信用评价标准，并将行业信用评价与全市综合评价叠加关联，促进评价更加科学合理、精准灵敏。

二、健全信用全生命周期闭环管理机制

（一）事前实施信用承诺审批闭环管理

将信用平台嵌入"一网通办"平台，实施"你承诺、我先批、事后查、失信惩"的信用承诺审批机制。对于信用良好主体，承诺符合审批条

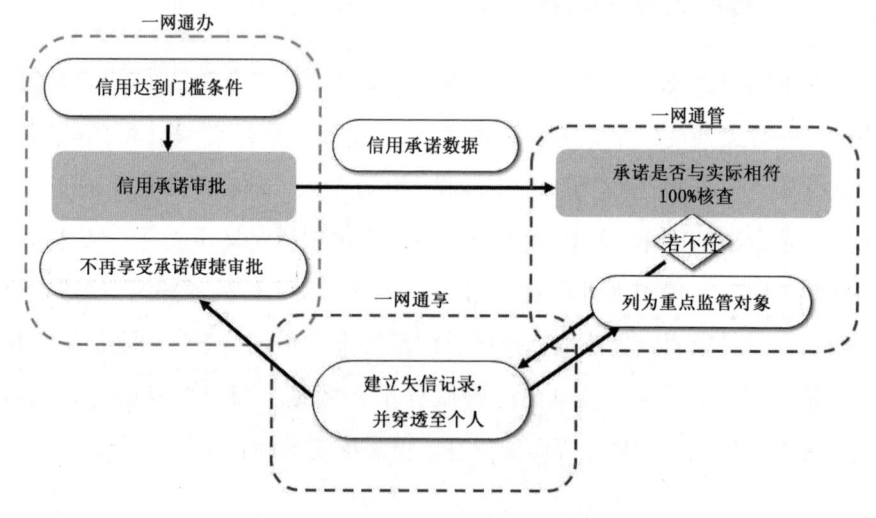

图1　事前实施信用承诺审批图

件，即可通过审批；并且承诺数据从"一网通办"平台自动推送至"一网通管"平台，自动派单至执法监管人员进行承诺100%核查；对于发现承诺不实或承诺不履行的，撤销审批许可或纳入重点监管对象，同时建立承诺失信记录，自动反推送至"一网通办"平台，限制该主体再次享受承诺审批便利。2019年以来，截至8月31日，35个部门已累计开展信用承诺19万次，简化审批9.3万人次。详见图1。

（二）事中实施信用监管记分闭环管理

将信用平台嵌入"一网通管"平台，制定《义乌市信用监管实施暂行办法》，构建"监管扣分、自治加分、总分关联、差别监管"的信用监管记分管理体系。各监管部门梳理形成信用监管事项清单及其扣分细则，通过行政执法监管平台实施监管扣分；监管对象通过主体自治平台开展自检自查、自主申报、自治学习、在线考试等，加强行为规范、修复失信行为，进行自治加分。监管扣分与自治加分计算所得"监管信用分"与全市"综合信用分"挂钩，每扣满12分"监管信用分"，扣减"综合信用分"2分。同时，根据信用分高低，在"双随机"抽查比例中进行差别化设置，对失信主体实施靶向式重点监管。截至2019年8月31日，24个部门已在75个事项中实施信用监管，部署了664个监管扣分项。详见图2。

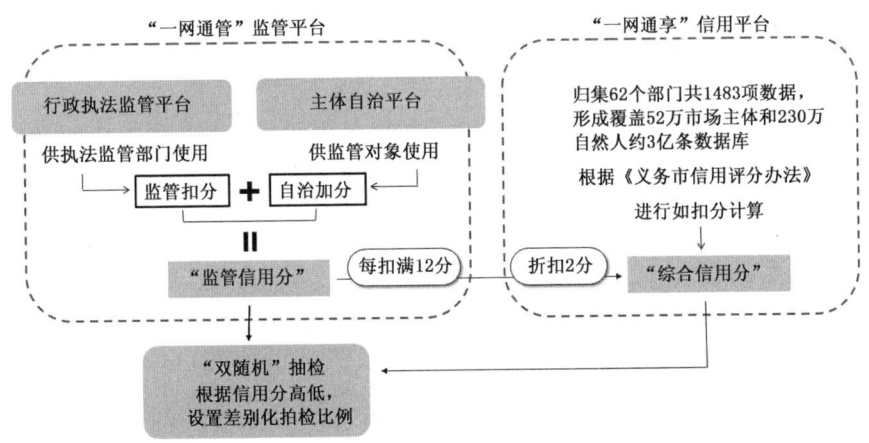

图2　事中实施信用监管记分图

（三）事后实施信用联合奖惩闭环管理

信用平台嵌入本地办事业务系统实现全覆盖，通过改造业务流程和系统，实现自动推送评价结果、自动匹配红黑名单、自动嵌入联合奖惩措施的"嵌入式"奖惩机制，自动实现"逢办必查""奖惩到位"。并且，将省级信用评价信息、国家红黑名单系统信息一并装载到嵌入通道中进行推送展示和奖惩，实现本地缺失的异地红黑名单的补全和应用。截至2019年8月31日，信用已嵌入"一网通办""一网通管"等22个业务系统的1490个办事事项。

三、全面拓展信用应用场景

2019年以来，义乌市以信用应用为工作着力点，相继推出47个应用项目，开展信用核查203万次，实施联合奖惩5.3万人次，创新推进信用应用广泛落地。

（一）探索外贸信用管理

义乌作为国际化商贸流通中心，外贸合同诈骗、拖欠货款逃匿等时有发生，严重影响了市场经营秩序。义乌市以打造经侦预警平台为突破口，建立外贸公司、货运代理公司、供货商等信用信息数据库，及时公布逃匿的失信外贸主体，警示外贸风险。截至2019年8月31日，该平台已将1.2万余家外贸公司及货代公司纳入诚信监督，收到信用评价50余万条，合同诈骗案件从2009年的159起降至2018年的22起，直接挽回损失2.99亿元。在此基础上，进一步建成覆盖1.4万常驻外商的外国人信用平台，发放外籍商友卡并打造成为在义外商的"信用名片"，下一步在市场全面推广"亮卡交易"，推行交易前扫码查信用、交易后双方信用互评的"淘宝式"采购，促进贸易行为可追踪可追溯，提升贸易风险防控水平。

（二）推进信用支持融资

义乌市信用平台已与 9 家金融机构合作，开发 11 款基于信用数据的"信易贷"产品，通过数据建模计算，实时生成授信额度和利率，推出"全程线上、三秒三步，闪电到账、随借随还"的纯信用贷款。截至 2019 年 8 月 31 日，放款金额超过 17 亿元，平均不良率接近于 0。搭建企业金融风险监测平台，对信用、线上交易、信贷、经营状态等进行大数据整合分析，实现贷前企业优选、贷后风险动态预警、区域风险监测等功能，为防范系统性金融风险提供有力数据支撑。在此基础上，搭建以信用为核心、撮合银企高效对接的"一站式"金融服务平台——"金融超市"，提供更加丰富多元的金融产品供给，及时响应企业金融服务需求。

（三）助力营商环境优化

充分发挥信用体系的支撑和保障作用，在企业获得用水、用电、用气等环节，通过信用承诺方式削减办事材料和客户证明，实施"先施工后缴费""承诺即上门"等快速服务通道，助力企业办理业务更加方便快捷，力争实现企业当天申请、24 小时内接通。

四、存在问题及下一步打算

义乌市已形成较为扎实的数据基础、平台基础和制度体系，但从信用应用落地效果来看，信用的感知度还不够高、影响力还不够大、获得感还不够强。主要是信用评价的精细度以及与实际应用的匹配度有待加强，信用应用与生产生活的关联性和密切度有待加强，信用宣传的可及性和有效性有待加强。下一步，义乌市将以升级信用评价为基础，以抓实信用应用落地为重点，以规范信用修复为提升，以浓厚信用宣传氛围为助益，切实将信用建设向纵深推进。

（一）做强信用数据基础，科学刻画信用画像

纳入更多全国数据和异地数据，规范整合金融机构数据，打通商贸数据归集路径，加强第三方市场化数据合作，进一步做强三大信用库数据基础。对综合信用评价2.0版计算模型进行再论证再模拟，使评价结构更加合理，使信用报告更加科学反映主体信用特征，并且以信用应用为导向，按需求建立全市综合评价+行业信用评价的"1+N"的评价体系。

（二）落地信用应用场景，提升公众获得感

聚焦社会管理痛点难点和群众关切点，以审批监管、营商环境、跨境贸易、基层治理、社会民生等十大信用应用场景为重点推进方向，进一步提升信用应用的改革性、创新性，谋划推出一批与企业群众关联度高、获得感强的信用应用拳头产品，并加快应用落地推广，将信用触角延伸至与日常生产生活密切相关的各领域，提高公众用信频率。

（三）推进实施信用修复，促进增信守信

出台《义乌市信用修复管理暂行办法》，在联合惩戒大格局已初步形成且应用愈加广泛的情况下，完善失信主体改过自新、重塑信用的机制，明确信用修复的条件、路径、责任等，推进信用修复的规范实施，依规执行"黑名单"动态管理退出机制，引导失信主体主动整改失信行为、提升守信意识。

（四）加大信用宣传力度，浓厚城市信用氛围

充分依托路面广告牌、公共显示屏、办事大厅、公共场所等民众日常接触较多的场景，组织开展丰富多样的立体式宣传；通过将信用内容与已有办事短信、通知短信等有机结合，将信用宣教嵌入办事、监管流程，实施点对点宣传。同时，组织"改革体验官"对信用建设成效进行体验和反馈，收集更多民众视角的意见建议，形成信用建设与社会公众的良性互动。

第八节 荣成：深耕信用体系建设，创建荣成信用范本

黄春晖 赵旭光*

近年来，荣成市深入学习贯彻党中央、国务院关于信用建设的决策部署，把信用体系建设作为全面深化改革的重要内容，作为加强和创新社会治理、推动共建共治共享的有效抓手，2012年在山东省率先启动社会信用体系建设，扎实做好打基础、利长远的工作，信用体系建设在持续深化提升中保持全省全国领先。2017年至2019年连续三年在"中国信用4·16高峰论坛"上获得"信用创新单位"称号；2017年7月，国家发展改革委在杭州举办的首届中国城市信用建设高峰论坛上，荣成市被授予城市信用建设创新奖，综合信用指数位居全国列入评价的361个县级市首位。2018年1月，荣成市成功入围全国首批12个社会信用体系建设示范城市。2018年5月，获批全国守信激励创新试点市。

一、荣成市社会信用体系建设的主要做法

在信用体系建设过程中，荣成市既准确把握共建共治共享内涵，把上级精神不打折扣落实落地，又坚持因地制宜，做好与本地实际结合的文章，走出了一条具有荣成特色的信用建设之路。

（一）党政主导，构建强有力的组织保障体系

荣成市发挥党委政府的组织领导作用，依靠各级各部门的协调联动、齐抓共管，形成了信用建设合力。

---

* 黄春晖，荣成市社会信用中心副主任，高级经济师、高级信用管理师；赵旭光，荣成市社科联主席。

1. 齐抓共管、系统推进

与其他地区信用体系建设"政府主抓、发改负责"的领导体制不同，荣成市信用体系建设实行的是党政齐抓。市级成立由市委书记、市长"双挂帅"的信用体系建设工作领导小组，设立直属市委的市社会信用中心，配备15名工作人员，由市委副书记直接分管；市直部门明确分管领导、指定专兼职信用管理员，区镇、街道设立基层信用办，村居成立信用管理议事会，真正实现有人管、有人抓，凝聚了全市上下的推进合力。荣成市还把信用体系建设纳入目标责任制考核，建立会议调度、月度汇报、观摩评比、督办整改等机制，工作落实情况与单位及其主要负责人的"信用分"挂钩，调动了全市各级抓信用体系建设的积极性。

2. 建章立制、规范运行

信用体系建设是一项系统工程，荣成市委、市政府牵头召开20多次专题协商会，人大、政协定期组织代表委员视察调研、征求意见，以市委常委会讨论研究、人大常委会决议的形式，出台了《关于加快推进社会信用体系建设的实施意见》《荣成市社会法人和自然人信用管理办法》等50多个规范性文件、270多个配套文件，形成了规划、办法、规范、目录等多层次的配套制度体系，使各个领域、各个环节的信用体系建设都做到了有章可循、有法可依。

3. 搭建平台、全面覆盖

主要是坚持"三个覆盖"：信用平台系统覆盖到所有行业领域，建成了市社会信用管理系统，设立了党政机关、社会法人、自然人、村居组织4个数据库，与所有部门单位和镇街联网共享，成为全国首个将党政机关、村居组织纳入信用管理的城市；信用管理对象覆盖到所有社会组织成员，将60万本地居民、19万外来人口、4.9万个体工商户、1.6万家企业、122个部门单位、1420个村居和社会组织，全部纳入信用管理系统，每名社会成员都有了自己的"信用档案"和"诚信名片"；信用信息征集覆盖到所有经济社会活动，编制了《社会信用信息征集目录》，既征集违法违规行为，也征集法律法规管不了的不文明、不道德行为，涉及600多项经济社会活动，已征集了1900万条基础信息、230万条守信和失信信息。

(二) 注重融合，形成全领域的信用监管机制

荣成市坚持中心工作推进到哪里信用建设就跟进到哪里，哪里常规方法不好用信用建设就延伸到哪里，哪里工作差距大就用信用管理的办法赶超突破，经过七年努力，信用建设深度嵌入经济发展、文明创建、行业管理等各个领域，形成以信用为基础的新型监管机制。

1. **把信用建设融入高质量发展，成为全面改善营商环境的新载体**

以加强信用监管为着力点，全面推行"一窗式、一门式"审批，出台国家工作人员负面清单管理、党政机关首问负责制等制度，从正推倒逼入手，对所有可能影响到政务失信因素进行规范。相比2012年，行政审批事项减少51%，非行政许可审批事项全部取消，办件时限比法定时限缩短91%，特别是2018年设立行政审批服务局以来，荣成市在山东省率先实行"一枚印章管审批"，被评为全省投资环境最佳县市。同时，结合经济领域信用体系建设，荣成市把依法纳税、落实安全生产责任的企业和个人纳入红名单，在政策扶持、资金拨付、贷款办理等各类扶持政策上给予倾斜，更好激发市场主体活力，推动高质量发展。

2. **把信用建设融入新时代文明实践，成为夯实基层基础的新支撑**

现在普遍反映，农村不好管，对农村群众缺乏有效的规范手段。荣成市推动信用体系建设向农村延伸，在900多个村居组织、19万户农村居民中实施信用管理，以村规民约为依据，将社会治安、环境整治、精神文明等方面的不良行为和优秀表现，以"信用分"的形式记录下来，以此作为约束和激励的标准，全市900多个村居设立2000多万元的信用基金，培育发展"暖心食堂""利民服务社"以及志愿者担任村级保洁员等基层服务新业态，农村群众失信发生率由过去的10%下降到现在的不足1%，群众规矩意识和文明习惯逐渐养成。同时，创新"信用管理+志愿服务"模式，

把创建全国文明城市、困难救助、社会公益等工作，都纳入志愿服务项目，用信用积分的形式，调动群众参与社会共建的积极性，全市上下志愿服务蔚然成风，成功入选全国50个新时代文明实践试点县。

3. 把信用建设融入规范行业管理，成为提高监管能力的新途径

在这几年环保督察、"化安转"等高压态势下，企业明目张胆违规违法的少了，但有的打起了"擦边球"，往往大错不犯、小错不断，给行业执法监管带来了新挑战。这方面，荣成市在强化法纪思维、从严执法检查的基础上，以信用管理为手段，构建"信用+"的协同监管新模式，不仅企业违法违规信用受影响，不构成违法的小错累加到一定程度也要受影响，实现了企业违法成本、行业治理水平的双提升。比如，荣成市对出租客运行业，为出租车建立信用档案，对绕道行驶等不良行为给予信用减分；对渔船管理，将违规作业船东纳入失信"黑名单"，通过停发燃油补贴、暂停融资贷款等方式倒逼合规生产，违规作业同比下降了30%。

（三）奖惩并举，建设大格局的联合应用模式

荣成市把信用结果运用作为社会信用体系建设的关键环节，坚持协同管理、社会共治，形成守信者得激励、失信者受惩戒的联合奖惩大格局。

1. 党政管理领域实施信用奖惩

荣成市党委政府带头使用信用产品，所有行政执法、行业监管、人员管理等事项都与信用挂钩，干部提拔、评先选优先查信用档案，入党参军、公职考录先设信用门槛，农村参选、代表提名、退役军人专项公益岗安置先看信用状况。先后有21名党员干部因严重失信取消提拔重用资格，1600多人因失被取消评先选优资格，180多人被取消村级党组织成员候选人和"两代表一委员"推荐资格。

2. 经济活动领域实施联合奖惩

荣成市于2016年1月制定了《关于企业个体工商户在经济活动中使用信用产品的意见》，鼓励社会成员查询和使用信用信息，控制和防范信用风险。2017年,荣成市社会信用中心与人民银行荣成支行合作,组织24家金融机构在贷款授信中实行"双查"制度,既查人民银行征信中心的信用信息,还查荣成市的公共信用信息,促进了公共信用信息向经济领域拓展应用。2016年以来,社会成员在选择合作伙伴、信贷、投资等方面查询和使用信用报告1万多起次,有230多家失信主体受到了限制约束,1700多家诚信主体受到了联合激励。

3. 公共服务领域联合激励

荣成市把信用贯穿到市民生活的方方面面,积极释放信用红利,让市民切身感受到信用带来的便利和实惠。如荣成市卫生健康局推出的"信用医疗",信用等级高可享受免收住院押金、"一卡通"免工本费、出院手续容缺办理等优惠。在取暖费、物业费、驾驶培训费等方面,对信用等级高的居民实行减免,乘坐公共交通享受五折优惠。荣成市商务局、行政审批服务局等部门,为诚信企业开通了绿色通道、优先办理业务和给予政策扶持。已有39个部门推出"信用贷""信用游"等160多个守信激励产品,惠及群众7万多人,累计减免押金、费用800多万元。

二、荣成市社会信用体系建设面临的主要问题

荣成市推进社会信用体系建设充分发挥了基层首创精神,初步实现了创新社会治理和提升城市文明水平的双赢局面,但仍然存在一些问题。

一是信息化建设水平相对滞后。荣成市把大量的人力物力集中在搭建制度框架、开发应用产品等硬件模块建设上,而在信用建设的技术手段、信息化水平等软件模块建设上相对滞后。比如,部门间的信用数据交换共享主要以人工导入为主,智能程度较低。

二是守信激励应用范围不广。荣成市出台的"信易+"守信激励产品存在着有量少质的问题,大多门槛较高,绝大部分群众享受不到优惠政策,信用激励覆盖面不广,群众的认知度、感知度、参与度不高。

三是缺少专业领域人才支撑。荣成市社会信用管理主要采取行政管理模式，对社会信用体系建设的基础理论、内在机制、运行方式、产生影响等缺乏系统研究和预判，高层次专业信管人才短缺状况日益凸显，无法满足社会信用体系建设人才需求。

三、今后荣成市社会信用体系建设的计划打算

当前，荣成市社会信用体系建设已进入深水期。如果不能改变以往粗放性建设模式，势必会影响社会信用体系建设的质量和成效，将从以下四个方面抓好改进提升：

一是推进信用建设智能化。充分利用互联网、大数据、区块链等新型信息技术，与相关部门业务系统按需实时共享，着力提升信用建设信息化建设水平。建立健全信用信息安全监控体系及应急处理机制，提升信息安全防护能力，规避信用信息被人为篡改，保证各类信用信息全面、准确、及时、安全地记录在信用档案之中。

二是推进信用建设社会化。加大守信激励产品开发力度，研究制定更多领域的信用结果应用实施方案，如对信用等级高的市民在居民基本养老保险、医疗保险等方面给予一定的补贴等，同时把商业性服务纳入信用差异化待遇应用，让群众更亲身地体验信用带来的实惠，增强企业的守信荣誉感、失信缺失感。

三是推进信用建设专业化。采取"走出去""请进来"相结合的方式，加强信用从业人员、信用管理人员交流与培训，为信用建设提供人才资源支持。加强与专业学术机构、信用服务机构的合作，开展社会信用体系建设重点课题研究，指导荣成市社会信用体系建设实践。

四是推进信用建设市场化。社会信用体系建设既要靠政府的主导作用，更要积极推进信用建设市场化。要培育和发展信用服务市场，引入第三方信用服务机构，参与特定领域行业信用建设和信用监管，推动社会信用产业多元化发展，避免政府既当裁判员又当运动员带来的问题。

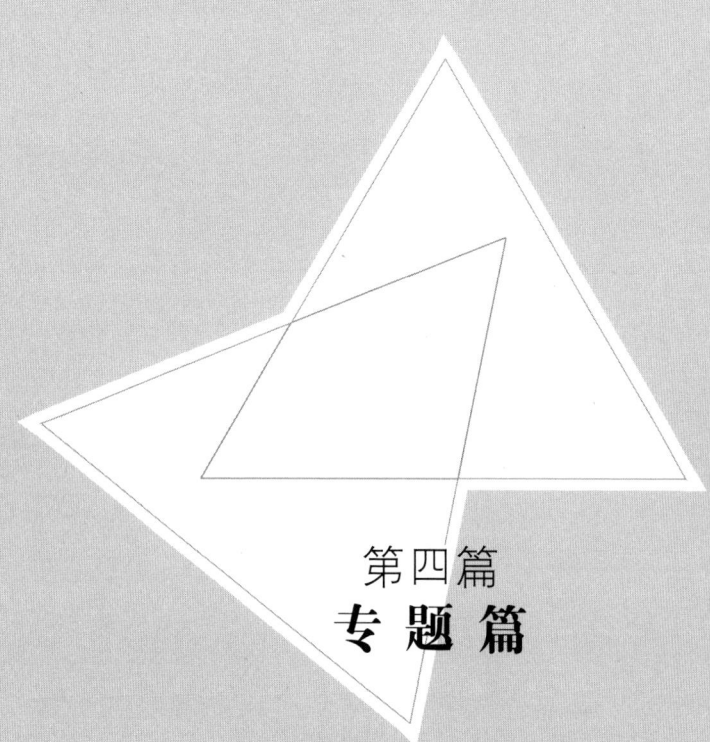

第四篇
专题篇

第一章
地方信用立法实践

社会信用立法是社会信用体系建设深入推进的关键一环,较为完备的信用法治体系,可以有效提升社会治理能力,加快优化营商环境,有力推动高质量发展。地方信用立法实践为推进国家层面信用立法提供充足的先行先试经验,为取得广泛共识奠定坚实的基础。目前已有三分之二以上的省(自治区、直辖市)出台或正在研究出台地方信用法规。[1]陕西、湖北、上海、河北、浙江、宿迁、厦门已经出台地方信用法规,更多地方在加快制定综合性的社会信用条例。

---

[1] 国家发展改革委组织召开信用立法座谈会,http://www.ndrc.gov.cn/xwzx/xwfb/201909/t20190902_946660.html。

第一节　地方信用立法现状

林明华　曾光辉　郭晓凤　骆　立[*]

目前上海、陕西、湖北、河北、浙江五地已出台了省级信用法规（见表1、表2），宿迁和厦门两市出台了市级信用法规，为社会信用的国家立法奠定了良好的基础。

表1　已出台的省级信用法规

法规名称	通过时间	实施时间	备注
上海市社会信用条例	2017年6月23日	2017年10月1日	全国首部社会信用综合性法规
陕西省公共信用信息条例	2011年		
湖北省社会信用信息管理条例	2017年3月30日	2017年7月1日	全国首部关于社会信用信息管理的地方性法规
河北省社会信用信息条例	2017年9月28日	2018年1月1日	
浙江省公共信用信息管理条例	2017年9月30日	2018年1月1日	

[*] 林明华，厦门市委党校法学教研部副教授；曾光辉，厦门国信信用大数据创新研究院执行院长、高级经济师；郭晓凤，厦门国信信用大数据创新研究院基础研究室主任；骆立，厦门国信信用大数据创新研究院研究员。

表2　已出台的城市信用法规

法规名称	通过时间	实施时间	备注
宿迁市社会信用条例	2018年10月30日	2019年3月5日	全国首部由设区市制定的社会信用综合性法规
厦门经济特区社会信用条例	2019年4月26日	2019年6月1日	

如表1、表2所示，从法规的名称看，上海、宿迁、厦门采用"社会信用条例"，是综合性、全面性的立法。而湖北、河北、浙江和陕西四省采用"（公共）信用信息管理"，侧重于解决信用信息管理、信用信息的应用以及信用联合奖惩等问题。公共信用信息管理条例需要解决的问题非常明确，就是要率先打破公共领域的"信息孤岛"，从国家到地方，均有了很好的实践基础。而社会信用信息管理条例涉及面更宽，立法难度更大。湖北省最初拟采用《湖北省公共信用信息条例》这一名称，考虑到"公共信用信息"的有关规范可以在湖北现有的法律框架下找寻，故将之拓宽到"公共"以外的领域中，因此更名为"社会信用信息"。此外，为了突出政府主导，强化行政机关管理作用，使用"管理"一词。不采纳"社会信用条例"做名称的主要原因是出于立法权限的考量。湖北认为一个市场主体的信用状态应当在国内的统一市场中形成的，并且能够在国际上认可。地方立法具有局限性，应当从国家顶层设计开始，因此倘若采纳"社会信用条例"名称会逾越省立法权限的范畴。

浙江最初拟采用《浙江省公共信用信息管理条例》，试图对公共信用信息专门立法，以"小政府大市场"的观点出发，认为公共信用信息以外的市场信用信息不宜过多干预，由市场自行调节。浙江省发展改革委的初衷是将立法调整范围限于行政机关和事业单位所掌握的公共信用信息，但出于立法权限受限与人民银行的阻力之考虑，最终经人大法工委的反复推敲与立法建议，决定扩大立法调整范围，更名为《浙江省社会信用条例》。后来在2017年9月26日提请浙江省十二届人大常委会第四十四次会议审议的《浙江省公共信用信息管理条例（草案修改稿）》对条例名称和适用范围又做了调整：草案使用"社会信用条例"这一名称，调整公共信用信息和市场信用信息的归集、披露、应用及其管理活动。各地各方面普遍认为，草案基本是关于公共信用信息管理的规定，涉及市场信用信息的内容很少，且多为衔接性条款，名称与内容不匹配。为此，草案修改稿将条例名称修改为"公共信用信息管理条例"，同时将市场信用信息不纳入条例调整范围。

从各地的立法过程看，法规的名称修改调整，侧面反映了对社会信用的立法规制，是一个逐步达成共识的过程。

如表3所示，从法规的整体结构看，上海社会信用条例的逻辑脉络是"社会信用的工作路径和通行规则"，即基本原则（总则）-基础性工作（信用信息的采集、归集、共享、查询）-社会信用应用（守信激励、失信惩戒）-权益保障（信息主体尤其是自然人的权益保护）-市场培育（规范和促进信用服务行业发展）-保障（环境建设、法律责任）。湖北、河北、浙江和陕西四省的立法主要包含了"信用信息归集""信用信息披露""信用信息应用""法律责任""信息安全与权益保障"的共性内容，侧重点是社会（公共）信用信息，为国家层面立法奠定良好的选择基础。

表3 省级信用法规结构

法规整体结构	上海市	陕西省	湖北省	河北省	浙江省
总则	√	√	√	√	√
社会信用信息	√				
信用激励与约束		√			√
规范和促进信用服务行业发展	√				
社会信用环境建设	√				
法律责任	√	√	√	√	√
行业信用信息建设		√			
信用信息征集		√			

续 表

法规整体结构	上海市	陕西省	湖北省	河北省	浙江省
信用信息归集			√	√	√
信用信息披露		√	√	√	√
信用信息应用			√	√	√
异议信息处理		√			
信用信息查询				√	
信息安全与权益保障	√			√	√
附则	√	√		√	√

如表4所示，宿迁和厦门两部法规都包含了"社会信用信息""信用激励与约束""社会信用服务行业发展与规范""社会信用主体权益保护"等共性内容，其信用立法逻辑、侧重点基本趋向一致。

表4 市级信用法规结构

法规整体结构	宿迁市	厦门市
总则	√	√
社会信用信息	√	√
信用激励与约束	√	√
社会信用服务行业发展与规范	√	√
社会信用环境建设		√
法律责任	√	√
信用信息征集与公开		√
信用信息应用	√	
社会信用主体权益权益保护	√	√
附则	√	√

另外，目前有贵州、河南、山东、广东四省和南京市、福州市也启动信用立法进程，具体的法规名称和立法进度如表5。

表5　正在立法的地方信用法规情况

法规名称	立法进度
贵州省社会信用条例	2019年5月30日《贵州省社会信用条例（草案）》经贵州省十三届人大常委会第十次会议进行第一次审议
河南省社会信用条例	2019年9月23日《河南省社会信用条例（草案）》经河南省十三届人大常委会第十二次会议进行第二次审议
山东省社会信用条例	2019年9月30日《山东省社会信用条例（草案）》经山东省第十三届人大常委会第十四次会议第一次审议
广东省社会信用条例	2019年11月1日《广东省社会信用条例（草案）》经广东省政府常务会议审议，决定修改后提交省人大常委会会议审议
南京市社会信用条例	2019年8月20—22日，《南京市社会信用条例（草案）》经南京市十六届人大常委会第十七次会议第一次审议
福州市社会信用条例	2019年10月31日，《福州市社会信用条例（草案）》经福州市十五届人大常委会第二十二次会议第一次审议

参考文献：

［1］厦门市委党校课题组：《〈厦门经济特区信用条例〉立法研究》。

［2］《浙江省公共信用信息管理条例（草案修改稿）》即将提请审议，http：//www.zjrd.gov.cn/dflf/hysy/201709/t20170925_75535.html。

［3］崔凯.上海社会信用立法：促进与路径［J］.地方立法研究，2019（2）.

第二节 地方信用立法主要内容

林明华 曾光辉 郭晓凤 骆 立[*]

一、立法定位

立法目的直接决定法规设计的重要指向和中心思想,比较已立法的五地法规条文,可以看出不同的立法定位,参见表1。

表1 地方信用法规立法目的

立法目的	上海	宿迁	厦门	陕西	湖北	河北	浙江
规范/加强社会信用(信息)管理(归集、披露、使用)	加强	规范	规范	规范	规范加强	规范	
推进/促进社会信用体系建设		推进		建立	促进	推进	
创新/完善社会治理机制	✓	✓	✓				
完善社会主义市场经济体制	✓	✓					
提高社会信用水平	✓		✓				
培育社会信用服务产业			✓				
营造诚实守信的社会环境			✓	✓	✓		
保障社会信用信息安全和信用主体合法权益					✓	✓	
实现社会信用信息共享				✓	✓	✓	
增强诚信意识	✓						
践行社会主义核心价值观			✓				
激励守信、惩戒失信							✓
降低社会治理和市场交易成本							✓

---

[*] 林明华,厦门市委党校法学教研部副教授;曾光辉,厦门国信信用大数据创新研究院执行院长,高级经济师;郭晓凤,厦门国信信用大数据创新研究院基础研究室主任;骆立,厦门国信信用大数据创新研究院研究员。

（一）信用促进法

宏观层面，陕西、湖北、河北、宿迁四地都将促进信用体系建设作为立法目的。上海、宿迁、厦门将"创新/完善社会治理机制"，上海、宿迁将"提高社会信用水平"列为立法目的。上海立足于国家层面的站位，定位"完善社会主义市场经济体制和创新社会治理机制"，反映出上海在社会信用立法理念层面的创新和前瞻，值得其他城市学习。

微观层面，各地将打破"信息孤岛"、信息壁垒，实现信息互联互通、开放共享，培育新经济、新业态作为立法目的。比如，陕西、湖北、河北规定"实现社会信用信息共享"，将更好地推动公共信用信息与商业信用信息、金融类信用信息与非金融信用信息的融合，以更加完整地、更加真实地反映信息主体的实际信用状况。浙江规定"降低社会治理和市场交易成本"，也是地方对于信用治理法治化的现实期待与要求。作为七地立法中最新的条例，《厦门经济特区社会信用条例》把"培育社会信用服务产业"作为立法目的，侧面反映了社会信用服务产业发育不良，已经成为制约地方推进信用建设的瓶颈，急需立法给予突破和解决。

（二）信用规制法

除了上海之外，其他六地将立法目的聚焦于"规范/加强社会信用（信息）管理（归集、披露、使用）"。宿迁、厦门、湖北、河北、浙江五地共同聚焦社会信用（信息）管理问题，具体用语上，厦门、湖北、浙江三地用"规范社会信用（信息）管理"，宿迁、河北两地用"加强社会信用（信息）管理"，表现出两个不同的立法取向。"规范社会信用（信息）管理"强调对公权力的约束和限制，侧重于公权与私权的平衡和权利保障；"加强社会信用（信息）管理"强调公权力对信用管理的作用，带有浓厚的管理色彩。从当前的国家治理语境下，"规范社会信用管理"应是方向。

(三) 权利保护法

作为权利保护法，首要目的是保护信用主体权益，特别是个人隐私权和自由，限制政府获取公民信息的权力。除了最早出台的《陕西省公共信用信息条例》没有设专章规定信用主体的权益，其他六地都有专章规定。湖北、河北更是特别将"保障社会信用信息安全和信用主体合法权益"写入立法目的，可见对信用主体权益保障的重视。

从立法目标看，既有"规范/加强社会信用（信息）管理（归集、披露、使用）""激励守信、惩戒失信""保障社会信用信息安全和信用主体合法权益"等着眼于实现信用领域的法治化的直接目标，又有"推进/促进社会信用体系建设""创新/完善社会治理机制""完善社会主义市场经济体制""提高社会信用水平""营造诚实守信的社会环境"等着眼于构建社会信任机制的长远目标，让更多的人诚实守信，建设"信用社会""信任社会"的长远目标。

社会信用立法存在多个需要保护的法益，需要尽量统筹兼顾，但还是应有所侧重。社会主义市场经济也是法治经济和信用经济，因此，社会信用立法具有经济法属性。[1] 地方信用立法可着眼于地方信用领域存在的现实危机和实际需要，如果这个现实危机主要体现在信用主体的权利与公权力管理行为的边界，那么立法目的可侧重保护信用主体的个人信息安全，规范公权力对社会信用信息管理，从而维护健康和谐的信用市场秩序。不同地方依据地方的实际进行有侧重的立法，也为国家层面立法积攒更丰富的经验。

二、信用信息

（一）信用信息的归集与收集

采用"中切入口"立法定位的上海、宿迁和厦门三地，关于什么是社

---

[1] 厦门市委党校课题组：《〈厦门经济特区信用条例〉立法研究》。

会信用、什么是社会信用信息，具有高度的共识，基本采用《上海市社会信用条例》的表述。"社会信用，是指具有完全民事行为能力的自然人、法人和非法人组织（以下统称信息主体），在社会和经济活动中遵守法定义务或者履行约定义务的状态。""社会信用信息，是指可用以识别、分析、判断信息主体守法、履约状况的客观数据和资料。""社会信用信息分为公共信用信息和市场信用信息。"

作为信用信息的重要组成部分，公共信用信息在七地法规的条文里占了很大的篇幅。在公共信用信息的归集上存在着两个主要问题："应归不归"和"无序归集"。各地立法对公共信用信息的目录管理从实体和程序两方面进行规范。实体上，对列入目录的公共信用信息范围进行限定。程序上，除了最早的陕西地方法规之外，其他六地地方法规均进行了精心设置，以保证目录的合法性与合理性。一是在编制目录时，形成目录草案要向社会公开征求意见，并经市政府批准后公开发布。上海还特别强调，具体事项纳入目录应当说明理由。二是对拟纳入目录的事项存在较大分歧意见或者可能造成较大社会影响的，信用信息提供单位还应当会同市社会信用管理部门组织专家进行评估，听取相关群体代表、专家等方面的意见。（公共信用信息目录管理范围详见本章附录一）

（二）信用信息的披露

关于信用信息的披露，浙江、河北、湖北、厦门，包括正在推进立法的贵州都进行了规定，但是对于披露的概念和范围，不相一致。有的仅仅理解为公示，有的则涵盖了信息查询、信息公示和信息共享。共同点：第一，社会法人公共信用信息通过公开、共享和查询的方式披露。个人公共信用信息不予公开和共享，只通过查询方式披露。第二，信息主体享有查询自身社会信用信息的权利。第三，依法公开的公共信用信息通过官方网站和信息提供主体对外发布信息的平台向社会公开。

三、信用应用

（一）概况

地方立法关于信用的应用场景，最大公约数是在传统的行政管理领域，比如，"行政许可、行政检查、行政处罚（较大数额）、政府采购、招标投标、资金和项目支持（政府性资金安排）"。除了应用在日常监管之外，上海市规定"居住证管理、落户管理和居民身份证异地受理"，厦门规定"涉及公共安全，需要开展综合风险分析的"，信用手段用于社会治理领域趋势越发明显。

应用的方式，主要为依法查询信息主体的信用档案、信用信息、社会信用状况或者购买信用服务。

（二）信用激励

从类型来讲，信用激励机制包括市场性激励、社会性激励以及行政性激励等机制。（信用激励的比较详见本章文后附录二）

1. 信用激励的对象

作为最早的信用地方立法，《陕西省公共信用信息条例》没有关于信用激励的规定。

关于激励对象，《浙江省公共信用信息管理条例》规定的是"守信主体"，《湖北省社会信用信息管理条例》《河北省社会信用信息条例》《厦门经济特区社会信用条例》规定的是"守信信用主体"，《上海市社会信用条例》规定的是"遵守法定义务和约定义务的守信主体"，《宿迁市社会信用条例》把"对信用状况被评价为守信的社会信用主体"和"按照国家有关规定被列为联合激励的对象"作为信用激励对象。

2. 信用激励的条件

关于条件，各地均没有明确激励的条件。

3. 信用激励的内容

行政性激励方面，只有河北在第三十一条明确规定了对守信主体应当采取激励、奖励措施。湖北、上海、浙江、宿迁、厦门在立法语言上采用的是"可以采取激励措施"。可见，对守信信用主体采取的信用激励措施，目前并不是行政机关、法律法规授权的具有公共事务职能的组织的法定义务，河北省是唯一的例外。

关于行政性激励的内容，大多从行政许可（加快审批速度）、财政支持（优先考虑）、公共资源交易（信用加分）、政府采购招投标（优先选择）进行激励，另一些制度比较完善的省市（北京、河北、上海），加入守信主体减少抽检频次的激励措施。

市场性激励方面，部分省市还提出了激励的指导方向，主要指导市场主体为守信主体增加交易机会、金融机构给予守信主体利率优惠及行业协会重点推荐守信主体。

（三）信用惩戒

对于惩戒对象，浙江等地把信息主体分级，分为不良信息主体及严重失信名单主体，其惩戒内容也不同。不良信息主体仅列为重点审查对象、取消便利措施、限制优惠措施等，旨在增加失信主体的各方面流程处理难度、不享受便利性。而严重失信名单主体则被限制公共资源交易活动（政府采购招投标）、限制从事特点行业或项目、限制金融业务。与一般不良信息主体相比，黑名单主体是直接不能参与某些活动，被一票否决。

与信用激励相同，惩戒方面除了依法惩戒，部分地方也提出了建议的指导方向，指导市场主体（对失信主体增加交易成本）、金融机构（对失信主体提高利率）及行业协会（取消业内失信主体会员资格）。（信用惩戒的比较详见本章文后附录三）

四、信用修复

可以看出各地立法中均包含信用修复条件、受理单位、受理流程、修复结果等要素。

信用修复的条件，各地立法规定，必须是信用主体主动依法纠正违法失信行为。在修复方式上上海提到了主动履行义务、申请延期、自主解释等方式。

信用修复的受理单位为信用信息提供单位，但是要素细节有所差异。

信用修复的受理流程上，报送时间期限、报送经由单位规定不一。湖北和河北二省明确"信用信息提供单位应当在三日内作出信用修复决定并报送"，浙江省立法中明确报送要经由省级公共信用信息提供单位。其他省市没有具体规定。

关于修复结果，失信记录是否删除、修复记录如何处理、是否仍作为惩戒对象等方面，各地规定不一。湖北、浙江、上海、宿迁均规定失信记录要及时删除，厦门明确规定失信信息不得删除。湖北规定修复记录归档管理，浙江规定修复记录予以标注，湖北、河北、宿迁明确信用修复后信用主体不再作为联合惩戒对象。浙江还明确规定，信用修复不适用于被列入严重失信名单的主体。

第三节 地方信用立法展望

林明华 曾光辉 郭晓凤 骆立[*]

信用立法是一项长期性、系统性工程,任务艰巨而富有挑战,需要国家层面统领。地方信用立法实践,不仅为其他省市推进信用立法提供样本,更为国家信用立法奠定良好的实践基础。

一、地方信用立法为国家层面信用立法奠定良好的基础

地方信用立法在立法模式、法规结构、立法逻辑、规范用词上虽有差异,但是立法内核趋向一致,在以下几个方面形成共识:一是明确社会信用体系建设主管部门,避免"多龙治水";二是确立信用信息平台的法律地位,推进全国信用信息归集和共享一体化;三是建立、制定联合奖惩机制;四是推行告知承诺制,完善信用监管流程;五是注重信用主体权益保护和法律责任;六是注重私权保护和公权约束的平衡,推进社会共治。

二、地方信用立法面临的难题有待进一步破解

经过调研发现,地方信用立法遇到的质疑和阻力具有共性,面对和解决这些困难,将有助于推进国家层面信用立法。

---

[*] 林明华,厦门市委党校法学教研部副教授;曾光辉,厦门国信信用大数据创新研究院执行院长、高级经济师;郭晓凤,厦门国信信用大数据创新研究院基础研究室主任;骆立,厦门国信信用大数据创新研究院研究员。

(一) 不同态度的博弈

态度总结有三：一是"全盘否定派"。认为省级信用立法条件不成熟，信用立法是道德档案，典型的政府擅权。不必在现有法律之上叠加信用立法。二是"渐进暂缓派"。地方不应当立地方性法规，要等全国立法出来之后再做实施性规范。三是"修订完善派"。原则上肯定了地方社会信用条例草案，但对具体制度提出了诸多的质询和完善建议。

(二) 理论层面的分歧

目前信用立法基本理论存有分歧，宏观层面主要是三大关系：一是政府和市场的关系。信用建设中，政府究竟应当在扮演什么样的适当角色。政府既要勇于担当，积极作为，又要避免过度介入和干预，应当扮演好市场交易规则维护者的角色。二是法律与道德的关系。基于特殊的国情和社会矛盾，我国走上社会信用体系建设的独特道路，应避免信用万能，信用异化和泛化成为泛道德评价，从而混淆法律与道德的边界。三是法律刚性和信用弹性的关系。信用机制是一个软约束，通过市场机制、社会评价机制发挥作用，而法律机制是硬约束，要有法律授权，要有程序有机制，而且要为相对人提供合法的预期，赋予可救济的机制。信用立法要面对和平衡处理好这两种机制之间的关系。

(三) 具体规则的争议

对具体规则的争议，直接制约信用立法进程。主要是五大焦点：一是信用信息的范围。二是信用立法规范范围的"宽""窄"问题。三是信用惩戒的边界。四是公共信用信息的开发与再利用（产业化）。五是公共信用信息和市场信用信息的融合问题。

三、地方信用立法实践持续深入，为国家信用立法提供先行先试经验

各地针对本地经济社会发展和实际，努力推动本地创新性的立法，取得了地方信用立法的重要突破。比如上海首次明晰了"社会信用"的概念，认为社会信用兼具市场经济和社会管理两种属性。浙江结合自己小微金融发展的实际，准备制定浙江省台州市企业信用促进条例等。2018年6月国家公共信用信息中心和厦门市人民政府签署《共建信用大数据创新中心战略合作框架协议》，推动信用大数据创新应用工作。厦门将公共信用信息数据的市场开发与运用写进立法，为实践提供法治保障。《厦门经济特区社会信用条例》第四十四条规定："市人民政府按照国家、省有关规定，在不损害有关权利人合法权益的情况下支持有关单位将市公共信用信息平台归集、存储的公共信用信息数据进行市场开发与运用。"

当然，如何为信用建设实践提供持续的法治保障，要协调二者的矛盾，需要时间，需要兼具社会信用建设实践和法律专业知识的人才参与，贡献立法智慧。

附录一　公共信用信息目录管理的范围

法规名称	信用信息范围
上海市社会信用条例	列入目录的失信信息包括下列事项： （一）欠缴依法应当缴纳的税款、社会保险费、行政事业性收费、政府性基金的； （二）提供虚假材料、隐瞒真实情况，侵害社会管理秩序和社会公共利益的； （三）拒不执行生效法律文书的； （四）适用一般程序作出的行政处罚信息，但违法行为轻微或者主动消除、减轻违法行为危害后果的除外；

续 表

法规名称	信用信息范围
	（五）被监管部门处以市场禁入或者行业禁入的； （六）法律、法规和国家规定的其他事项。 法律、法规对违法事项纳入目录已做出规定的，该法律、法规规定的其他违法事项不得纳入。
宿迁市社会信用条例	第十一条　社会信用主体的身份识别信息、登记信息、户籍信息、教育信息等应当作为基本信息记入其信用档案。 第十二条　社会信用主体的下列信息，应当作为正面信息记入其信用档案： （一）党政机关、群团组织、社会组织、行业协会商会在履行职责过程中产生或者掌握的相关主体受表彰奖励等信息； （二）参与志愿服务、无偿献血、慈善捐赠活动等信息； （三）经授权的市级以上行业协会、商会推荐的诚信会员信息； （四）应当记入信用档案的其他正面信息。 第十三条　社会信用主体的下列信息，应当作为负面信息记入其信用档案： （一）以欺骗、贿赂等不正当手段取得行政许可、行政确认、行政给付、行政奖励的信息； （二）欠缴依法应当缴纳的税费、基金的信息； （三）提供虚假材料、隐瞒真实情况，侵害社会管理秩序和社会公共利益的信息； （四）被依法行政强制执行的信息； （五）适用一般程序作出的行政处罚信息，但违法行为轻微或者主动消除、减轻违法行为危害后果的除外； （六）被监管部门处以市场禁入或者行业禁入的信息； （七）发生学术造假、考试作弊行为等被监管部门处理的信息； （八）发生产品质量、安全生产、食品安全、环境污染等责任事故被监管部门处理的信息； （九）拒绝、逃避兵役被军队除名、开除军籍的信息； （十）恶意诉讼或者妨碍公务执行造成严重后果的信息； （十一）经人民法院生效判决认定构成犯罪的信息； （十二）不履行生效法律文书的信息； （十三）国家、省和本市地方性法规规定的其他负面信息。

续　表

法规名称	信用信息范围
厦门经济特区社会信用条例	下列信息应当纳入公共信用信息目录： （一）用于识别社会信用主体的基础信息； （二）刑事处罚、行政处罚、行政强制执行等反映社会信用主体信用状况的信息； （三）行政许可、行政确认、行政检查、行政征收、行政给付等反映社会信用主体信用状况的信息； （四）拒不履行生效法律文书确定义务的信息； （五）受到表彰奖励以及参加社会公益、志愿服务等的信息； （六）法律、法规以及国家有关行政主管部门规定应当纳入目录管理的其他信息。 对自然人适用简易程序作出的行政处罚信息，或者自然人违法行为轻微，主动消除、减轻违法行为危害后果的行政处罚信息，不列入公共信用信息目录，但法律、法规、规章另有规定的除外。
湖北省社会信用信息管理条例	信用主体的下列信息应当纳入公共信用信息目录： （一）公共管理和服务中反映信用主体基本情况的登记类信息； （二）行政许可、行政处罚、行政强制、行政确认、行政检查、行政征收、行政奖励、行政给付等行政行为中反映信用主体信用状况的信息； （三）拒不履行生效法律文书的信息； （四）群团组织在履行职责过程中产生或者掌握的信用主体受表彰奖励以及参加社会公益、志愿服务等信息； （五）其他依法应当纳入目录管理的信息。
河北省社会信用信息条例	信用主体的下列信息应当纳入公共信用信息目录： （一）公共管理和服务中反映信用主体基本情况的登记类信息； （二）行政许可、行政处罚、行政强制、行政确认、行政检查、行政征收、行政奖励、行政给付等行政行为中反映信用主体信用状况的信息； （三）拒不履行生效法律文书的信息； （四）法律法规授权的具有管理公共事务和服务职能的组织在履行职责过程中产生或者掌握的信用主体受表彰奖励以及参加社会公益、志愿服务等信息； （五）其他依法应当纳入目录管理的信息。

续 表

法规名称	信用信息范围
浙江省公共信用信息管理条例	信用档案的内容分为基础信息、不良信息和守信信息。 本条例所称不良信息，是指对信息主体信用状况构成负面影响的公共信用信息。 第十条 信息主体的下列信息应当作为基础信息记入其信用档案： （一）法人和非法人组织（包括个体经济组织）在有关国家机关登记或者注册事项；自然人的姓名、身份证号码、出入境证件号码等身份识别信息； （二）行政许可信息； （三）法律、法规、规章规定应当作为基础信息予以归集的其他信息。 第十一条 信息主体的下列信息应当作为不良信息记入其信用档案： （一）以欺骗、贿赂等不正当手段取得行政许可、行政确认、行政给付、行政奖励的信息； （二）在法定期限内未提起行政复议、行政诉讼，或者经行政复议、行政诉讼最终维持原决定的行政处罚信息，但适用简易程序作出的除外； （三）经司法生效判决认定构成犯罪的信息； （四）不履行行政决定而被依法行政强制执行的信息； （五）不履行判决、裁定等生效法律文书的信息； （六）经依法认定的违反法律、法规和规章规定的其他不良信息。

附录二 守信激励

	陕西省公共信用信息条例	湖北省社会信用信息管理条例	上海市社会信用条例	河北省社会信用信息条例	浙江省公共信用信息管理条例	宿迁市社会信用条例	厦门经济特区社会信用条例
激励对象及条件		守信用主体（未明确）	遵守法定义务和约定义务的守信主体	守信用主体（未明确）		对信用状况评价为守信的社会信用主体；联合激励的对象	守信信用主体（未明确）
行政性激励内容		（一）在行政管理和公共服务过程中给予支持和便利；（二）在财政支持、政府采购、国有土地出让、融资信贷、媒体推介、荣誉评选等活动中，列为优先选择对象；（三）国家规定的其他激励措施。	明确规定：对守信主体应当采取下列激励、奖励措施：（一）在实施行政许可中，根据实际情况，给予优先办理、简化程序等便利服务措施；（二）在财政性资金和项目支持中，在同等条件下列为优先选择对象；	明确规定：对守信主体采取下列激励、奖励措施：（一）在行政管理和公共服务过程中给予优先办理等便利；（二）在财政性资金安排和项目支持中，列为优先选择对象；	各级国家机关可以按照国家规定在实施行政许可、财政性资金和项目支持、公共资源交易等方面对守信主体采取激励措施。	（一）在实施行政许可中，根据实际情况给予优先办理、简化程序等便利服务措施；（二）在财政资金补助、金融支持、评优评先、政府购买服务等条件下列为优先选择对象；	（一）在行政管理和公共服务中给予优先办理、简化程序、降低检查频率等支持和便利；（二）在政府投资工程建设招标投标、政府购买服务、国有土地使用权出让、荣誉评选、共享资源配置以及其他财政性资金支持活动中同等条件下列为优先选择对象；

续 表

	陕西省公共信用信息条例	湖北省社会信用信息管理条例	上海市社会信用条例	河北省社会信用信息条例	浙江省公共信用信息管理条例	宿迁市社会信用条例	厦门经济特区社会信用条例
			(三) 在公共资源交易中，给予信用加分、提升信用等级措施； (四) 在日常监管中，对于符合一定条件的守信主体，优化检查频次； (五) 国家和本市规定可以采取的其他措施。	(三) 在公共资源交易中，采取信用加分等措施； (四) 在日常监管中，优化抽检和检查频次； (五) 依照国家规定授予相关荣誉称号； (六) 法律、行政法规规定可以采取的其他措施。		(三) 在社会保障、创业、教育培训与就业、公共服务中享受便利； (四) 在日常监管中，减少对其执法检查频次； (五) 国家、省和本市规定的其他激励措施。	(三) 对于从事非营利性的民生工程项目根据有关规定给予适当的政策支持； (四) 对自然人在教育、就业、创业、社会保障等方面给予支持和便利； (五) 国家、省、市规定的其他激励措施。
市场性激励			鼓励： 1. 市场主体根据信用主体的信用状况，对守信主体采取优惠便利、增加交易机会等降低市场交易成本的措施；	鼓励： 1. 行业协会：采取重点推荐、提升会员级别等激励措施 2. 市场主体可以根据交易对象的信用状况，对守信主体采取优惠便利、增加交易	鼓励： 1. 金融机构对其认定的信用状况良好的信息主体在贷款授信、贷款利率、还款方式等方面给予优惠或者便利；	鼓励： 市场主体根据社会信用主体的信用状况，对失信市场交易主体采取增加交易成本的措施。	

249

续表

陕西省公共信用信息条例	湖北省社会信用信息管理条例	上海市社会信用条例	河北省社会信用信息条例	浙江省公共信用信息管理条例	宿迁市社会信用条例	厦门经济特区社会信用条例
社会性激励		2. 金融机构:对守信主体在融资授信、利率费率、还款方式等方面给予优惠或者便利; 3. 行业协会:对守信主体采取重点推荐、提升会员级别等激励措施。	易机会等降低市场交易成本的措施。	2. 鼓励其他市场主体对其信用状况良好的信息主体给予优惠或者便利。		

附录三 失信惩戒

	陕西省公共信用信息条例	湖北省社会信用信息管理条例	上海市社会信用条例	河北省社会信用信息条例	浙江省公共信用信息管理条例	信证市社会信用条例	厦门经济特区社会信用条例
惩戒对象	对提示信息中有不良记录的企业	一、失信信用主体（未明确）；二、严重失信名单的信用主体： （一）严重损害公众身体健康和生命安全的行为； （二）严重破坏市场公平竞争秩序和社会正常秩序的行为； （三）有履行能力但拒不履行、逃避执行生效法律文书确定的义务的行为； （四）拒不履行国防义务，危害国防利益；	一、违反法定义务和约定义务的失信主体（未明确）。 二、严重失信主体： （一）严重损害自然人身体健康和生命安全的行为； （二）严重破坏市场公平竞争秩序和社会正常秩序的行为； （三）有履行能力但拒不履行、逃避执行生效法律文书确定的义务的行为； （四）拒不履行国防义务，危害国防利益，破坏国防设施的行为。	失信信用主体（未明确）	（一）以欺骗、贿赂等不正当手段取得行政许可、行政给付、行政奖励的信息； （二）在法定期限内未提起行政复议、或者经行政诉讼维持原决定的行政处罚信息，但适用简易程序作出的除外； （三）经司法生效判决认定构成犯罪的信息； （四）不履行行政决定而被依法行政强制执行的信息；	对信用状况被评价为失信的社会信用主体（未明确）	一、失信信用主体（未明确）； 二、严重失信名单： （一）严重损害公众身体健康和生命安全的行为； （二）严重破坏市场公平和社会正常秩序的行为； （三）有履行能力但拒不履行、逃避履行生效法律文书确定的义务的行为； （四）拒不履行国防义务，危害国防利益的行为； （五）国家规定的其他严重失信行为。

续表

	陕西省公共信用信息条例	湖北省社会信用信息管理条例	上海市社会信用条例	河北省社会信用信息条例	浙江省公共信用信息管理条例	宿迁市社会信用条例	厦门经济特区社会信用条例
惩戒内容	视其情节可以采取下列措施：（一）作为日常监督检查的重点对象；（二）三年内不授予荣誉称号，已经授予荣誉称号予以撤销；	对失信信用主体在国家规定的期限内依法可以采取下列惩戒措施：（一）在行政监管中列为重点检查对象；（二）取消已享受的行政便利措施；（三）限制申请财政资金或者政策支持；	明确规定：对违反法定义务和约定义务的失信主体，行政机关在法定相关联的事项范围内可以采取以下惩戒措施：（一）在实施行政许可工作中，列为重点审查对象，不适用告知承诺等简化程序；	明确规定：对失信信用主体，应当加强监督管理，采取下列约束、惩戒措施：（一）在日常监管中列为重点监管对象，增加监管频次，加强现场核查；	对不良信息主体，行政机关可以就相关联的事项采取下列监管措施：（一）在实施行政许可等工作中，列为重点审查对象；（二）取消已享受的行政便利措施；（三）在日常监督检查中，列为重点监督检查对象，加强现场检查；	（一）进行约谈、告诫，责令面签警示，书面整改；（二）在日常监管中，列为重点监管对象，增加监管频次，加强现场检查；（三）限制经享受的行政优惠政策；	（一）在行政管理中列为重点监管对象；（二）在行政管理中不适用社会信用承诺等便利化措施；（三）在政府采购、公共资源配置、政府投资工程建设招投标等活动中作相应限制；（四）限制资金补助、政策支持以及参与表彰奖励；
	（五）国家规定的其他严重失信行为。				（五）不履行生效法律判决、裁定等行为；（六）经依法认定的违反法律、法规和规章规定的其他不良信息。		

续　表

陕西省公共信用信息条例	湖北省社会信用信息管理条例	上海市社会信用条例	河北省社会信用信息条例	浙江省公共信用信息管理条例	宿迁市社会信用条例	厦门经济特区社会信用条例
(三)二年内限制或者取消其参加政府采购、政府投资项目资格；(四)法律、法规、规章规定采取的其他惩戒措施。本条例第十七条第一项、第二项、第三项规定的提示信息中有不良记录的企业、在未履行法定义务之前，行政机关或者司法机关应当采取措施限制该企业及其主	(四)国家规定的其他惩戒措施。	(二)在财政资金资助等政策扶持中，作相应限制；(三)在行政管理中，限制享受相关便利化措施；(四)在公共资源交易中，给予信用等级较低信用措施；(五)在日常监管中，列为重点监管对象，增加监管频次，加强现场检查。(六)国家和本市规定的其他措施。指导方向：(一)市场主体根据信息主体的信用状况：对失信主体采取取消优惠、提高保证金等增加交易成本的措施。	(二)限制享受政府性资金安排等政策扶持；(三)在行政管理中取消已享受的便利化措施；(四)在公共资源交易中，采取减分、降低信用等措施；(五)限制参加政府组织的表彰奖励活动；(六)法律、行政法规规定可以采取的其他措施。指导方向：(一)行业协会、商会采取业内警告、通报批评、降低会员级别、取消会员资格	(四)国家和省规定可以采取的其他监管措施。	(四)限制享受财政政策资金补助等政策扶持；(五)在实施行政许可工作中，列为重点审查对象，不适用信用承诺便利化的规定；(六)国家、省和本市地方性法规规定的其他惩戒或者监管措施。严重失信：(一)限制或者取消参加政府采购、政府投资项目招标投标、国有土地招拍挂、拍卖、挂牌、产权交易等公共资源交易市场化活动；(二)限制参与基础设施建设和公共事业特许经营活动；(三)限制进入相关行业；	(五)依照规定限制出境，限制乘坐高级交通工具，限制购买不动产以及国家有关主管部门规定的高消费等；(六)依照规定限制进入特定市场、行业或者开展相关业务活动；(七)国家、省、市规定可以采取的其他惩戒措施。

续表

	陕西省公共信用信息管理条例	湖北省社会信用信息管理条例	上海市社会信用条例	河北省社会信用信息条例	浙江省公共信用信息管理条例	宿迁市社会信用条例	厦门经济特区社会信用条例
	要经营单位以资产实施高额消费。		（二）金融机构：按照风险定价方法，对失信主体提高贷款利率和财产保险费率，或者限制向其提供贷款、保荐、承销、保险等服务。（三）行业协会：对失信主体采取业内警告、通报批评、降低会员资格等级、取消会员资格等惩戒措施。	等惩戒措施。（二）市场主体可以根据交易对象的信用状况，对失信主体采取取消优惠、提高保证金等增加交易成本的措施。		（四）限制非生活和经营必需的消费；（五）限制相关任职资格；（六）撤销相关荣誉称号；（七）取消依据信用承诺、信用积分、信用评价获取的资格；（八）法律、法规规定的其他惩戒措施。	
时效期限			向市公共信用信息服务中心、信用查询申请信息服务机构等申请信息查询的期限为五年，法律、法规和国家另有规定的除外。前款规定的期限自失信行为或者失信事件终止之日起计算，失信信息查询期限届满的，市公共信用信息服务机构等不再依照前款规定的方式查询。	公共信用信息中的失信信息披露期限为五年，超过五年的披露为档案保存。披露期限届满的公共信用信息中的失信信息采用授权查询方式、法律、法规规定的方式查询。	不良信息的保存和披露期限为五年，自不良行为或者事件认定之日起计算，但依法被判处刑罚的，自该刑罚执行完毕之日起计算。法被剥夺人身自由的刑罚的，自该刑罚执行完毕之日起计算。信息主体依照本		对守信良好或严重失信者的，公共提供信息单位根据标准，认定相关行业、领域宁信联合激励和失信联合惩戒对象初步名单，

续 表

陕西省公共信用信息条例	湖北省社会信用信息管理条例	上海市社会信用条例	河北省社会信用信息条例	浙江省公共信用信息管理条例	宿迁市社会信用条例	厦门经济特区社会信用条例
		用信息服务中心、信用服务机构等不得提供查询。	行政法规另有规定的除外。	条例规定被列入严重失信信息名单，期限届满时尚未被移出严重失信名单的，不良信息保存和披露期限延至被移出严重失信名单之日。法律、法规和国家有关规定对保存和披露期限另有规定的，从其规定。		应当按照规定履行告知、公示程序。无异议或者异议理由不成立的，向社会公布，期限为五年。国家另有规定的从其规定。

255

第二章
信用联合奖惩

信用联合奖惩机制是社会信用体系运行的核心机制。要发动各地区、各部门和全社会的力量，形成政府部门协同联动、行业组织自律管理、信用服务机构积极参与、社会舆论广泛监督的社会共同治理格局，形成褒扬诚信行为的良好氛围。

失信风险预警主要是对媒体曝光的失信案例进行归集整理、解剖分析，对重点领域失信风险做出预警。意义在于增强广大社会公众、市场主体防范失信风险意识，提高失信风险防范能力，有效提升社会诚信水平，营造良好的社会营商环境。

第一节　守信联合激励

孔守斌　田玉玺　韩　涛[*]

一、守信联合激励机制

2016年国务院发布的《关于建立完善守信联合激励和失信联合惩戒制度 加快推进社会诚信建设的指导意见》，是我国第一部关于信用联合奖惩的规范性文件，是落实社会信用体系建设规划纲要的具体举措。指导意见提出，充分运用多种措施对诚实守信主体进行激励，对诚实守信者重在褒扬，重在提供优先机会，使守信者在市场中获得更多机会和实惠，让信用成为市场配置资源的重要考量因素，并明确了建立多渠道选树诚信典型、大力推介诚信市场主体、探索建立行政审批"绿色通道"、优先提供公共服务便利、优化诚信企业行政监管安排、降低市场交易成本等六项褒扬和激励诚信行为机制。

通过多渠道选树诚信典型，大力推介诚信市场主体，鼓励有关部门和社会组织向社会推介无不良信用记录者和有关诚信典型，联合其他部门和社会组织实施守信激励；鼓励行业协会商会完善会员企业信用评价机制，推动行业协会商会加强诚信建设和行业自律，表彰诚信会员，讲好行业"诚信故事"；引导企业主动发布综合信用承诺或产品服务质量等专项承诺，接受社会监督，形成企业争做诚信模范的良好氛围。

通过探索建立行政审批"绿色通道"、优先提供公共服务便利、优化诚信企业行政监管安排，对符合条件的企业在办理行政许可时，可根据实

---

[*] 孔守斌，国家公共信用信息中心高级工程师；田玉玺，国家公共信用信息中心高级工程师；韩涛，国家公共信用信息中心工程师。

际情况实施"绿色通道"和"容缺受理"等便利服务措施、加快办理进度；在实施财政性资金项目安排、招商引资配套优惠政策等各类政府优惠政策中，优先考虑诚信市场主体，加大扶持力度；各级市场监管部门对符合一定条件的诚信企业，在日常检查、专项检查中优化检查频次。

通过鼓励开发"税易贷""信易贷""信易债"等守信激励产品，引导金融机构和商业销售机构等市场服务机构对诚信市场主体给予优惠和便利，使守信者在市场中获得更多机会和实惠，以降低市场交易成本。

2017年国家发展改革委、人民银行发布《关于加强和规范守信联合激励和失信联合惩戒对象名单管理工作的指导意见》，对建立守信联合激励对象名单制度（以下简称"红名单"制度），完善守法诚信褒奖的联动机制作出进一步规范。

首先是科学制定联合激励对象名单的认定标准。各领域的联合激励对象名单认定原则上实行全国统一标准，标准由社会信用体系建设部际联席会议成员单位或者国家其他行业主管部门按照市场监管、社会治理和公共服务职责研究制定；各省级有关部门可根据需要制定地方标准，经上级主管部门和省级人民政府审定后实施。标准制定部门应委托第三方机构对所监管领域联合奖惩对象名单认定标准的执行效果进行评估，及时完善认定标准，并按照社会信用体系建设部际联席会议建立的目录清单，健全名单认定标准体系。

其次是认定联合激励对象名单的依据。主要包括五个方面：公共管理和服务中相关信息，行政许可、行政确认、行政奖励等反映主体诚信状况的信息，拒不履行生效司法裁决的信息，党政机关、群团组织、社会组织、行业协会商会产生或者掌握的受表彰奖励等信息，根据法律法规规章或规范性文件可作为联合奖惩名单认定依据的其他信息。

最后是联合激励对象名单认定程序。县级以上国家机关、法律法规授权具有管理公共事务职能的组织可按照统一标准认定相关领域联合激励对象名单，国家有关部门可根据需要授权全国性行业协会商会和信用服务机构按照统一标准认定联合激励对象名单。鼓励行业协会商会、大数据企业、金融机构、新闻媒体、社会组织等各类单位和公民个人向认定部门（单位）提供相关主体的守信行为和失信行为信息，探索研究将其作为联合激励对象名单认定的重要参考。认定部门（单位）依据认定标准生成守信联合激励对象的初步名单，并将其与全国信用信息共享平台中的各领域联合惩戒对象名单进行交叉比对，确保已被列入联合惩戒对象名单的主体不被列入联合激励对象名单。筛查后的初步名单可通过认定部门（单位）门户网站、地方政府信用网站、"信用中国"网站予以公示。经公示无异议的，认定为联合激励对象名单；有异议的，由认定部门（单位）核实。

二、守信联合激励重要举措

"信易+"是向信用良好的市场主体提供的优先办理、降低门槛、简化程序、免交押金、先享有后付费、提供便利、优惠、优质服务等措施。"信易+"系列场景包括为缓解守信中小微企业融资难、融资贵问题的"信易贷"，为方便守信创新创业主体租赁办公设备、办公空间的"信易租"，让守信者更加舒适、更加便利地享受出行的"信易行"，让守信者更便利获得行政审批服务的"信易批"，以及让守信者享受优质旅游服务的"信易游"等。

国家发展改革委副主任连维良指出，实现信用让生活更美好，须让城市先行先试。"信易+"是信用建设重要抓手，政府应结合"信易+"系列场景，让市民切身体会到诚信让城市更便利，使诚信流淌在城市的血液中，促进城市成为实现美好生活的首选之地。

2019年4月，中共中央办公厅、国务院办公厅印发《关于促进中小企业健康发展的指导意见》，要求依托全国公共信用信息共享平台建设全国中小企业融资综合信用服务平台，开发"信易贷"，与商业银行共享注册登记、行政许可、行政处罚、"黑名单"以及纳税、社保、水电煤气、仓储物流等信息，改善银企信息不对称，提高信用状况良好中小企业的信用评分和贷款可得性。

为进一步加强信用信息共享，充分发挥信用信息应用价值，加大对守信主体的融资支持力度，提高金融服务实体经济质效，国家发展改革委、银保监会联合印发了《关于深入开展"信易贷"支持中小微企业融资的通知》，提出了六项重点工作任务，包括建立健全信用信息归集共享查询机制、建立健全中小微企业信用评价体系、支持金融机构创新"信易贷"产品和服务、创新"信易贷"违约风险处置机制、鼓励地方政府出台"信易贷"支持政策、加强"信易贷"管理考核激励等。为了缓解信息不对称问题，全国信用信息共享平台整合税务、市场监管、海关、司法以及水、电、气费，社保、住房公积金缴纳等领域的信用信息，并依法依规向金融机构提供信息推送、信用报告查询等服务。在支持金融机构创新"信易贷"产品和服务方面，鼓励金融机构对接全国中小企业融资综合信用服务平台，创新开发"信易贷"产品和服务，加大"信易贷"模式的推广力度。在创新"信易贷"违约风险处置机制上，鼓励金融机构依托金融科技建立线上可强制执行公证机制，加快债务纠纷解决速度，严厉打击恶意逃废债务行为；对于地方政府，支持有条件的地方设立"信易贷"专项风险缓释基金或风险补偿金，专项用于弥补金融机构在开展"信易贷"过程中，由于企业债务违约等失信行为造成的经济损失。

　　深入开展"信易贷"工作，是落实金融供给侧结构性改革要求的重要举措，有利于破解中小微企业融资难题，畅通金融体系和实体经济良性循环。按照统一部署，国家公共信用信息中心积极协调有关部门，加强信用信息整合共享，加快建设全国中小企业融资综合信用服务平台；各地区社会信用体系建设牵头部门落实属地管理职责，因地制宜采取措施，促进本地区"信易贷"工作成效进一步提升；金融机构切实履行服务中小微企业第一责任人的职责，扩大"信易贷"规模，提高中小微企业的政策获得感。

三、守信联合激励实践和成效

(一)各领域守信联合激励进展及成效

截至2019年6月底,各部门共签署5个联合激励备忘录,主要涉及纳税信用A级纳税人、优秀青年志愿者、海关高级认证企业、安全生产领域守信生产经营单位及其有关人员和交通运输工程建设领域守信典型企业,以及3个既包括联合激励又包括联合惩戒的备忘录,主要涉及出入境检验检疫企业、慈善捐赠领域和电子认证服务行业。备忘录中涉及的联合激励措施共有307项,其中,涉及纳税信用A级纳税人的激励措施有41项,涉及优秀青年志愿者的激励措施27项,涉及海关高级认证企业的记录措施39项。

2019年上半年,83万户次A级纳税人单次领取了3个月增值税发票用量、93万户次A级纳税人按需领用了普通发票、37万户次连续3年的A级纳税人享受了税务机关提供的绿色通道;23.4万户次A级纳税人享受了发展改革委、人力资源和社会保障、市场监管、海关等部门的便利优惠措施。

民航总局协调东方航空为优秀守信青年提供"诚信机票"服务。2017年为600套,2018年900套,2019年为1200套。保监会协调完善注册志愿者保险制度,推动为所有注册志愿者提供保险。目前,已连续3年为青年信用体系建设先导工程——"志愿中国"信息系统内注册的志愿者购买保险。

截至2019年9月,通过全国信用信息共享平台联合奖惩应用系统接口反馈的联合激励成效信息共4729条。

(二)地方守信联合激励典型案例

围绕市民衣、食、住、娱、游等生活服务创新市场化应用,以优化营商环境为目标,以信用为核心,促进商户信用、市民信用的深度融合,福州市创新诚信示范街区新模式,推出个人信用积分"茉莉分",实现监管信用化,营造诚信经营、放心购物、信用消费的新型商圈环境。茉莉分采取"基础信用+附加信用+年度信用"的评分模式,根据分值,设置信用极好、信用优秀、信用良好、信用一般、信用较差、信用极差6个等级。

目前福州市已经推出了"信易贷""信易租""信易行""信易游""信易批""信易医""信易阅""信易学""信易评""信易付""信易购"等11个"信易+应用"。截至2019年5月,在公共出行领域,公交累计优惠691.8万人次,优惠金额73.5万元;地铁优惠170.38万人次,优惠金额51.23万元;停车累计优惠0.34万人次,优惠金额0.68万元。在信易批场景,累计优惠8257人次享受行政办事绿色通道服务。在看病就医领域,已在市3家医院落地实施优先缴费、优先预约等信用激励措施。在图书借阅场景,累计6675人享用免押借书服务。

第二节 失信联合惩戒

孔守斌 田玉玺 韩 涛*

为全面贯彻党的十九大精神和习近平新时代中国特色社会主义思想,落实《国务院关于印发社会信用体系建设规划纲要(2014—2020年)的通知》《国务院关于建立完善守信联合激励和失信联合惩戒制度加快推进社会诚信建设的指导意见》《国家发展改革委 人民银行关于加强和规范守信联合激励和失信联合惩戒对象名单管理工作的指导意见》《国务院办公厅关于加快推进社会信用体系建设构建以信用为基础的新型监管机制的指导

---

* 孔守斌,国家公共信用信息中心高级工程师;田玉玺,国家公共信用信息中心高级工程师;韩涛,国家公共信用信息中心工程师。

意见》等文件要求，加快构建跨地区、跨行业、跨领域的失信联合惩戒机制，各地区、各有关部门着力推动建立失信联合惩戒对象名单制度，完善违法失信惩戒的联动机制；建立触发反馈机制、失信联合惩戒的发起与响应机制、信用信息公示机制、信用信息归集共享和使用机制、惩戒措施清单制度等，取得积极进展。

一、失信联合惩戒工作进展

按照党中央、国务院关于推进社会信用体系建设有关工作部署，跨地区、跨部门、跨领域的失信联合惩戒机制得到持续推进，信用惩戒大格局初步形成。

在发布联合惩戒合作备忘录方面，截至2019年6月底，各部门签署了出入境检验检疫、慈善捐赠、婚姻登记、交通运输工程建设、家政服务、限制乘坐火车、限制乘坐民用航空器、限制不动产交易、公共资源交易、旅游、严重危害正常医疗秩序、科研、政府采购、知识产权、社保、会计、统计、文化市场等51个联合奖惩合作备忘录。其中，联合惩戒备忘录43个，既包括联合激励又包括联合惩戒的备忘录3个。

在失信联合惩戒对象名单方面，已有失信被执行人名单、限制乘坐民用航空器名单、限制乘坐火车名单、拖欠农民工工资黑名单、重大税收违法案件当事人名单等共22类。

2019年上半年，文化和旅游部新发布实施《旅游市场黑名单管理办法（试行）》，针对旅游市场秩序出现的新情况新问题和市场监管的新要求，立足文化和旅游行业管理职能，明确了适用范围、分级管理和联合惩戒等相关事项，建立了列入、告知、发布、惩戒、信用修复、移出等一整套管理流程。线上线下同步纳入黑名单管理。旅游市场黑名单实行分级管理。文化和旅游部负责制定旅游市场黑名单管理办法，对不同层级的黑名单明确了实施惩戒的区域范围，对失信引起严重社会影响、需要在更大范围内实施惩戒的，明确了申请、复核、确认等相关程序。同时明确信用修复的适用范围、组织机构、修复方式等事项，为各地开展信用修复工作提供了依据，与"备忘录"实现了有效衔接。

2019年7月，国家市场监督管理总局发布《严重违法失信名单管理办法》（修订草案征求意见稿），将36种情形拟被纳入严重违法失信名单，这基本覆盖了市场监管各业务领域，并指出失信惩戒相关限制措施。负责部门应当对被列入严重违法失信名单的主体实施十种限制措施。负责部门应当将严重违法失信名单信息嵌入各业务系统，建立健全严重违法失信名单信息的查询反馈机制，推进共享共用。此外，负责部门应当将严重违法失信名单信息与其他政府部门互联共享，实施联合惩戒，并可以将严重违法失信名单信息推送给相关行业协会、专业服务机构、平台型企业等，实施社会共治；因列入经营异常名录届满3年仍未履行相关义务被列入严重违法失信名单的企业的法定代表人、负责人，已经担任其他企业的法定代表人、负责人的，有关企业应当依法办理法定代表人、负责人变更登记。有关企业未办理法定代表人、负责人变更登记的，市场监督管理应当依法予以查处。

二、失信联合惩戒成效初显

近年来，通过签署和落实联合惩戒备忘录，对惩治严重失信行为发挥了关键作用，有力推动了社会信用体系建设。

（一）联合惩戒成效逐步显现

1. 失信被执行人

法院系统的失信被执行人联合惩戒效果明显，成为我国社会信用体系建设的一大亮点。截至2019年6月底，全国法院累计发布失信被执行人名单1443万人次，437万失信被执行人慑于信用惩戒主动履行法律义务。

2. 拖欠农民工工资

失信联合惩戒对象名单发布以来，各地区各部门按照《关于对严重拖欠农民工工资用人单位及其有关人员开展联合惩戒的合作备忘录》的要求，积极开展联合惩戒工作。在政府资金支持、政府采购、招投标、生产许可、资质审核、融资贷款等方面对违法失信主体予以限制。这些措施都取得了显著成效，在失信联合惩戒对象名单中已有部分企业因限制措施而无法承揽工程建设项目，受到应有惩戒。

人力资源社会保障部以解决工程建设领域欠薪问题为重点，健全根治欠薪问题的长效机制，拖欠农民工工资问题的高发、多发态势逐步得到遏制。2019年上半年，共为23.95万名农民工追发工资28.3亿元，查处劳动保障违法案件4.9万件，为44.3万名劳动者追发工资等待遇42亿元。

失信联合惩戒对象名单及其联合惩戒的效果不仅体现在对违法主体的惩戒上，通过公布失信联合惩戒对象名单并实施联合惩戒，在全社会范围内也产生了积极警示和教育意义，为营造诚信守法经营氛围、建设和谐用工环境起到了重要作用。

3. 重大税收违法

税务部门作为社会信用体系建设的重要组成部分，深入推进税收违法"黑名单"和联合惩戒制度，对于达到一定涉案金额的偷税、骗税、虚开发票等违法案件信息予以公布，并联合多部门开展失信联合惩戒。

2019年上半年，全国税务机关累计公布税收违法"黑名单"案件7282件，同比增长161.85%。其中，打击虚开增值税专用发票和骗取出口退税案件6766件，占比92.91%；新增纳入"黑名单"的走逃（失联）案件222件。上半年有183户"黑名单"当事人通过主动缴清税款、滞纳金和罚款后被撤出公布。自2014年10月税收违法"黑名单"制度实施以来，全国税务机关累计公布案件数量已达到2.39万件。

在推进联合惩戒工作方面，税收违法"黑名单"案件当事人全部被纳入纳税信用D级范围，依法采取更严格的发票管理、出口退税审核和高频次税收检查等措施。

从2015年启动至2019年6月，全国税务机关累计推送多部门联合惩戒 31.49 万户次，其中公安部门配合阻止出境 5773 人次；1.98 万名"黑名单"当事人被市场监督管理部门限制担任企业的法定代表人、董事、监事及经理职务。

（二）联合惩戒系统对接持续推进

在信用信息归集共享方面，持续督促各地集中为城市申请开通国家平台联合惩戒系统账号。截至 2019 年 6 月，已有 32 个省份、57 个城市开通账号，以接口方式实现了与联合惩戒系统的实时对接，其中福建省、浙江省、广西壮族自治区、内蒙古自治区已完成全部城市账号开通，并安排专人通过系统接收失信案例并及时反馈；重庆、广东、江苏、江西、河南、贵州、辽宁、浙江等省份实现联合奖惩执行结果信息的自动反馈；系统上线以来，已累计提供全量失信联合惩戒对象名单信息实时调用服务 247 万余次。

三、失信联合惩戒机制存在的问题和不足

近年来，信用联合惩戒机制建设取得一定的成绩，但也存在一定的问题和不足。

一是联合惩戒措施不协调。行政性措施多，市场化、社会化措施少；对法人的措施多，对个人的措施少。

二是失信联合惩戒对象名单信息认定共享不充分。部分失信联合惩戒对象名单信息项不完整不规范；部分失信联合惩戒对象名单信息缺少实施联合奖惩关键信息项；部分失信联合惩戒对象名单共享更新实时性不高。

四、失信联合惩戒机制的政策建议

（一）健全失信联合惩戒对象认定机制

有关部门依据在事前、事中监管环节获取并认定的失信记录，依法依

规建立健全失信联合惩戒对象名单制度。以相关司法裁判、行政处罚、行政强制等处理结果为依据，按程序将涉及性质恶劣、情节严重、社会危害较大的违法失信行为的市场主体纳入失信联合惩戒对象名单。加快完善相关管理办法，明确认定依据、标准、程序、异议申诉和退出机制。制定管理办法要充分征求社会公众意见，出台的标准及其具体认定程序以适当方式向社会公开。支持有关部门根据监管需要建立重点关注对象名单制度，对存在失信行为但严重程度尚未达到失信联合惩戒对象认定标准的市场主体，可实施与其失信程度相对应的严格监管措施。

（二）科学制定联合惩戒对象名单的认定标准

各领域的失信联合惩戒对象名单认定原则上实行全国统一标准，标准由社会信用体系建设部际联席会议成员单位或者国家其他行业主管部门按照市场监管、社会治理和公共服务职责研究制定。各省级有关部门可根据需要制定地方标准，经上级主管部门和省级人民政府审定后实施。认定标准制定过程中，应充分征求广大社会公众意见。出台的标准及其具体认定程序应通过"信用中国"网站和其他适当方式向社会公示、公开。

（三）严格联合惩戒对象名单认定程序

失信联合惩戒对象名单认定程序具体包括认定名单的部门（单位）及失信联合惩戒对象的认定程序两部分。认定部门（单位）依据认定标准生成失信联合惩戒对象的初步名单，可根据需要履行告知或公示程序。有异议的，由认定部门（单位）核实。自然人被认定为失信联合惩戒对象的，应实行事前告知。法律法规已有相关规定的，从其规定。失信联合惩戒对象名单形成后，应与全国信用信息共享平台各领域守信联合激励对象名单进行交叉比对，如失信联合惩戒对象名单主体之前已被列入守信联合激励对象名单，应将其从相关守信联合激励对象名单中删除。

（四）依法依规实施行政性、市场性、行业性、社会性等联合惩戒措施

依法依规加强对失信行为的行政性约束和惩戒。对严重失信主体，各地区、各有关部门应将其列为重点监管对象，依法依规采取行政性约束和惩戒措施。从严审核行政许可审批项目，从严控制生产许可证发放，限制新增项目审批、核准，限制股票发行上市融资或发行债券，限制在全国股份转让系统挂牌、融资，限制发起设立或参股金融机构以及小额贷款公司、融资担保公司、创业投资公司、互联网融资平台等机构，限制从事互联网信息服务等。严格限制申请财政性资金项目，限制参与有关公共资源交易活动，限制参与基础设施和公用事业特许经营等。

加强对失信行为的市场性约束和惩戒。对严重失信主体，及时公开披露相关信息，便于市场识别失信行为，防范信用风险。督促有关企业和个人履行法定义务，对有履行能力但拒不履行的严重失信主体实施限制出境和限制购买不动产、乘坐飞机、乘坐高等级列车和席次、旅游度假、入住星级以上宾馆及其他高消费行为等措施。支持征信机构采集严重失信行为信息，纳入信用记录和信用报告。引导商业银行等金融机构按照风险定价原则，对严重失信主体提高贷款利率和财产保险费率，或者限制向其提供贷款、保荐、承销、保险等服务。

加强对失信行为的行业性约束和惩戒。建立健全行业自律公约和职业道德准则，推动行业信用建设。引导行业协会商会完善行业内部信用信息采集、共享机制，将严重失信行为记入会员信用档案。鼓励行业协会商会与有资质的第三方信用服务机构合作，开展会员企业信用等级评价。支持行业协会商会按照行业标准、行规、行约等，视情节轻重对失信会员实行警告、行业内通报批评、公开谴责、不予接纳、劝退等惩戒措施。

加强对失信行为的社会性约束和惩戒。充分发挥各类社会组织作用，引导社会力量广泛参与失信联合惩戒。建立完善失信举报制度，鼓励公众举报企业严重失信行为，对举报人信息严格保密。支持有关社会组织依法对污染环境、侵害消费者或公众投资者合法权益等群体性侵权行为提起公

益诉讼。鼓励公正、独立、有条件的社会机构开展失信行为大数据舆情监测，编制发布地区、行业信用分析报告。

第三节 失信风险预警

孔守斌 田玉玺 韩 涛[*]

失信风险预警主要是利用大数据技术手段，对媒体曝光的失信案例进行归集整理，对失信案例类型分布和趋势变化特征、案例涉及失信主体类别分布、失信行为类型分布、失信主体地域分布等进行分析，对重点领域失信风险做出预警。同时选取潜在受害群体众多、辨识难度大等具有典型警示教育意义的失信案例进行重点披露和解剖分析，结合媒体曝光典型案例，按行业领域分析失信风险主要特征，并提出风险防范措施。其意义在于增强广大社会公众、市场主体防范失信风险意识，提高失信风险防范能力，有效提升社会诚信水平，营造良好的社会诚信环境。

2018年6月起，国家公共信用信息中心基于全国信用信息共享平台归集的各领域失信联合惩戒对象名单信息和通过大数据手段从互联网抓取的有关信息，经统计分析，每月编制《失信黑名单月度分析报告》，并在"信用中国"网站开设专栏，常态化发布，面向社会公众、市场主体、政府部门、科研机构、信用服务机构等受众群体提供公开信息和分析报告服务。主要包括月度失信联合惩戒对象名单新增和整改退出情况、重点领域失信特征分析、失信重点聚焦、失信典型案例、失信风险提示等内容。报告发布后，引起新闻媒体和社会公众广泛关注，对提示公众识别和防范失信风险，营造良好的社会诚信氛围发挥了积极作用。

---

[*] 孔守斌，国家公共信用信息中心高级工程师；田玉玺，国家公共信用信息中心高级工程师；韩涛，国家公共信用信息中心工程师。

为进一步增强报告的实用性和可读性，2019年3月起，针对不同的受众群体，分别以失信治理情况通报、失信风险提示与预警为重点，将原《失信黑名单月度分析报告》拆分为《失信治理月度分析报告》和《失信风险警示报告》，做到各有侧重而又独立统一，不断强化品牌效应。其中，《失信风险警示报告》主要面向社会公众、市场主体等受众群体，结合媒体曝光典型案例，每期分析1~2个重点行业领域失信风险主要特征，对存在的失信风险做出预警，并提出风险防范措施。为便于公众阅读和传播，还对每期报告进行了结构上的拆分，将每个重点领域独立出来，制作了漫画图解，分别进行发布，尽量以直观的宣传方式将失信风险警示内容展示给公众。

《失信风险警示报告》发布以来，得到社会各界的高度好评。从收集的网络舆情和有关单位反馈情况看，大家普遍认为失信风险警示报告内容翔实丰富，选题针对性强，失信重点领域聚焦准确，对社会公众防范失信风险具有较高的参考价值，对指导地方开展信用建设工作发挥了积极作用。

一、2019年重点领域失信风险分析和预警

近年来，我国信用体系建设取得了积极进展，联合奖惩机制以初步显威。但由于信用监管机制尚不完善，主体失信成本仍然较低，各类违法违规失信行为仍屡有发生。2019年3月至7月，通过大数据舆情系统对主要媒体曝光的失信案例进行监测，共收录归集有关媒体传播量较高的失信案例1580件，归集案例数量逐月递增，平均增长率达到26%（见图1）。

从失信行为类型看，2019年3月至7月的失信案例主要涉及食品安全、电信网络诈骗、套路贷、虚假广告/虚假营销、不合格产品、传销、非法集资/集资诈骗、制售假药、旅游乱象、房产黑中介等领域（见图2）。

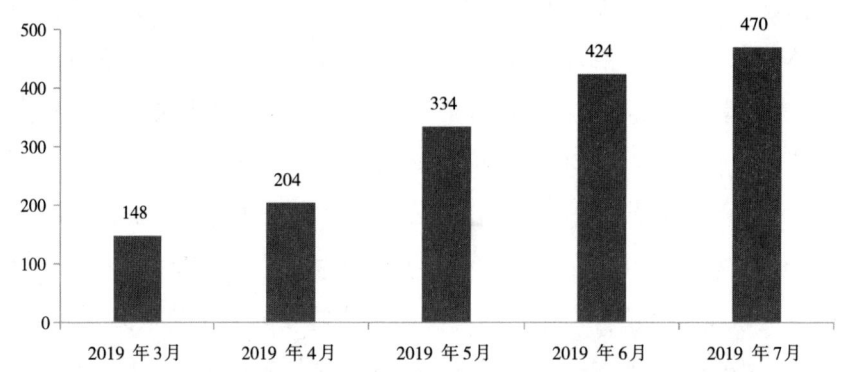

图1 2019年3—7月媒体曝光失信案例涉失信行为分布情况

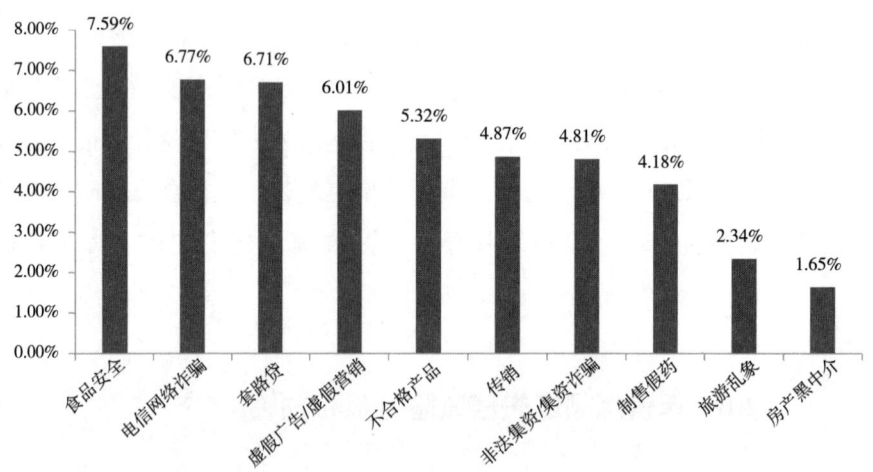

图2 2019年3—7月主要媒体曝光失信案例归集情况

（一）食品安全问题频发，餐饮行业卫生问题尤为突出

随着生活水平的不断提高和自我保护意识的增强，消费者对食品安全的关注度越来越高。近期，存在危害食品安全行为的媒体曝光失信案例数量位居前列，其中餐饮行业卫生问题尤为突出。

根据媒体报道，餐饮行业危害食品安全失信行为主要特点主要有三点。一是资质问题。一些小餐馆、街头商贩等在没有办理任何证照的情况下就开业经营，甚至基本的从业人员"健康证"都不曾办理。二是食品材料问题。很多餐饮企业在采购原材料时为了贪图便宜，选择从非正规渠道采购原材料，卫生安全条件严重不达标，甚至于还供应一些过期的原材料。三是生产问题。有的餐饮企业卫生条件恶劣，生熟食物共放，共用一个砧板，容易造成交叉污染。有的企业操作现场环境卫生严重不达标，甚至一块抹布走天下。有的企业不按程序清理餐具，餐具上可以看到明显的食物残渣以及残留的洗涤剂。有的企业食品辅料反复使用，极易产生有害物质和滋生细菌，导致消费者食用后产生身体健康隐患。

（二）电信网络诈骗手段不断演化升级，受害人群日趋扩大

电信网络诈骗是指通过电话、短信、网络等方式诈骗公私财物的犯罪行为。与传统诈骗犯罪相比，电信网络诈骗有非接触式犯罪、对象不特定等特点，危害性更大。为增加欺骗性，不法分子还会紧跟社会热点，精心设计骗术，针对不同群体量体裁衣、步步设套，使人防不胜防。

近年来，电信网络诈骗新型犯罪活动不断演化和升级，呈现出一系列新的特点。一是犯罪手段高科技化。犯罪嫌疑人借助信息化、智能化的计算机、电话等设备，通过互联网服务器，使用任意显号软件、网络电话等技术手段，利用改号软件将主叫号码修改为银行、电信运营商、公安机关等机构的官方号码；利用钓鱼网站模拟银行门户网站钓取重要信息；利用声音处理软件对电话外呼语音进行加工等。其技术手段日新月异，令受害人防不胜防。二是犯罪行为集团化、国际化。目前，实施电信网络诈骗的多是犯罪团伙，境内外勾结连锁作案，即组织一批人员专门拨打诈骗电话和群发诈骗短信等，另一批外围人员负责转取赃款，背后还有一批人员为诈骗平台提供技术服务。三是赃款流动快速化。受害人从银行转账汇款到犯罪分子账户，资金到账往往只需要几分钟时间。犯罪分子通过网络银行进行赃款转移，若受害人未及时发现受骗，很难在提现前采取冻结支付等控制措施。四是诈骗对象精准化、定向化。近年来，犯罪分子以群发短信等方式实施"广泛撒网"式的行骗手段正逐渐向"一对一"定向式诈骗演化。不法分子会针对受害人实际情况量身定制剧本的骗术，因其设计场景更

贴合受害人的现实需要，故更易取信受害人。

（三）花式"套路贷"层出不穷，借贷者屡屡中招

根据最高人民法院、最高人民检察院、公安部、司法部联合印发的《关于办理"套路贷"刑事案件若干问题的意见》，"套路贷"是指以非法占有为目的，以借贷之名，诱使或迫使被害人签订"借贷"等相关协议，通过虚增借贷金额、恶意制造违约、肆意认定违约等方式形成虚假债权债务，并借助诉讼或暴力等方式非法占有被害人财物的相关违法犯罪行为。目前，"套路贷"犯罪已成为危害公共安全和社会稳定、影响金融市场秩序的一大隐患。花式"套路贷"层出不穷，借贷者屡屡中招。

"套路贷"常见的套路包括：第一，寻找生存土壤，身披"合法外衣"；第二，故意制造违约，提高还款难度；第三，游说被害人以贷还贷，恶意垒高债务；第四，逼迫受害人签订含高额"砍头息"的"阴阳合同"；第五，多"马甲傍身"导致消费者"被贷款"；第六，伪造"证据链"以"颠倒黑白"；第七，设置"AB 面"App 隐藏贷款入口；第八，贷款前强制要求购买服务或产品等。而套路贷失信行为的主要特征是有组织、公司化运营的团伙犯罪；犯罪手段多样化、流程化明显；以专业法律、金融知识和大数据、人工智能技术为依托；借款周期短利息高；软硬兼施、暴力催收等。

（四）虚假广告泛滥，保健食品、药品及医疗器械广告是重灾区

近年来，虚假广告乱象屡禁不止、泛滥成灾，严重侵犯了消费者的利益，扰乱了市场经济秩序。中国消费者协会发布的数据显示，2018 年虚假宣传等问题投诉合计达到 83081 件，占消费者总体投诉的比例接近 11%，而且相比于 2017 年有所增长。

虚假广告失信行为的主要特征主要包括三个方面。第一，假冒性虚假。包括伪造产品及服务，骗取邮购预订、现场购买或中介服务费用；假冒他人名义、商誉和形象等，以消费者、患者现身说法等形式，用虚构的

人物、事件和经历证明商品或服务的效果；未获得专利证书的商品谎称已取得专利证书，以各种荣誉欺骗；使用虚构或不具法律效力的资料、统计数据、调查结果、检测报告等宣传产品及服务等。第二，夸大性虚假。主要表现为药品、医疗器械、保健食品广告超出了主管部门核定的范围进行夸大宣传。随意夸大产品或服务的功效，如药品广告夸大功能主治范围，保健食品广告内容超出有关部门核定的保健功能范围，虚夸对疾病的治疗作用，违反科学规律，明示或暗示"包治百病""药到病除""根治""安全无副作用"等；对产品销量进行排名，对市场占有率以及评优获奖情况作夸大表述等；使用极端化用语，如使用"最大""最佳""最好"等；使用与科学定律相悖的广告用语。第三，误导性虚假。即利用广告偷换概念，误导公众。利用对产品进行排他性的宣传，如"首创""独家经营""同类产品最低价"等词语；滥用公众人物作形象代言，以消费者、患者或专家身份对公众介绍商品服务和特点、效果等；地产广告故意模糊概念，用车程表示距离、用效果图替代实景图等来虚假宣传；摘抄、引用有关报道、鉴定时忽略关键要素或未注明必需的附加条件，断章取义，违背原意。

（五）不合格产品质量问题时有发生，装修建筑、儿童用品、汽车等产品质量问题较突出

"网络版"与"线下版"产品质量差距大，虚夸功能、制造"黑科技"噱头，大品牌产品、知名产品、获奖产品、曾经获得官方高度认同的产品质量问题不时出现，是近期不合格产品失信行为的主要特征。

从产品类别来看，装修建筑、儿童用品、汽车、医疗器械和服饰鞋帽、日化用品等类别的产品质量问题披露较为集中。在装修建筑产品方面，主要表现在购房交房、楼盘装修、酒店房屋、广场地面、装饰涂料等产品的质量问题。如大风吹落墙皮被质疑建筑质量；防盗门抽检不合格，主要原因是钢板厚度不达标、锁具缺乏保护、防破坏性能差；酒店客房天花板半夜突然掉落"砸醒"住客；每平方米近万元的精装修楼盘货不对版、偷梁换柱；水性科天产品连续两年被检不合格；小区广场突现百余平方米塌陷；多个厂家建筑装饰涂料产品不合格；新房未入住就掉墙皮露电线等。在儿童用品方面，由于存在隐含风险、标识不清等问题，目前国内外多个儿童家具品牌对婴儿摇床、床护栏、抽屉柜等产品进行了召回，市场监管总局也发布了消费提示，尤其是婴幼儿家具的质量、款式、使用方法以及隐含的安全问题，越来越成为消费者关注的焦点。在汽车产品方面，西安利之星奔驰漏油事件自2019年4月初以来一直处于舆论顶峰，事件焦点虽然在车主维权一事上，但问题的根源则是进口的奔驰CLS300型运动轿车还未出4S店即出现漏油事件。西安市市场监管部门5月公布的调查结果显示，该辆进口奔驰在出厂前就存在问题，系"装配过程中将机油防溅板固定螺栓遗落在发动机内"所致，实属质量问题。之后，媒体又先后披露了多个品牌豪车存在质量问题的案例，具有较强的代表性。

（六）传销行为屡禁不止，中老年人正在成为网络传销犯罪的重点目标

近年来，各类披着互联网、电子商务等外衣的传销行为屡禁不止。其中假借微商、数字货币、校园贷、资金盘、消费返利、网络广告、网络游戏等名义的互联网传销已成为"重灾区"。2018年，全国市场监管部门共查处传销、直销案件3500多件，罚没金额9.6亿元。网络调查显示，高达62.2%的受访者身边有亲戚或朋友遭遇过网络传销骗局；26.6%的受访者因为购买朋友推荐的传销项目或产品而蒙受损失；遭遇网络传销骗局的人均损失金额在1000元以上的超过80%。

传销活动社会危害性比较大，具有涉案金额高、受害人数多的特点，往往还涉及金融诈骗、非法集资等犯罪活动，是影响市场秩序和社会稳定的突出问题之一。虽然传销行为的花样在不断翻新，并开始呈现网络化、高学历化等趋势，但其基本套路具备如下特点：一是缴纳入门费，以取得加入或发展他人的资格；二是高强度的精神洗脑，极少提及产品，主要强调成功和财富；三是拉拢亲朋好友发展下线；四是借助互联网虚假宣传，吸引无知群众加入。

据媒体报道,近年来,以"保健品"和"化妆品"为道具的传统传销模式已经逐渐被社会公众所熟知,而金融投资理财类传销已发展为新型传销的主流,其次是打着"商城返利""招商加盟""山寨虚拟币"等旗号的传销案件,占比越来越高。此外,还出现了以"西部大开发""阳光扶贫"等"国家政策"项目为幌子的传销行为。

二、失信风险预警应用展望

失信风险预警工作作为防范失信风险,营造良好的社会诚信氛围的有效手段,将在社会信用体系建设中发挥越来越大的积极作用。

一是在对社会公众进行失信风险警示教育,提高公众风险防范能力方面。失信风险预警工作从实际案例中总结、归纳重点领域失信行为的主要特点、常见套路,以直观生动的方式,展现给社会公众,将会使公众充分认识了解相应失信风险,准确识别各类失信行为陷阱,掌握风险防范知识,有效采取预防措施,避免成为失信行为的受害者。

二是在对潜在失信主体形成有效震慑,助力遏制失信行为高发势头方面。失信风险预警工作以案释法,对重点行业领域失信主体的失信行为进行系统性揭露,将其常见套路大白于天下,使其"陷阱"失去隐藏空间,可有效降低潜在失信主体的失信预期。同时,强化对典型案例中发生失信行为的相关主体后续受到的处罚和惩戒情况的通报,可对潜在失信主体形成有力震慑,使其不敢出现失信行为。

三是在支撑监管部门科学决策,有效配置行政资源方面。失信风险预警充分利用大数据技术,对媒体失信案例舆情进行监测,对各重点行业领域失信行为发生频次、行业分布、主体类别、涉及地区等情况进行大数据统计分析和规律趋势研判,对近期失信行为高发的重点行业领域、重点地区、重点涉及人群作出预测和预警,可为有关部门开展监管工作提供参考依据。

四是在完善社会舆论监督,提升全社会的诚信意识方面。失信风险预警工作通过对社会公众的积极宣传引导,有助于形成社会对失信现象进行关注、对失信行为进行监督、对失信主体进行谴责的舆论氛围,有助于加强对失信主体的社会性约束和惩戒,有助于提升全社会的诚信意识。

第三章
个人信用

第一节　公共领域个人信用分

曾光辉　郭晓凤　陈晟涌[*]

公共领域个人信用分（下称个人信用分）作为社会信用领域的创新举措，不仅是完成社会诚信建设工作的关键节点，更是全面提升社会有效治理的必经之路。

一、个人信用分现状概述

随着《社会信用体系建设规划纲要（2014—2020）》时间节点的临近，各地区的个人信用分落地上线速度逐步加快。目前已呈现赋分用户逐步增加、评分模型完善确定、应用场景逐渐丰富的趋势。

（一）个人信用分的施行及依据

个人信用分作为社会信用领域的重要实践，在各地区的落地上线正不断加快。从个人信用分的上线情况来看，截至2019年10月，已有24座城市陆续通过并出台个人信用积分和信用评价相关管理办法，保障个人信用实现征信合法化。2014—2019年间，已有21座城市正式推出了地方性的个人信用分（见表1）。其中，仅2018—2019年即有16座城市陆续推出其个人信用分。多数城市以当地极具历史意义和显著地域特征的古地名、历史人物、出土文物等作为个人信用分命名依据，亦有部分城市以当地特色的市花、市鸟加以命名。

---

[*] 曾光辉，厦门国信信用大数据创新研究院执行院长，高级经济师；郭晓凤，厦门国信信用大数据创新研究院基础研究室主任；陈晟涌，厦门国信信用大数据创新研究院研究员。

但作为个人信用分的规范性文件，各地市相关的管理依据及办法的出台情况不一。目前，推出城市个人信用评分产品的城市共有24座，有明确信用评分规范和依据，且可查询的城市仅有10座。

表1 各地区城市个人信用分施行及管理依据概况

序号	城市	个人信用分	上线时间	管理依据及办法
1	荣成	荣诚分	2014-05-05	《荣成市社会成员信用积分和信用评价管理办法》
2	苏州	桂花分	2016-11-24	暂无
3	贵阳白云	云信分	2017-01-01	暂无
4	东营垦利	诚垦分	2017-11-23	暂无
5	芜湖	乐惠分	2017-11	暂无
6	宿迁	西楚分	2018-03-23	《宿迁市关于自然人信用积分体系建设与积分等级评价试行规定》
7	福州	茉莉分	2018-06-03	《福州市个人信用积分（茉莉分）管理暂行办法》
8	厦门	白鹭分	2018-07-05	暂无
9	无锡	诚信阿福分	2018-07-16	暂无
10	抚州	玉茗分	2018-08-20	暂无
11	肇庆	七星分	2018-09-29	暂无
12	威海	海贝分	2018-11-13	《威海市个人信用积分管理办法（试行）》
13	鄂尔多斯	天骄分	2018-11-14	《鄂尔多斯市个人信用（天骄分）评价管理办法（试行）》
14	杭州	钱江分	2018-11-16	暂无
15	濮阳	龙都分	2018-12-28	《濮阳市自然人信用信息管理办法（试行）》《濮阳市自然人信用积分与等级评价管理办法（试行）》
16	义乌	尚未命名	2019-01-01	《义乌市个人信用管理办法（试行）》
17	呼和浩特	丁香分	2019-08-01	《呼和浩特市个人信用积分（丁香分）管理办法（试行）》
18	榆林	桃花分	2019-08-01	《榆林市个人信用管理暂行办法》
19	郑州	商鼎分	2019-08-06	《郑州市个人信用积分管理办法》

续 表

序号	城市	个人信用分	上线时间	管理依据及办法
20	衢州	信安分	2019-08-07	基于浙江省自然人公共信用评价结果及衢州特色指标构建
21	武汉	黄鹤分	2019年左右	暂无
22	南京	尚未命名	尚未上线	暂无
23	沈阳	盛京分	尚未上线	暂无
24	舟山	自在分	尚未上线	暂无

（二）个人信用分的用户概况

作为社会诚信建设的重要组成部分，个人信用分是对自然人诚信评分的直观反映。由于各地区的地情各异，对于个人信用分运用，尤其是自然人（评分对象）的选取亦呈差异化。以9座主要城市为例（见表2），截至2019年，个人信用分常见的对象范围仅囊括了该市的常住户籍人口。而人口流动较为频繁的城市则涵盖了该市常住的外来人口或流动人口。其中，义乌结合自身作为全球最大的中小商品集散地的特质，创新性地将外籍自然人纳入个人信用分评分体系。

从个人信用分赋分人数来看，由于信用分所基于的数据库不同，各地区赋分人数差异较为明显。其中，仅有杭州已实现对市内常住人口全覆盖。

表2 我国主要城市个人信用分涉及用户概况

对象范围属性	城市	个人信用分	使用对象范围	赋分人数
仅户籍	福州	茉莉分	福州市行政区域内，年满18周岁且具有民事行为能力的常住户籍人口	暂无数据
	苏州	桂花分	苏州市行政区域内，年满18周岁且具有民事行为能力的常住户籍人口	163万
	呼和浩特	丁香分	呼和浩特市行政区域内，年满18周岁且具有民事行为能力的常住户籍人口	181.1万

续 表

对象范围属性	城市	个人信用分	使用对象范围	赋分人数
仅常住	威海	海贝分	威海市行政区域内年满18周岁、具有完全民事行为能力的常住人口	232万
	郑州	商鼎分	郑州市行政区域内年满18周岁、具有完全民事行为能力的郑州市常住人口	1.2万
含流动	杭州	钱江分	杭州市行政区域内年满18周岁、具有完全民事行为能力的常住人口以及外来人口	1100万
	荣成	荣诚分	荣成市行政区域内年满18周岁、具有完全民事行为能力的常住人口以及外来人口	81.1万
	厦门	白鹭分	18周岁以上的厦门常住人口，包括户籍人口和流动人口	20.7万
含外籍	义乌	尚未命名	义乌市行政区域内年满18周岁且具有民事行为能力的境内及境外自然人	225万

（三）个人信用分的评分模型

目前，我国各地区个人信用分已陆续上线，如表3所示，各地区充分结合了自身的地域特点和人文气息，设计了具有鲜明城市特征的指标体系。仅从指标体系的维度上看，各城市的指标基本涵盖了个人在社会生活中的方方面面。

从个人信用分评分模型上看，维度的划分可区分为5或6大维度。从信用等级划分上看，依据评分体量的差异，区分为千分制或百分制。千分制个人信用评分区间一般保持在550~1000分间，根据等级划分的需求调整上下限及各等级差额，等级划分一般采用6等级制或5等级制。而百分制个人信用评分其区间一般为0~200分。根据等级划分的需求，各等级差额一般在20~30分间，等级划分则与千分制相同。总的来看，采用千分制的进行个人信用等级划分为主流方式。同时，由于其评分区间广，相较于百分制有更为细致的等级区分，对于个人信用"画像"的描绘亦更为清晰。

表3 各主要城市个人信用分模型对比

城市	个人信用分	指标设计	信用等级划分		备注
			分值区间	区间诠释	
福州	茉莉分	个人能力、职业、公共信用、金融信用、行政信用、司法信用6大维度	1000~850分	信用极好	采取"基础信用+附加信用+年度信用"的评分模式,个人信用积分评价采用千分制,共分6个等级
			849~750分	信用优秀	
			749~650分	信用良好	
			649~550分	信用一般	
			549~350分	信用较差	
			349~0分	信用极差	
杭州	钱江分	基本信息、遵纪守法、社会用信、商业用信、亲社会行为5大维度	750分及以上	信用极好	个人信用积分评价采用千分制,共分5个等级
			749~700分	信用优秀	
			699~600分	信用良好	
			599~550分	信用一般	
			549~0分	信用待提高	
呼和浩特	丁香分	个人信用能力、个人公共信用、个人职业信用、个人金融信用、个人行政信用、个人司法信用等6个维度	850分及以上	信用极好	个人信用积分评价采用千分制,共分6个等级
			849~750分	信用优秀	
			749~650分	信用良好	
			649~550分	信用中等	
			549~350分	信用较差	
			349~0分	信用极差	
荣成	荣诚分	商务、社会管理、政务管理、司法、社会贡献5大维度、61类、530项指标	1050分及以上	AAA级(诚信模范级别)	个人信用积分评价采用千分制,共分4大类
			1049~1030分	AA级(诚信优秀级别)	
			1029~1001分	A+级(诚信级别)	
			1000分	A级(诚信级别)	
			999~960分	A-级(诚信级别)	
			959~850分	B级(较诚信级别)	
			849~600分	C级(诚信警示级别)	
			599分以下	D级(不诚信级别)	

续 表

城市	个人信用分	指标设计	信用等级划分		备注
			分值区间	区间诠释	
苏州	桂花分	基于基础信息、稳定信息、品德信息、资产信息、其他信息，归集出个人评分体系5大维度，再根据户籍、年龄、婚姻状况、文化程度、社保缴纳情况等22大类243个评分指标项	200~150分	信用优秀	个人信用评分分布在0到200之间，六等级制
			149~100分	信用良好	
			99~50分	信用一般	
			49~0分	信用待完善	
威海	海贝分	公共服务、道德公益、守法履约、社会责任、表彰奖励5个维度，共涉及56个大类指标	1150分及以上	AAA级（诚信模范级别）	个人信用积分评价采用千分制，默认初始得分为1000分，设定为AAA、AA、A、B、C、D六个级别
			1149~1050分	AA级（诚信优秀级别）	
			1049~1000分	A级（诚信级别）	
			999~950分	B级（较诚信级别）	
			949~801分	C级（诚信警示级别）	
			800分以下	D级（不诚信级别）	
厦门	白鹭分	基础信息、守信正向、失信违约、信用修复、用信行为5大维度，涉及57个大类指标、750多项数据要素	1000~900分	信用极好	个人信用评分在150到1000之间，五等级制
			899~700分	信用优秀	
			699~600分	信用良好	
			599~550分	信用一般	
			549~150分	信用待完善	
义乌	尚未命名	从身份特质、遵纪守法、履约践诺、社会活动、公德品行5个维度进行评价，涉及106个大类指标、175项数据要素	150分及以上	信用极好	个人信用积分评价采用千分制，共分4大类
			149~120分	信用优秀	
			119~100分	信用良好	
			99~80分	轻微失信	
			79~50分	信用较差	
			50分以下	信用极差	

续表

城市	个人信用分	指标设计	信用等级划分		备注
			分值区间	区间诠释	
郑州	商鼎分	根据个人基本信息、荣誉表彰、职业道德、家庭美德、法律法规等5个维度，135项指标	150分及以上	信用极好	个人信用评分分布在0到200之间，五等级制
			149~120分	信用优秀	
			119~100分	信用良好	
			99~80分	轻微失信	
			80分以下	信用较差	

（四）个人信用分的应用场景

应用场景是发挥个人信用分主要功效的目的。目前，我国主要城市个人信用分应用场景主要集中在行政服务、公共服务、交通出行、教育、医疗、评优评先等领域。各地区个人信用分应用场景正呈现"百花齐放"状态，并具有多样化、地域化的特点。

1. 基本涵盖民生，便利居民生活

综合国内各地区个人信用分在场景上的应用，"便民"可谓是最大的特性。以9地市为例（见表4），在便利居民生活上，个人信用分应用场景基本与行政及公共服务部门相挂钩。其中包括了公共交通信用付、图书馆借阅免押金、看病就医与行政服务免排队、公租房租金减免等。皆为贴近民生，与民众生活息息相关的领域，以个人信用免去冗余的行政流程，极大便利了民众生活。

2. 应用场景不断拓展丰富

在各个地区个人信用分应用场景的拓展实践上，信易游和信易贷是时下热门的拓展方向之一。仅以信易贷这一应用拓展领域为例，个人信用分为金融机构提供了贷款者在社会诚信领域的信用数据。极大提升征信来源的丰富度，实现了公共信用评分和民间信用评级的融合。此外，以杭州钱江分为例，该个人信用分未来将向信用约车、信用养老、婚恋交友方向进

行应用场景的拓展。随着个人信用分愈来愈成为行政和公共服务的重要考量指标，在亟需个人社会诚信信用数据的领域，将成为个人信用分应用场景的重点突破方向。

表4 我国主要城市个人信用分应用场景概况

城市	个人信用分	应用场景
福州	茉莉分	现有领域：1. 旅游；2. 医疗；3. 教育；4. 金融；5. 文化娱乐；6. 公共交通；7. 行政服务
杭州	钱江分	现有领域：1. 校园健身免审核；2. 公交地铁扫码乘车信用付；3. 舒心就医"最多付一次"；4. 公租房押金减半优惠；5. 免押办理图书馆电子借阅证；6. 办公用品租赁免押金。 未来领域：1. 信用约车；2. 信用养老；3. 婚恋交友信用名片
呼和浩特	丁香分	现有领域：1. 评先选优；2. 行政许可；3. 公共服务；4. 安排财政资金
荣成	荣诚分	现有领域：1. 评先选优；2. 发展党员；3. 干部任用；4. 职称评定；5. "两代表一委员"推荐；6. 农村干部竞选；7. 招工招聘；8. 项目申报；9. 资金发放；10. 政策扶持；11. 公共资源交易；12. 商业贷款；13. 信易批；14. 信用易行；15. 信用易游；16. 信易医
苏州	桂花分	现有领域：1. 延长公共自行车租借时间；2. 增加图书馆借阅书籍量；3. 市民园林卡、休闲卡优惠。 未来领域：1. 公共交通；2. 市容市政；3. 教育；4. 公共事业；5. 卫生医疗；6. 人才引进；7. 商务合作
威海	海贝分	现有领域：1. 信易游；2. 信易贷；3. 信易行；4. 信易购；5. 企业员工招聘、内部竞岗、福利发放；6. 商业贷款；7. 公共交通；8. 医疗卫生
厦门	白鹭分	现有领域：1. 共享自行车免押租用；2. 无人便利店先买后付；3. 市政图书馆免押租阅；4. 延期付房租；5. 鼓浪屿渡轮免排队服务；6. 职称及等级评定申请；7. 个人行政审批容缺受理

续 表

城市	个人信用分	应用场景
义乌	尚未命名	现有领域：1. 行政审批；2. 信贷融资；3. 财政资金；4. 招投标；5. 交通出行；6. 免押租借；7. 医院诊疗；8. 住房保障；9. 评先评优。
郑州	商鼎分	现有领域：1. 信易租；2. 信易医；3. 信易阅；4. 信易游；5. 信易养老；6. 信易行；7. 信易跑；8. 信易京东；9. 信易贷

3. 新兴应用领域成为发展重点

随着近年来新兴技术的不断突破，人工智能、大数据技术运用在个人征信场景亦在不断增加。个人信用分与"互联网+"的结合可谓是应用场景的突破的最好案例。以厦门白鹭分为例，其应用场景中包含了共享单车的免押租用和无人便利店的先买后付。郑州商鼎分则实现了个人信用分作为京东白条提额和京东快递优惠的凭证。随着大数据、"互联网+"技术的不断深入，个人信用分将在更多领域实现与用户的接触，丰富自身的评分来源。同时用户能够在更多的应用场景切实感受到自己信用分的存在，在便利民生的同时，也增加了用户的黏性。

二、个人信用分面临的主要困境

作为一种新兴产物，个人信用分仍然处于探索实践阶段，面临的局限与挑战较为突出。其中个人信用分的法律风险和技术标准不一等问题已成为目前各地市试行过程中所面临的主要困境，亟待攻克。

（一）个人信用分存在法律风险

作为一种声誉机制，个人信用分制度的存在是政府创新社会治理的重要举措，各地区的建设力度不断加快。但无法否认的是，个人信用分的法律规制处于严重缺失阶段。

1. **个人信用分的上位依据不足**

由于在信用方面,尚未拥有一部统一的信用上位法作为支撑,个人信用分其本身的存在和其带来的守信激励、失信惩戒都面临着合法性的风险,造成其下位的管理办法、实施细则等法规面临着无法可依的困境。

2. **个人信用分的管理依据缺失**

仅从目前个人信用分所出台的管理办法上看,24 座出台个人信用分的城市仅有 10 座出台了明确的管理办法。纵观各地的个人信用分,目前除了荣成、福州等少数城市公开公示了评分规则之外,某些个人信用分相对成熟的城市如苏州、厦门等地都缺乏相应的管理依据。多数城市以评分规则还在不断优化和完善为由,没有公开评分规范,影响公众在评分规则上的知情权。

(二)各地个人信用分的技术标准不一

纵观各地市的个人信用分,仅从信用评分模型上看,各地市对于评分模型的搭建、指标设计的选取、信用评分阶段的划分等关键部分的理解各不相同。从评分模型所依托的系统上分析,部分城市如厦门、苏州采用了 FICO 个人评分系统加以搭建;部分城市如福州、宿迁则采用了多维评分系统。在评分维度上,部分城市采用五维度,更侧重于考察个人在社会生活中的诚信度;而部分城市则采用六维度,且侧重考察个人在社会生活中的财务状况。在信用阶段的划分上,采用百分制和千分制的状况兼具,评分的阶段划分形态各异。由于评分系统的不一和各地市对于公共领域信用的理解相异,造成指标维度的选取和信用阶段上的划分差异明显,表现在同一人在多个地区拥有不同的评价方式和多幅信用"画像"。从根源上断绝了各地市自身的个人信用分在其他地区实现互通互认的可能性。

(三)个人信用分资本与技术力量支撑不足

由于个人信用分尚处于起步阶段,各地市关于信用分的评分模型搭建、等级的划分和个人社会信用数据的管理及监管的技术水平程度不一。具有较强的数据收集、清洗加工、搭建模型的城市如苏州、福州、厦门等地市，成立相关部委或事业单位独立运营其个人信用分。而技术力量较弱的如芜湖、沈阳则创新引入民间力量支撑信用分的运营（芜湖乐惠分由惠国征信负责运营，沈阳盛京分由沈阳榴莲科技负责应用场景的拓展）。更多地市则责成当地公共信用信息中心或信用办负责个人信用分的运营及管理。由于资本和技术力量的匮乏，多数地市的管理办法和评分依据的确定一直迟滞。同时，在运营管理上存在着互联网技术水平较低、专业运营人员缺乏等问题，使个人信用分陷入"空其名、无其实"的尴尬境地。

（四）体制机制的缺失造成用户权利受限

由于个人信用分的上位法依据不足，体制机制的构建受到制约，对于赋分用户的信息自决和平等等权利产生一定影响。从部分城市的个人信用分数据来源的办法上看，其对于个人的信用信息归集、披露、授权应用存在违反"授权同意"原则问题，对于赋分用户信息的个人自决权造成了限制。而从公民的平等权上分析，目前个人信用分的运用存在两个问题，一是对于"户籍"的限制，部分城市的个人信用分对于自身的赋分用户仅限定在本市的户籍人口中，对于本市的流动人口形成了信用分的"禁入"，造成了区别对待。二是由于应用场景过度化的风险，导致部分城市个人信用分不佳的用户在教育、就业、医疗、养老等宪法所赋予基本权利的应用场景上受限，在公共服务上形成区别对待，对民众的平等权造成了限制。

三、个人信用分的发展路径及政策建议

个人信用分的建设仍然处于初级阶段，其面临的主要困境与其制度构建尚未成熟相关。因此从未来的发展角度上审视，个人信用分需以推动城市联盟带动技术标准的统一，并逐步完善地方及国家法律法规和自身体制机制。

(一)完善地方法规建设，构思上位法律框架

推进个人信用分的建设，其首要任务依然是让信用分"有法可依"。目前，我国法律并无明确针对国家机关和具有管理公共事务职能的组织对于个人信息的采集、整理、保存、加工和公布的规定。同时，多数地市的个人信用分仍处于初级阶段，其运营的流程和标准仍有待探索。从地方法律法规的建设角度上，对于寻求更大范围推动个人信用分应用的地市，应尽快推出相应的管理办法和评分依据。已推出相应管理办法的地市，应尽快总结实践经验，为国家级立法提供相应依据。而从国家法律法规建构的角度上，尽快构思并推动上位法框架的确立。

其一，充分参考现有法规如《征信业管理条例》对于个人征信制度的规定，探索在个人信用分上应用的可能性。

其二，联合多部委针对个人信用分立法中可能出现与其他法律法规产生相容或互斥的情景做预先通气和排除，必要时做相应的修法。如个人信用分立法在个人信息的采集和保护、数据安全和归集标准等场景，可能与《个人信息保护法》《数据安全法》《行政处罚法》产生冲突。

总的来看，个人信用分仍需尽快摆脱"政策推动、实践先行、文件治理、立法滞后"的困境，提出可供执行的制度安排，着重弥补个人信用分中关于权利义务确定和问责机制的漏洞。

(二)推动城市联盟，形成技术标准统一

除了法律性外，个人信用分具有技术性。其技术性体现在个人信用信息的归集、共享、处理，个人信用评分指标体系的构建和个人信用评分计算模型的设计。个人信用分的准确有效性、广泛应用和多地区的互通互认，需基于一个技术标准化的前提。总结目前各地市关于个人信用分的实践经验，个人信用分地域特征明显，技术标准各异。突出表现在评分模型维度和信用等级划分的差别较大。地域化明显的信用评分模型构建，直接造成多地区互通互认的难度过大。因此，要实现信用分的互通互认，核心

应为实现技术标准的统一。从现有情况上看,由于上位法的缺失,基于全国范围内统一技术标准在时下难以确立。

以目前的实践成果作为参考,2019年8月,南京、杭州、武汉、苏州、郑州五地所建立的个人信用分合作机制,可作为区域合作的重要借鉴。以城市联盟的方式,先期实现地市间个人信用分的互认,远期实现区域个人信用分技术标准的统一。在城市联盟上,可探索区域式的联盟,如长三角、珠三角和海峡西岸经济带;京津冀都市圈;长江中游城市群等。发挥区域经济体联系紧密的优势,实现个人信用分的互通互认。

(三)探索多重渠道,提升技术能力

由于个人信用分技术门槛较高,无利于技术薄弱的地区实现个人信用分的建设与推广。总的来看,多数已推出个人信用分的地区,受技术能力的制约,其后续的推广应用进展较为缓慢。

因此,个人信用分的探索可尝试借助市场力量,以政府指导、监管,市场机构运营的合作方式。充分借助市场的资本及技术力量,实现个人信用分体系的构建。总结目前经验举措,在方式方法上可从三方面尝试。其一是由政府与现有市场信用服务机构合作,共建个人信用分。或政府独立出资成立相关市场机构做个人信用分的开发和运营。其二是通过由政府向市场购买评分模型和模型优化服务,并责成相关负责单位独立运营。其三是政府在个人信用分评分模型完善的基础上,后续应用场景开发由市场机构承包。

技术间的消弭同样可借助区域联盟的方式,首先,由具有较强技术水平和已先期探索并具有成熟举措的城市或多个已统一自身技术标准城市为"增长极",再向周边区域进行辐射推广,从而形成区域化的个人信用分多场景、多渠道应用。其次,可尝试城市间跨区域合作机制,以合作交流、业务指导、协助建设等方式,实现先进技术和成熟举措向技术水平有待提升、尝试构建个人信用分体系的地区流动。

(四）完善个人信用分的程序和救济机制

设计完备的程序机制和救济机制是推动个人信用分法治化进程的重要节点。总结现有个人信用分的做法经验，在此类体制机制的设计上仍有待完善。其中，关于个人信用分的程序机制和救济机制的设计应成为完善的重点。在程序机制的设计上，要实现赋分用户的知情、信息消除和异议权的有效保障。即个人信用分能够向用户解释信用评分和等级的划分、对应依据、个人信息存储状况，并为用户预留查阅相关信息的接口。能够为用户提供异议的窗口，并提供便利的异议申请、核验、查证的流程机制。在救济机制的设计上，要实现用户异议、信访、行政复议等内部救济功能的应用。重点在于对个人信用信息的归集；个人信用评分模型及等级划分；应用场景中的惩戒行为做相应的个人救济端口的开发。同时，救济机制要实现与程序机制的融合，尤其在用户的知情权方面，能够实现救济方式及途径在产品使用中对用户的告知。

第二节　市场领域个人信用分

曾光辉　郭晓凤　陈晟涌[*]

市场领域个人信用分（下称个人信用分）是市场征信体系建设的重要环节，也是公共征信体系的重要补充。随着目前互联网消费金融等行业的兴起，市场个人征信的需求和市场潜力大大提升，成为目前信用行业的关注焦点。

---

[*] 曾光辉，厦门国信信用大数据创新研究院执行院长，高级经济师；郭晓凤，厦门国信信用大数据创新研究院基础研究室主任；陈晟涌，厦门国信信用大数据创新研究院研究员。

一、个人信用分现状概述

近年来,随着央行对个人征信业务的逐步放开,社会第三方征信机构正快速参与进个人征信业务的浪潮之中。从个人征信的发展现状上看,市场规模扩大、用户群体增加、信用评分模型完善、应用场景多样化是目前个人征信市场的主要特点。

(一)个人征信行业的发展历程

改革开放后,我国逐步推动征信业务市场化,自1999年7月成立央行旗下子公司上海资信以来,我国个人征信业务历经30年发展(见表1),已形成以央行为主导,社会第三方征信机构为补充的市场格局。

表1 我国个人征信业务发展历程

时间	内容
1999年7月	1999年初中国人民银行批准上海市进行个人征信试点,7月上海资信有限公司成立,成为全国首家从事个人征信业务的机构
2002年3月	中国人民银行牵头的22个单位组成建立企业和个人征信体系专题工作小组,小组负责提出全国企业和个人征信体系建设总体方案
2004年1月	中国人民银行启动个人征信系统建设,建成个人征信基础数据库
2004年12月	央行个人征信系统联网试运营,介入23家商业银行
2005年8月	央行建成全国统一的个人征信系统
2006年1月	央行个人信息数据库正式运营,连接127家商业银行
2013年3月	国务院发布《征信业管理条例》
2015年1月	央行印发《关于做好个人征信业务准备工作的通知》,要求8家机构做好个人征信业务的准备,准备时间为6个月
2018年2月	央行披露首张设立经营个人征信业务的机构许可信息公示表,据表显示百行征信有限公司申请设立个人征信机构获得许可,成为我国目前唯一一家拥有个人征信业务牌照的市场化组织
2019年1月	央行发布《经营个人征信业务的征信机构审批事项服务指南》,明确我国个人征信机构的设立与审批条件

1. 央行个人征信业务发展现状

中国人民银行征信中心是目前我国最为权威的征信机构，已建成世界规模最大、收录人数最多、使用最为广泛的金融信用信息基础数据库（央行征信系统），是目前我国各金融机构信贷信息最为齐全的征信机构。

为区别市场信用评分，央行的"个人信用评分"因此被称为"个人信用报告数字解读"服务。2009 年联合美国费埃哲（FICO）公司研发"中征信"个人征信评分为第一代模型，2014 年底，根据实际需求和运营经验成功开发具有完全自主知识产权的第二代数字解读模型，并沿用至今。

2019 年 5 月，随着央行个人征信开启新版模式试运行结束，个人征信评分将吸纳社会第三方征信机构的个人数据。实现对个人信息的全覆盖。

2. 社会第三方征信机构个人征信业务发展现状

随着 2015 年央行印发《关于做好个人征信业务准备工作的通知》以来，我国社会第三方征信机构（互联网及传统企业征信机构）逐步开始探索尝试个人征信业务。从通知中的 8 家试点机构发展上看，目前，芝麻信用、考拉征信、鹏元征信等征信机构所推出的芝麻分、考拉分、高信分在市场运营时期长，应用成熟，用户量大，具有一定的代表性。从个人信用分的数据来源上看，各家征信机构都采用"客户数据+第三方合作机构"的模式，实现信用分对细分领域的全覆盖。除芝麻信用、腾讯征信、前海征信和中诚信征信外，皆采用多元股权架构模式。详见表 2。

表 2　个人征信试点机构股东及数据来源

征信机构	个人信用分	股东	数据来源
芝麻信用	芝麻分	蚂蚁金服旗下	阿里电商、蚂蚁金服、用户上传、合作互联网平台、金融机构和公共机构
腾讯征信	腾讯信用分	腾讯	QQ 和微信用户、财付通、用户上传、京东第三方合作平台
前海征信	好信分	平安集团	平安集团综合金融数据、合作机构

续 表

征信机构	个人信用分	股东	数据来源
考拉征信	考拉分	拉卡拉、蓝色光标、拓尔思、旋极信息、梅泰诺、51job	拉卡拉集团旗下金融业务、银联等合作机构和公共机构
华道征信	信用温度	银之杰、北京创恒鼎盛、清控三联、新奥资本	银之杰金融服务体系、亿美软通移动商务平台等第三方合作机构
中诚信征信	万象分	中国诚信信用管理集团	银行、保险公司、合作的中小金融机构和企业平台
鹏元征信	高信分	菁木科技、长兴长亚软件	合作的金融机构、各级政府、公共事业单位
中智诚征信	暂无	阿米巴资产管理、盛希泰	合作的P2P平台和其他第三方机构

（二）个人征信行业市场发展现状

总体来看，目前我国市场个人征信行业可谓一片"蓝海"，由于政策刚落地，个人征信牌照仍审慎发放的客观问题，我国征信行业尚未进入全面发展阶段。如图1所示，仅从市场规模上看，2019年我国个人征信行业潜在市场规模已达2426亿元，实际市场规模达到477.1亿元，规模增长率达到59%，为历年最高。而从市场渗透率上看，近年来，市场渗透率水平明显提升，接近30%。近年来互联网金融和消费金融业务的增长，使得个人征信行业的市场潜力不断被激发，实际市场规模将持续扩大。未来随着个人征信业务牌照的落地和个人数据收集、运算、挖掘等基础层面软硬件能力的成熟，我国个人征信行业的市场渗透和实际市场规模将进一步扩大，并切实推动我国个人征信体系的成熟。

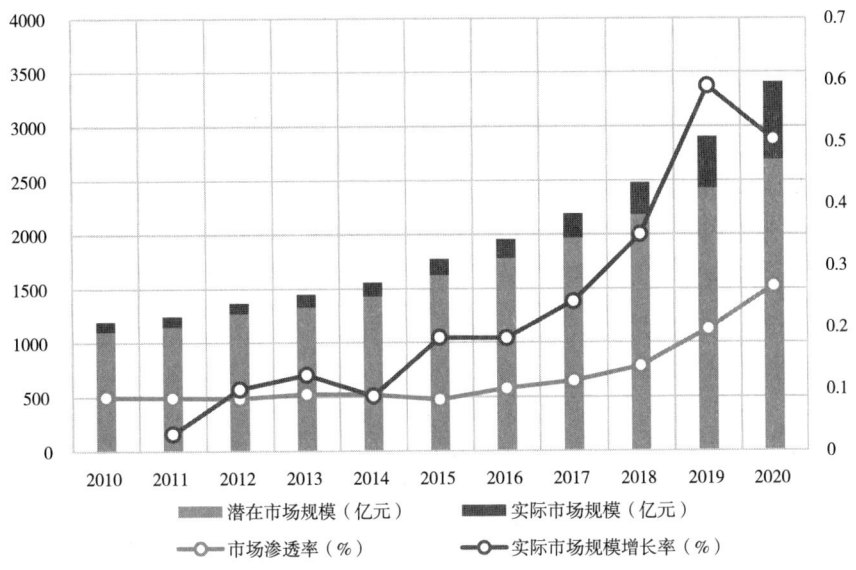

■ 潜在市场规模（亿元）　■ 实际市场规模（亿元）
—○— 市场渗透率（%）　—●— 实际市场规模增长率（%）

图1　个人征信试点机构股东及数据来源

资料来源：艾瑞咨询。

（三）个人信用分的评分模型

从目前个人信用分的评分模型的发展历程而言，由于来源数据的多样化，部分机构选择直接采用或稍加改进FICO信用评分模型用于个人信用分评分模型的搭建。部分机构则选择根据自身需求出发，建立多维指标评级模型。由于所立足的数据源不同，个人信用分的评分模型差异较为明显，从维度的区分上看，主要采用5大维度对个人进行信用画像，都考察个人的基本信息和履约能力。从信用等级上看，更多采用千分制，并根据对用户精确画像的需求划分为3~5类等级。总的来看，由于主要从个人财务角度对个人信用进行考察。各市场征信机构的个人评分模型呈现维度范围窄、目标明确、等级划分简易的特点（见表3）。

表3 各市场征信机构个人信用分模型对比

个人信用分	指标设计	信用等级划分		备注
		分值区间	区间诠释	
央行个人信用评分	信贷组合（权重8%）、信贷申请（权重12%）、信用历史（权重8%）、当前负债（权重29%）、还款历史（权重43%）5大维度	1000	信用极好	个人信用评分在0~1000之间，四等级制
		1000~850	信用较好	
		850~600	信用一般	
		600以下	信用较差	
芝麻分	信用历史、行为偏好、履约能力、身份特质、人脉关系5大维度	950~700	信用较好	个人信用评分在350~950之间，五等级制
		700~650	信用优秀	
		650~600	信用良好	
		600~550	信用中等	
		550~350	信用较差	
考拉分	信用记录（拉卡拉、银联）、履约能力、身份属性、社交关系、交易行为5大维度	850~750	AAA	个人信用评分在300~850之间，九等级制
		749~700	AA	
		699~650	A	
		649~600	BBB	
		599~550	BB	
		549~500	B	
		499~450	CCC	
		449~400	CC	
		399~300	C	
高信分	基础信息、履约行为、风险信息3大维度	100~86	信用优秀	个人信用评分在0~100之间，三等级制
		85~61	信用良好	
		60~1	信用普通	

（四）个人信用分的应用场景

市场征信机构个人信用分在应用场景的开发上，处于我国社会征信体系的前列。自2015年央行宣布推动社会第三方征信机构开展个人征信服务开始，个人信用分在社会各领域场景上的应用便逐步加快。

仅从应用场景上看，目前市场征信机构的个人信用分在应用场景部分呈现两极分化的态势（见表4），以央行征信中心为首的传统征信机构，在个人信用分的应用上多为，为金融机构的个人客户提供定制化的个人信用评分服务，并预测个人在未来的违约情况。而以蚂蚁金服、考拉征信等互联网大数据征信机构，则充分利用自身丰富的互联网服务资源，开发多样化的信用贷、信用住、信用出行、信用购等产品。从两者模式的现有比较上，后者在信用分的应用上与用户的接触较为频繁，用户感知度高。随着未来传统征信机构同大数据融合，个人信用评分将呈现"金融服务+社会生活"的全场景应用覆盖。

表4 市场征信机构个人信用分应用场景概况

个人信用分	应用场景
央行个人信用评分	为金融机构预测其个人客户个人客户在未来一段时间内发生贷款违约的可能性
芝麻分	信用住宿（相寓、飞猪、未来酒店）；金融（招联金融好期贷、蚂蚁花呗、蚂蚁借呗）；信用出行（EVCARD分时租车、GoFun出行、哈罗单车）；购物（淘宝网）；其他（新加坡电子签证）
考拉分	个人求职；贷款授信；信用租车；信用租房
高信分	为金融机构提供定制化的个人信用服务

二、个人信用分的主要问题

市场个人信用分正处于变革的时代。社会第三方征信机构的参与将大大改变原有的市场格局，互联网大数据信息的加入，将使市场个人信用分面临新的问题。从现有的实践上看，法律体系薄弱，数据孤岛问题，有效监管机制缺乏，信用教育缺陷等将制约市场个人信用分进一步发展。

（一）相关法律体系薄弱

从目前个人征信的市场格局来看，互联网大数据征信机构的参与已成必然。而现有市场个人征信的相关法律法规仍有缺失，法律体系薄弱。从上位法上看，目前国内出台的《征信业管理条例》《征信机构管理办法》等法律法规，主要为行政法规和部门章程，法律效力较低；与民法、金融机构相关法律法规等未形成有效衔接，对于金融信用信息基础数据库的使用规定不明确；对于利用大数据采集和使用个人信息的原则及边界不确定，存在着个人数据的不当采集、滥用、侵犯合法权益的空间。

（二）数据孤岛问题严峻

从现有市场个人征信市场格局而言，央行个人征信服务仍然处于垄断地位。这决定了个人征信服务中对于个人信用画像描绘强相关的和有价值的金融交易数据80%掌握在国有征信机构手中，而剩余数据则分散至第三方征信机构。同时，在个人社交记录、互联网消费记录等数据则掌握在互联网征信机构中。因此数据采集场景相互割裂，数据源各自垄断，数据互通难度大，数据孤岛现象严峻。对于个人信用画像存在片面化，也难以实现个人信用评分互认。

（三）缺乏有效监管机制

对于个人征信体系建设，无论是中央还是地方，都鼓励市场征信机构建立成熟的信用信息系统，积极参与个人信用评分体系的构建。但不可否认的是，由于相关法律法规及监管制度的缺失，监管无序、多头监管、监管冲突等漏洞将可能使市场个人征信机构在个人信用分体系的建设上踌躇不前，或陷入无序发展的困境。同时，如个人信息保护方面，公安部、工信部、全国工商总局、商务部、中国人民银行、银监会、保监会、证监会等都负有个人信息监管职责。监管主体的多元化和监管标准的不统一，在互联网大数据纳入征信考量的当前，将加大市场监管形成合力的难度。

（四）信用教育体制欠缺

时至今日，我国的信用文化相较于发达国家仍有差距，信用教育体制欠缺是不可忽视的原因。目前我国缺少针对大众的信用教育体系，公众对于信用知识的普及水平仍远远不够。尤其在大学生诚信问题频发的当下，更凸显了信用教育体制的欠缺。目前，互联网金融交易数据纳入个人信用评分中，而社会中尤其学生群体的互联网金融借贷违约现象时有发生，对于个人信用评分有较大的影响。普及信用知识，宣传并教育如何正确认识、提升、用好自己的个人信用分，是保障社会征信体系健康运行的保障。

三、个人信用分的展望及建议

从市场个人信用分的实践来看，仍然存在着较多问题。建议通过完善法律法规、实现数据有效流动、建立监管机制、普及信用教育等方式推动市场个人征信体系的健康发展。

（一）完善法律法规

从市场个人信用分的体系建设上看，完善相关法律法规势在必行。以完善征信机构的法律法规体系的构建为例，其一，健全征信机构设立的相关法律法规。通过法律法规对征信机构进行有效监管及约束，是保障个人信用分不被泛化及滥用的关键。一方面，尝试在相关立法中实时施行注册资本认缴登记制，使得个人征信机构能够将更多资本用于提升征信业务能力。另一方面，健全许可制度。重点健全个人征信数据采集、利用、清洗、加工等工作的许可制。同时，在经营许可制度中明确征信业务的开展范围，根据业务范围的差异对注册资金额提出不同的要求。其二，明确划定征信机构的法律责任。着重划清征信机构在征信数据的采集、共享等相关工作的法律边界，并建立有效的权利救济机制。

（二）实现数据的有效流动

实现数据的有效流动，是打破数据孤岛的方式。而构建数据的有效流动机制,不仅要兼顾制度化,更要兼顾市场化。因此,可以数据聚合中心模式来实现数据流动。在该模式下,各个机构无须将数据事先交予数据中心,而是保留自己的数据库,通过 API 与数据中心连接。当征信机构需要数据时,仅需将请求发到数据聚合中心,数据聚合中心将请求发至除这个请求机构外的所有机构。机构基于请求,将相应数据返回,数据聚合中心对返回的数据清洗加工后再给查询机构。同时,为保障数据不被泄露及滥用,采用区块链技术,将传输数据改为加密索引,使数据聚合中心升级为盲数据聚合中心。保障数据安全的同时,实现数据的有效流动。

(三) 建立有效的监管机制

建立有效的监管机制是保障个人征信业务有序运行的关键,从监管机制的构建上看,建议整合部委力量,建立以中国人民银行为主导、多部门共同参与的监管体系。建议金融数据包括互联网的金融消费数据的采集由央行监管,个人社交、生活场景数据的采集与公告领域个人信用分监管体系共融,由专门部门负责。监管部门应按照自身监管职责和个人征信业务的发展制定和修改监管政策,加强对社会第三方征信机构的市场准入、退出、企业经营、市场竞争等方面的管理,探索建立负面清单管理模式。建立健全金融消费者投诉机制,建立消费者在线投诉平台。

(四) 加快信用教育的普及

建议加快信用教育的普及,以《青年信用体系建设规划(2016—2020)》为例,出台明确的全社会参与的信用教育、信用学习的规划纲要。建议加快以高校、社区等为平台,普及个人征信知识,宣传个人信用分,着重普及信用分的个人管理知识。建议以互联网新媒体、融媒体等平台,向社会公众宣传市场个人征信的发展情况和失信案例,提高公众对个人征信的感知度。建议继续推动社会第三方个人征信机构业务的拓展,鼓励个人信用评分在多场景应用,提高用户黏性,使民众切实感受到个人信用分的存在和维护个人信用的重要性。

第四章
信用承诺制度

按照汉语词典,"承诺"的含义是答应办理事情。在商业领域,承诺,也称"接受"或"收盘",是受要约人同意要约的意思表示,即受约人同意接受要约的全部条件而与要约人成立合同。承诺的法律效力在于,承诺一经作出,并送达要约人,合同即告成立,要约人不得加以拒绝。近年来,随着社会信用体系建设的不断深入,信用承诺制也逐渐进入行政管理、社会治理、公共服务、商务金融等诸多领域。

信用制度包括信息公示制度、信息归集共享制度、失信联合惩戒和守信联合激励制度、红名单和黑名单制度等。其中,信用承诺制度在这些信用制度中具有独特意义。信用承诺制度目前在学术上并没有统一的概念,但在我国社会信用体系建设进程中,多行业多领域多地区已在实践中广泛应用并取得明显实效。

信用承诺制是构建以信用为核心的新型市场监管机制的重要内容，是创新社会治理方式、加强事中事后监管的重要举措，是推动市场主体自我约束、诚信经营的重要手段，是深化"放管服"改革、优化营商环境的内在要求。具体而言，市场主体信用承诺就是市场主体以规范格式向社会做出公开承诺或声明，以获得某种资格、权利或社会公众的信任。信用承诺一旦作出，将纳入市场主体信用记录，接受社会监督，并作为市场监管部门对市场主体准入和监管的参考。信用承诺制度可以贯穿市场主体全生命周期，衔接事前、事中、事后监管全链条，覆盖市场主体准入、生产经营到退出的全过程。

概括地说，信用承诺，是指行政相对人根据行政管理部门及具有行政管理职能的事业单位及其他组织的要求和诚实信用原则，对自身的信用状况、申请材料的真实性、应尽的义务以及违约责任作出书面承诺。

《社会信用体系建设规划纲要（2014—2020年）》提出，逐步建立行政许可申请人信用承诺制度，并开展申请人信用审查，确保申请人在政府推荐的征信机构中有信用记录，配合征信机构开展信用信息采集工作。

2019年7月9日印发的《国务院办公厅关于加快推进社会信用体系建设 构建以信用为基础的新型监管机制的指导意见》（国办发〔2019〕35号）在第二部分"创新事前环节信用监管"中专门对建立健全信用承诺制度进行了部署。指导意见指出，在办理适用信用承诺制的行政许可事项时，申请人承诺符合审批条件并提交有关材料的，应予即时办理。申请人信用状况较好、部分申报材料不齐备但书面承诺在规定期限内提供的，应先行受理，加快办理进度。书面承诺履约情况记入信用记录，作为事中、事后监管的重要依据，对不履约的申请人，视情节实施惩戒。要加快梳理可开展信用承诺的行政许可事项，制定格式规范的信用承诺书，并依托各级信用门户网站向社会公开。鼓励市场主体主动向社会作出信用承诺。支持行业协会商会建立健全行业内信用承诺制度，加强行业自律。

国家发展改革委副主任连维良在国新办举行的政策吹风会上对该文件进行解读时指出，政府部门对守信者畅通绿色通道，以信用承诺为基础，在行政审批、政府采购、招标投标等涉及政府部门的事项办理当中为守信者提供"容缺受理""容缺审批"的服务，做到让守信者信用越好审批越快，我们通常把这种做法叫作"信易批"。

中央党校政法部经济法室主任王伟认为，在传统的市场监管体制下，政府偏好于用管理强度较高的手段管理经济，如行政许可、监督检查、行政处罚等，信用承诺制度属于合作式的管理，相当于在政府部门和行政相对人之间缔结了合同关系，是一种较为柔性的管理手段，双方地位相对平等，容易获得被监管对象的认同。同时，信用承诺制可以较为详尽地记载监管部门的管理目标和要求，从而将法律规则转化为更具有可执行性的承诺条款，有效地解决立法条文不完备以及法律实施偏软的问题。北方工业大学能源法研究中心主任陈兴华表示，信用承诺制度是构建以信用为核心的新型市场监管机制的重要内容，在简政放权背景下，市场主体登记的信用承诺制成为一些地方政府的发力点。

尽管信用承诺制度在全国开展的风生水起，但关于信用承诺方面的理论研究可以说才刚刚开始，能够检索到的资料和文献非常有限。由于信用承诺覆盖面极大，承诺的主体、承诺的事项、承诺的性质也都各不相同，按照不同标准，可以有多种分类方式，这也为研究的分类带来了极大的困难。而且不管怎样分类，仍有很多创新型的信用承诺很难一一归类。因此本研究作为抛砖引玉的一个探索，根据《国家发展改革委社会信用建设示范城市评估指标细则（2019年参考版）》中的分类方法，将信用承诺分为主动承诺型承诺+行业自律型承诺、审批替代型承诺、容缺受理型承诺、失信修复型承诺四个种类进行讨论，其中难免有挂一漏万之处，还请广大读者批评指正。

第一节 主动承诺型承诺和行业自律型承诺

吴小雁 王 淼[*]

主动承诺型承诺和行业自律型承诺均属于自律型承诺。主动承诺型承诺是指市场主体在进入市场或开展某些具体业务时自愿签署,并向社会公布的信用承诺书。行业自律型承诺一般由行业协会、商会根据行业特点,统一制定行业自律承诺格式文本,组织会员作出承诺,并在相关网站上公示。

一、主动承诺型承诺和行业自律型承诺是覆盖面最广的承诺

在示范信用体系建设示范城市评审指标中,将这两类承诺合并进行统计,要求合计覆盖90%以上市场主体。作为自律型承诺,一个最大的特点是承诺的事项比较宽泛、抽象,在某些领域可以说是一个"诚信保证书",承诺的对象也比较广泛,既包括企业、农村专业合作社、个体工商户、自然人以及其他组织,承诺的事项可以是市场准入前工商事项,也可以是申请政策扶持、资金补贴、认证、资质认定的事项,还可以是申请司法诉讼、行政仲裁、司法公正、鉴定等事项。

同时,接受承诺的单位也是包括方方面面。包括具有市场监管职能的工商、安全生产、食品药品、产品质量、建筑市场、环保、公共资源交易、消防等行业主管部门;具有政策扶持、资金补贴、仲裁、司法公正、鉴定、认证、资质认定等职能的主管部门和行业组织;以及其他根据业务需求需要建立信用承诺机制的单位。

---

[*] 吴小雁,《中国改革报》副总编辑,《中国信用》杂志总编辑;王淼,《中国改革报》编委,《中国信用》杂志执行主编。

需要指出的是，在我国行业性承诺大部分仍是由行政主管单位发起的，行业协会商会作为民间性组织，它不属于政府的管理机构系列，而是政府与企业的桥梁和纽带。发挥行业协会商会作用，强化行业信用建设，是加快构建以信用为核心的市场监管体制、推进社会信用体系建设的重要途径和重大举措。发挥行业协会作用，在行业管理中更好地应用信用承诺制，是今后一段时期政府管理向行业自律发展的一个重要方面。

二、主动承诺型承诺或行业类信用承诺的主要内容

主动承诺型承诺或行业类信用承诺的主要内容包括并不限于以下内容：

（1）承诺单位（个人）对国家法律、法规和规章的严格遵守，全面履行应尽的责任和义务；

（2）承诺单位（个人）对提供给登记管理机关、业务主管单位所有资料的合法、真实、有效真实性负责；

（3）承诺单位（个人）依法开展生产经营活动，自我约束、自我管理，重合同、守信用，不制假售假、商标侵权、虚假宣传、违约毁约、恶意逃债、偷税漏税、价格欺诈、垄断和不正当竞争等，主动接受行业监管，自愿接受失信约束和惩戒，并依法承担相应责任；

（4）承诺单位（个人）自觉接受行政管理部门、行业组织、社会公众、新闻舆论的监督；

（5）承诺单位（个人）同意按照行业管理规定，将承诺书向社会公示；

（6）承诺单位（个人）在违背承诺约定，经查实，愿意接受行业主管部门和信用管理部门相应的规定处罚，承担违约责任，并依法承担相应的法律责任；

（7）根据部门、行业管理规定需要作出的其他承诺。

三、完善的工作流程是保障承诺效果的重要基础

由于前面所述，这一承诺覆盖面广，承诺单位和接受承诺对象众多，性质特点差别也比较大，因此在具体条文上也会带有不同行业的自身特点。完善的流程是保障承诺效果的重要基础，在信用承诺的工作流程上，主要有这样一些步骤：

一是制定承诺工作细则及规范文本。行政主管单位或各行业组织应根据本行业特点和工作实际制定本行业领域实施信用承诺制的工作细则及《信用承诺书》格式文本。

二是组织单位作出信用承诺。一些地方行政管理部门和行业协会商会组织了庄严、正式的大型承诺书签署仪式，让承诺单位（个人）在签署承诺书时即受到严肃的诚信教育。

三是信用承诺书的归档和公示，保障信用承诺的管理效力。

在组织行业企业签署承诺书之外，还有部分行业协会商会采取了制定行业自律公约的形式，建立行业自律机制，维护行业的公平竞争和正当权益，提高服务质量，规范从业行为，促进行业健康发展。

四、自律型信用承诺的发展尚需进一步探索

近年来，在国家的大力倡导下，主动承诺型承诺和行业类信用承诺在全国发展很快，从信用中国网站及地方网站公示的信用承诺书的比重看，此类承诺书占总数的绝大部分。除了主管行业的大力推动，从全国性行业协会商会来看，已经有中国中小企业协会、中国工业合作协会、中国工程咨询业行业协会、中国物业管理协会、中国保险资产管理业协会、中国信息协会市场研究业分会、中国煤炭工业协会、中国汽车工业协会、中国种子协会、中国有色金属工业协会、中国石油和石油化工设备工业协会、中国支付清算协会、中国银行业协会、中国软件行业协会、中国化学制药工

业协会等数十家协会将所制定签署的信用承诺文件上传至了"信用中国"网站。

在地方层面，这两类信用承诺开展更加广泛，在行业的自我管理中的作用不断加强。但在实践中，这种自律型的信用承诺还存在以下一些突出问题：

一是承诺普遍存在较为宽泛的内容。在文本中大都原则性地强调遵守国家法律、倡导公平竞争、不弄虚作假等，但相当一些承诺文件本行业特色不鲜明，信用承诺的针对性不强。

二是自律与法定义务的边界还有待进一步厘清。有研究认为，法律体现国家意志，遵纪守法是一个组织和公民应尽的义务，如果不遵守，那就是违法，是要接受法律制裁的。从惩戒角度看，违法对应的是司法性惩戒，是力度最大的惩戒。因此，主体是否遵纪守法这一底线应由法律来守护、由司法机关来守护，而不是通过约束性有限的承诺制来解决。

三是行业组织与市场监管部门在开展行业自律时的责任和义务还不明晰。很多地方，行业性的信用承诺并非由行业协会商会推动，而是由行业主管部门发起，使得信用承诺这一行业自律手段变成了强制性监管手段，行业自律与市场监管在某些地方还存在一定的交叉和混淆。同时，哪些类型的承诺可以由行业性协会商会组织发起，哪些类型的承诺可由政府监管部门发起，还有待进一步讨论厘清。

四是缺乏配套管理制度，普遍存在重承诺轻处罚现象。在自律型信用承诺的开展过程中，承诺书的签署或自律公约的发布，就标志着这一工作已经完成。一些承诺书规定仅仅局限在自律上，如果企业不能做到自律时，文件尚缺乏对于相关管理制度的表述，如何对其行为进行公示，如何将相关信息报送有关部门作为联合奖惩依据等都没有清晰的管理路径。

五是行业信用开展不均衡。陈兴华的研究认为，有清晰主管部门的领域一般推进实施得比较好，缺乏主管部门或者涉及多个主管部门（如招标投标领域），信用承诺监管的推进就可能难度较大。国务院主管部门在地方有对应机构设置的领域，信用承诺监管推进得比较顺利、广泛、全面。

反之，不同地方的推进程度不一。同时，一些重要领域（如中医药领域）缺乏信用制度建设，信用承诺实践很少，亟待加强。有些领域（如金融领域）信用建设虽然较早，但还未积极引入信用承诺。

国家发展改革委副主任连维良曾指出，着力签署行业信用承诺，这是行业信用建设的起点。行业信用承诺要突出行业生产经营特点和社会公众关注的重点，抓住关键问题，做到简洁明了、易懂易记，便于落实和监督。要组织企业签署行业信用承诺，把承认和签署行业信用承诺作为吸收企业入会的基本条件之一。根据这一精神，各地方、各部门及行业协会商会组织应继续积极探索，争取早日建立起具有中国特色的行业承诺管理制度。

第二节　审批替代型信用承诺

吴小雁　王　淼[*]

审批替代型信用承诺是指由各级行政审批机关根据各自权限，制定规范格式的告知承诺文书，在公民、法人和其他组织提出行政审批申请或资质审查时，行政审批机关一次性告知其审批条件和需要提交的材料，申请人按告知承诺书格式以书面形式承诺其符合审批条件，由行政审批机关作出行政审批决定。从实践看，现在最常见的审批替代型承诺有告知承诺和企业投资项目承诺两种。

一、实行告知承诺成为涉企行政审批改革的重要方式

告知承诺是指行政审批机关告知申请人审批条件和需要提交的材料，

---

[*] 吴小雁，《中国改革报》副总编辑，《中国信用》杂志总编辑；王淼，《中国改革报》编委，《中国信用》杂志执行主编。

申请人以书面形式承诺其符合条件即可取得行政审批决定的方式。采取告知承诺方式实施行政审批，不仅是对传统行政管理理念的突破，也是对原有行政审批流程的再造。

早在2001年上海市浦东新区就开始进行告知承诺制的改革试点，力图在现行法律、法规的框架内，通过审批方式改革来调整政府职能，探寻一条与市场经济体制相容的、较科学完善的行政管理体制的道路，成为地方政府行政审批制度改革的一个战略性决策。这一探索陆续展开，无论是中央部委，还是各地行政管理部门都开始尝试将这一改革在本系统进行推广，以期达到简化审批、提高效率的目的。

这一试点也得到了国家的高度支持。国务院《关于在全国推开"证照分离"改革的通知》（国发〔2018〕35号）对纳入"证照分离"改革范围的涉企（含个体工商户、农民专业合作社）行政审批事项分别采取以下四种方式进行管理，其中包括：直接取消审批；取消审批，改为备案；简化审批，实行告知承诺；完善措施，优化准入服务。其中对简化审批，实行告知承诺做出规定如下：对暂时不能取消审批，但通过事中事后监管能够纠正不符合审批条件行为的行政审批事项，实行告知承诺。有关部门要履职尽责，制作告知承诺书，并向申请人提供示范文本，一次性告知申请人审批条件和所需材料，对申请人承诺符合审批条件并提交有关材料的，当场办理审批。市场主体要诚信守诺，达到法定条件后再从事特定经营活动。有关部门实行全覆盖例行检查，发现实际情况与承诺内容不符的，依法撤销审批并予以从重处罚。该文件还明确了实行告知承诺的19个事项。

国发〔2018〕35号下发后，中央部门推动的告知承诺改革进一步加大，仅从2018年开始就有国家市场监管总局要求各地试点推行食品经营许可证申请的"告知承诺制"；住建部在全国范围对建筑工程、市政公用工程施工总承包一级资质审批实行告知承诺制；司法部印发了《司法部关于印发开展证明事项告知承诺制试点工作方案的通知》，在天津、河北、辽宁、上海、江苏、浙江、福建、山东、广东、海南、四川、陕西、甘肃等13个省（市）和公安部、司法部、人力资源社会保障部、自然资源部、交通运输部等5个国务院部门开展试点；人力资源社会保障部人事考试中心中专业技术人员资格考试报名证明事项告知承诺制试点工作实施方案》，明确在2019年6—11月的12项职称考试中，报考人员无须携带证明材料到现场进行资格审核，审核部门将通过数据平台核验信息，失信应试人员将被纳入全国信用信息共享平台，实施联合惩戒，并向社会公布；中办国办印发《关于深化消防执法改革的意见》明确简化公众聚集场所投入使用、营业前消防安全检查，实行告知承诺管理，公众聚集场所作出其符合消防安全标准的承诺后即可投入使用、营业。

通过以上文件，我们不难看出，告知承诺作为审批替代型承诺的主要方式，已在各个领域开展起来，成为深化行政审批制度改革，营造风清气正的良好营商环境的重要手段。在社会信用建设示范城市创建中也把这一类型的承诺作为主要考核指标之一。

二、告知承诺制的承诺内容及特点

（一）告知承诺是建立"诚信推定"基础上的新型监管和服务机制

这标志着行政管理部门对于承诺对象的更大信任，并能够极大地节约办事所需要的各种成本，为办事对象提供更大的便利。如国家税务总局近日印发《开展税务证明事项告知承诺制试点工作方案》（简称《工作方案》），确定在河北、江苏、浙江、大连、厦门5个省（市）税务局开展证明事项告知承诺制试点。该方案即提出，对适用告知承诺制的证明事项，税务机关以书面（含电子文本）形式将法律、法规中规定的证明义务和证明内容一次性告知申请人，申请人书面承诺已经符合告知的条件、标准、要求，愿意承担不实承诺的法律责任，税务机关不再索要有关证明而依据书面（含电子文本）承诺办理相关事项。

（二）告知承诺的实施得益于近年来信用信息平台的建设基础

如《专业技术人员资格考试报名证明事项告知承诺制试点工作实施方

案》明确报考人员无须携带证明材料到现场进行资格审核,审核部门将通过数据平台核验信息。这表明,告知承诺中申请人原来需要提交的大量材料,现在已经可以通过信用信息共享平台等进行检索,这也从源头上保证了承诺事项的真实可靠。

(三) 告知承诺并不意味着监管的放松

相反,申请人一旦在检查或抽查中发现弄虚作假的情况,将会按照承诺的标准受到严厉的处罚。如近日,浙江省市场监管局会同省司法厅联合印发《关于在市场监管领域实施轻微违法行为告知承诺制的意见》(以下简称《意见》),明确对市场监管领域市场主体首次、轻微且没有造成明显危害后果的67种轻微违法行为,实施告知承诺制。但该文件同时指出,对于市场主体签署承诺书后不履行承诺,或整改后再犯的,市场监管部门应对其违法行为依法查处,并结合其违法的其他方面依法从重处罚。同时,根据《企业信用信息公示暂行条例》的有关规定将其违法信息通过国家企业信用信息公示系统予以公示。

三、企业投资项目承诺制改革值得关注

近年来,在推动企业项目开工建设方面,审批替代型承诺在各地发挥了积极的作用。与告知承诺不同,这类承诺的实施主体允许相关企业在没有取得所有审批要件时开工建设,但一般要求申办对象必须在一定期限内补办完所有要件手续,用通俗的话说,就是"先上车后买票"。如湖北省黄石市、南京市江北新区、广东省肇庆市、山西省太原市等都率先进行了"先建后验"信用承诺的探索,将企业开工建设前办理事项的时间大大压缩。2018年1月3日,李克强总理在国务院常务会上听取了国家发展改革委作的行政审批制度改革汇报,对黄石的经验给予高度肯定:"湖北(黄石)'先建后办',为企业省了时间,这种做法很好。"

2018年以来,企业投资项目承诺制改革就已经从地方试点探索上升到

了中央统一要求。2018年4月,国务院明确提出推进企业投资项目承诺制改革试点。2019年3月,国务院办公厅印发《关于全面开展工程建设项目审批制度改革的实施意见》,明确要求2019年上半年实现全国工程建设项目审批时间压缩至120个工作日以内。2019年6月,国务院召开常务会议推广信用承诺制,明确要求对相关行政许可事项,申请人承诺符合审批条件并提交有关材料的,应予以即时办理。

(一)企业投资项目承诺制的特点

1. 地方政府与企业都有进行审批事项改革的迫切愿望

信用承诺制未实施之前,企业投资项目是按照"先批后建"的流程办理。建设的项目从立项到开工,包括规划许可、招标、施工图审查、施工许可、消防、安全与职业卫生评价、环评、能评等共有20多个环节,涉及部门多,耗时至少在半年到八九个月。企业与招商引资的地方政府都有非常迫切的愿望将这些环节精简下来,但由于国家相关法律法规的滞后和相互冲突,完全按照法定流程的话,就势必大大牺牲效率。

2. 审批替代型承诺本质上还是流程上的优化

从目前的"先批后建"改革看,在开展信用承诺后,企业在完成联合预审、联合踏勘、承诺文本公示、设计方案审查后,即可开工建设,但作为承诺内容,企业还必须在规定时间内补办完成所有的事项,即把其余的前置事项都后置到项目开工后进行,本质上并没有违反现有的法律法规,也为这一改革的顺利实施提高了可行性。

3. 审批替代型承诺通过双向式承诺,极大地获得企业信任

湖北省黄石市提出企业方面,必须承诺项目建设及运营合法合规、确保安全,符合各领域法律法规要求的相关规定,不能留下任何"后遗症"。政府方面,在完善信用体系的基础上,只要企业做出诚信承诺,即可拿到施工通知单开工建设。广东省肇庆市的提法是"双容双承诺","双容"就是允许企业容缺、政府容错,"双承诺"就是企业向政府承诺、政府向企

业承诺。这样一种"双向承诺"就更好地把双方利益放在了完全一致的地位上,从而有效地保障了承诺的顺利实施。

4. 违反信用承诺的企业将付出极大经济、社会代价

相关城市均规定,明确承诺书公开公示,接受社会监督。实行信用监管"零容错",通过建立企业信用积分、诚信档案、联合惩戒、红黑榜等制度,倒逼企业守承诺、讲信用,把"重审批轻监管"变为"轻审批重监管"。对于实施"信用承诺制"的项目,相关部门将加强风险监测防范,一旦发现企业在项目建设中存在违法违规、违背承诺等行为,责令立即整改,整改不合格的不得投产使用。企业及相关责任人的失信行为记入公共信用信息系统,情节严重的列入信用"黑名单",永久取消适用承诺制资格,并实行相关行业和市场禁入。

(二) 企业投资项目承诺制的作用

实践证明,企业投资项目承诺的实施大大提高了审批效率。黄石市经开区企业开工前办理事项所需要时间由之前的 79 天下降到 6 天;广东省惠州市惠城区实施并联审批和容缺审批制度,企业从摘牌到拿到施工许可证,最快只需 20 个工作日(一个月内),比原来缩减了 3 个月的时间。南京市江北新区推出让企业"拼积木"式的信用承诺制,将整个开工流程压缩至 20 个工作日左右。此前需前置办理的各类行政许可手续,项目只需承诺在竣工投产前完成即可。对于这一改革,浙江省则将核心做法总结为四大关键词:政府定标准、企业作承诺、过程强监管、信用有褒惩。

在国家大力倡导行政审批制度改革的大背景下,目前不少地方都已经将开展信用承诺制作为优化营商环境、提高地方竞争力的重要手段,各种升级版的信用承诺也不断出现。2019 年 6 月,山西省政府办公厅印发《山西省深化企业投资项目承诺制改革行动方案》,提出进一步取消施工图审查,增加政府统一服务事项,省级以上开发区的一般工业项目实现"全承诺、无审批、拿地就可开工"。据山西省发展改革委主任姜四清介绍,为确保改革任务可考核、可问效,行动方案提出了明确的量化目标,要求全省企业投资备案类新开工项目实行承诺制占比达到50%以上、省级以上开发区纳入年度计划的建设用地政府统一服务事项完成率达到100%等。

以企业依法承诺和政府事中事后监管为主要内容的企业投资项目直接落地改革,推动企业投资项目审批便捷化和政府监管高效化,形成项目快落地、快建成、快投产的项目审批新格局。从改革必要性来看,市场化的经济体制改革已经进入深水区和攻坚期,现行审批制度确已对今后深化改革、"市场决定"形成深深的制约,深化审批制度改革已经迫在眉睫。在原有体制、政策、法律法规还在一定时间内难以得到完全修改时,审批替代型信用承诺作为改革的"过渡性措施",为项目的加快落地提供了可操作、有保证的管理手段。同时,信用承诺制是对现有审批制度的系统性改造,也是对原有审批事项必要性的一次"空转"检测,是对审批事项结构与流程的双重改革。如果能够按照预期深化改革,审批事项必将大幅减少,审批流程必将重新构建。

四、对审批替代型信用承诺的肯定与质疑

审批替代型信用承诺是最典型、应用最广泛的信用承诺。尤其是在深化"放管服"改革、简政放权、简化审批环节、降低企业制度性交易成本、激励市场主体自我约束、推动社会监督、建立社会信用体系、激发市场内生动力、优化营商环境方面,实行审批替代型信用承诺制度,会产生广泛的社会效应。

无论是告知承诺,还是企业投资项目承诺,审批替代型信用承诺从开始出现起就有一些赞同和反对两种声音。

赞同者认为,实施审批替代承诺审批方式可产生的经济效益与社会无形资产的增值。主要表现在:一是增强许可的透明度,审批部门和企业双方可一次性获取信息,降低了双方信息获取的成本。二是双方都提高了工作效率,降低了企业投资的机会成本和政府的管理成本,企业可快速进入

市场，减少商机贻误。三是减少了审批部门可能存在的搭车收费和其他寻租行为。四是显示出政府行为的透明、公正和高效，改善了政府的形象和投资环境，给本地带来社会无形资产的增值。

反对者则认为，告知承诺审批方式缺乏法律支撑。在告知承诺审批方式下，行政机关只对承诺进行形式审查，仅对程序内容的合法性承担责任，而实质内容的合法性由申请人承担责任。如告知承诺制度的出台实质上是对行政机关事前审查义务的免除，而其事后监管的责任根据《行政许可法》及相关法规是本就应当承担的。因此，告知方与承诺方之间的法律关系、法律责任、对第三人的法律效力等需通过立法加以明确。

第三节 容缺受理型信用承诺

吴小雁　王　淼[*]

容缺受理型信用承诺是指在办理行政审批以及其他事项时，应提交的材料中，非主审要件暂有欠缺或存在瑕疵，有关部门在市场主体提交信用承诺书后先行受理。其中包括两个部分，即"容缺受理"和"容缺收件"。前者是指申请人主要申报材料齐全且符合法定形式，非关键性申报材料有欠缺或存在瑕疵但不影响实质性审核的，经其书面承诺在办理部门作出办理结果前补齐或补正的，审批部门先予受理，本质上是"边受理边完善"的模式；后者是指申请人欠缺的申请材料影响实质性审核的，又不想带着材料来回跑，可先把材料暂存窗口，窗口先予收件，打破了"申请材料齐全且符合法定形式后再受理"的传统。

---

[*] 吴小雁，《中国改革报》副总编辑，《中国信用》杂志总编辑；王淼，《中国改革报》编委，《中国信用》杂志执行主编。

一、容缺受理型承诺的内容及形式

空缺受理承诺书与其他类型承诺书的最大区别是它的承诺事项更加具体。开展空缺受理的行政管理部门则必须明确办理审批事项时哪些材料是可以容缺的要件,哪些材料是必需的要件。申请人在进行承诺时则需要申明承诺的自愿和真实表示,对承诺内容完全知晓,提供的申请材料真实有效,同时要非常具体对承诺在什么时间点补齐哪些具体的材料。并承诺如果不能在承诺时限内补正空缺受理材料的,愿意接受包括原受理事项取消在内的各种失信后果。

二、容缺受理型承诺的特点

第一,容缺受理是简政放权的具体行动,也是"最多跑一次"改革的有效途径。以往办事,材料不全不给办,虽说是按章办事,但总让人感觉冷冰冰。特别是办理事项涉及多个部门、需提供的材料繁多时,办事者稍有疏忽就会造成材料遗漏、多次往返;同时,一些政府部门服务缺乏主动性,未履行事项一次告知义务,导致申报材料、程序重复进行,让办事者颇有怨言。容缺受理作为有态度、有速度、有温度的人性化安排,将有效解决申请人因申请材料不全"多次跑"问题,最大限度方便企业和群众。

第二,容缺受理模式突破的只是常规传统,而非法律法规。"容缺"只是"暂缺"而非"真缺",容缺受理只是对审批程序和流程的优化升级,而不是对法律法规的僭越,违法审批是绝对不容许的。2018年,天津市市场监管委全面推行容缺受理承诺制度就规定申请人书面承诺补齐材料的时限不超过10个工作日。对未按照承诺书补齐材料的申请人,按照本市有关规定将被列入"行政审批诚信档案黑名单",由此所产生的法律责任和后果由申请人承担。文件同时规定,已经被列入"行政审批诚信档案黑名单"的申请人,不适用本容缺受理承诺制度。其他开展容缺受理的行政管理部门也都有类似的规定,这样就在保障申请人亟须完成的审批事项的同时,将因相关材料不齐全所带来的风险降到了最低。从实践看,几乎所有签署了承诺书的申请人都能及时补齐材料。

第三,容缺受理承诺是基于社会信用信息平台进行的改革。在容缺办理过程中,事前查询申请人信用,符合信用条件的申请人才适用;事中对申请人办理过程中违反承诺的行为,记入诚信档案;事后对业务办理情况进行检查,对违法违规行为和失信行为记入诚信档案。在整个过程中,社会信用信息平台都发挥着基础性作用,这也保证了申请人进行承诺的严肃性。

三、容缺受理型承诺面临的问题

与审批替代型承诺一样,在获得广大办事主体普遍好评的同时,也有人对这一改革的合法性表示异议。这种观点认为,从改革的角度看,容缺办理模式基于对办事人的信任,在最大限度为市民"解绊"、为企业"松绑"的同时,也在一定程度上增加了行政人员的"麻烦"和"风险"。特别是对于有数量限制的行政许可,是否适用容缺办理模式,若适用如何避免可能由此产生的"谁在先"的判断问题与争议,必须前瞻性地纳入考虑范围之内。

第四节　失信修复型承诺

吴小雁　王　淼[*]

失信修复型承诺，是指黑名单主体为申请信用修复，按要求向有关部门提交信用承诺书，作出明确保证的行为。

信用修复是指失信主体在彻底纠正失信行为并承担相应法律责任的前提下，在接受诚信教育主动做出守信承诺并按规定履行相关社会责任的前提下，依法依规退出"黑名单"并相应解除失信联合惩戒，依法依规缩短或结束失信信息公示，依法依规规范保存信用记录的相关措施和过程。

一、信用承诺是失信修复的关键一环

《2018年失信黑名单年度分析报告》显示，2018年全国新增失信黑名单主体359.4万个。按照《严重违法失信企业名单管理暂行办法》，企业一旦列入"黑名单"，想翻身至少得等5年。为了给那些违法情节较轻并能及时纠正整改的企业改过自新的机会，近期以来，各地政府监管部门纷纷建立失信企业信用修复机制，如果失信企业主动纠错、重塑信用，在符合信用修复条件后，可以申请移出"黑名单"。

2019年7月16日，国务院办公厅印发《关于加快推进社会信用体系建设 构建以信用为基础的新型监管机制的指导意见》。其中规定要探索建立信用修复机制，即失信市场主体在规定期限内纠正失信行为、消除不良影响的，可通过作出信用承诺、完成信用整改、通过信用核查、接受专题

---

[*] 吴小雁，《中国改革报》副总编辑，《中国信用》杂志总编辑；王淼，《中国改革报》编委，《中国信用》杂志执行主编。

培训、提交信用报告、参加公益慈善活动等方式开展信用修复。

二、失信修复型承诺的主要内容和特点

信用承诺是信用修复的重要方式之一，失信主体在失信行为发生后，应主动做出守信承诺，承诺内容应包括且不限于"依法依规接受处罚""主动积极整改""不再触犯相关法律法规""在今后的工作生活中全面做到履约守信"等。

通过开展信用修复，既普及政策法规和诚信知识，又激励有轻微失信的市场主体改过自新、诚信经营，对于提高全社会的诚信水平有非常重要的意义。

信用修复型承诺具有这样一些特点：

第一，行政相对人须自愿通过异议修复渠道正式提请修复申请，并提交相关材料，材料须能够证明其已经履行行政处罚，主要包括缴交罚款收据等。对于行政相对人无修复意愿的，行政管理部门不强迫其进行承诺。

第二，行政相对人需要参加信用修复培训会，在完成一定的流程后方可进行信用修复的承诺。在培训过程中，通过对信用体系建设的国家有关的政策进行讲解，对相关的信用修复的流程进行讲解，让失信的行政相对人对自己的失信行为和信用修复过程进行深入了解，从而更好地树立诚信意识。2018年9月27日，首届公益性信用修复专题培训（以下简称"信用修复培训班"）在厦门正式开班，近百名失信企业的法定代表人或实际控制人，以及导致失信行为的企业管理人员参加了培训，考试通过后，失信企业的法定代表人或实际控制人签署了信用承诺书。

第三，相关承诺将在信用中国和地方信用网站进行公示。根据"2019首届全国优秀信用承诺书征集评选活动"北京市提供的材料，2018—2019年，北京市在密云、门头沟、怀柔、房山、朝阳、东城、丰台、海淀、石景山、西城、延庆、大兴、顺义、平谷、通州等各个区县开展信用修复工作，各个区县的失信待修复企业都签订了信用修复承诺书，各个区县就信

用修复工作都做了新闻报道，相关新闻信息信用北京的网站上也有展示，信用修复承诺书惠及上千家企业。

第四，违反信用承诺的企业将受到联合惩戒。通过明确惩戒条件，对承诺后逾期仍未整改到位、继续存在严重违法违规行为的失信主体，由行业主管、监管部门确认后，推送至公共信用信息平台系统，将其正式列入涉金融领域严重失信行为人名单。

三、失信修复承诺面临的主要问题

从目前来看，信用修复在全国尚处于起步阶段，对于承诺的地位和认识的认识也不尽统一，部分地方已经公布的违法失信企业信用修复办法中尚未将信用修复承诺作为必要程序。有专家明确提出，答应遵纪守法不应作为承诺事项。主体是否遵纪守法这一底线应由法律守护，由司法机关来守护，而不是通过约束性有限的承诺制来解决。

还有专家认为，目前的信用修复缺乏统一的标准，何种失信行为可以修复，以及可修复到何种程度还尚无定论。应当按照不同动机、不同失信程度来设置不同的修复流程，且应建立异议处理机制，并对行政机关以及社会中介组织建立起监督机制。

因此，从目前各地的实践看，信用修复承诺尚处于初步的探索阶段，如何在整个信用修复中发挥更大的作用还有待在实践过程中进一步探索。

第五节　信用承诺的地方创新与实践

吴小雁　王　淼[*]

近年来，在行政管理中实行信用承诺，已成为改进政府行政管理，推动市场主体自我约束、诚信经营，深化"放管服"改革，优化营商环境的重要手段。各地方、各部门在构建以信用为核心的新型监管机制的过程中，根据本地区、本行业特点及面临的现实问题，大胆创新，努力探索，创造了诸多好的经验。

一、地方信用承诺的探索

无论是从 20 世纪八九十年代以来，浙江温州人率先开展信用承诺，以扭转人们认为温州产品多数假冒伪劣的印象，还是如今在社会信用建设示范城市创建的引领下，广泛将信用承诺应用于各个领域，各地方都付出了极大的努力。尤其是近一年来，在随着信用监管在各个领域的陆续开展，信用承诺制度也开始为越来越多的地方所青睐，并呈现出一些新的特点。

1. 企业开展信用承诺更加主动

在行业监管部门和协会商会组织的带动下，自发开展承诺的企业越来越多。2019 年 3 月 15 日，东门故事餐饮管理（北京）有限公司、新发地十配网、北京智云达科技股份有限公司在京成立"从农田到餐桌"全链条可追溯食品安全诚信联盟，并发布诚信经营承诺书。2019 年 7 月，上海线下零售企业在大宁国际广场集体承诺：在商品没有质量缺陷的情况下，为

---

[*] 吴小雁，《中国改革报》副总编辑，《中国信用》杂志总编辑；王淼，《中国改革报》编委，《中国信用》杂志执行主编。

消费者提供更优质的服务，接受七天无理由退货。这一做法看齐互联网企业，将进一步提升"上海购物"的消费信任感、信誉度。一批优质企业向消费者提供了高于预期的退货服务：好美家、红星美凯龙、C&A 百货公司等向消费者作出 30 天无理由退货的服务承诺，美特斯邦威等品牌在消费小票上明确标识了退货政策相关说明。企业自发开展信用承诺，既是其提高其社会形象的需要，更反映了社会信用整个氛围的进步。

2. 信用承诺覆盖面越来越大

2018 年，在社会信用体系建设示范城市评审中，明确将四类信用承诺覆盖面达到 90% 或 100% 作为硬指标。在这一要求指引下，各地方，尤其是创建示范城市都认真予以落实。目前 16 个城市（区）已经被确定为第二批社会信用体系建设示范城市（区），其他申办城市也都明确了将这一工作向前推进的时间表。如 2019 年 3 月山东省烟台市出台的《关于加强市场监管领域信用体系建设的实施意见》明确，全面实行企业信用承诺制度，力争到 2019 年底，全市规模以上工业企业的信用承诺书签订率达到 80% 以上，到 2020 年底前实现全覆盖。重庆巫溪县探索了建设全领域信用承诺，实现县内续存企业承诺全覆盖以及全民信用承诺活动。该县印发的《巫溪县全领域信用承诺制度》明确，企业签订全领域承诺书后进行网络公示，无须再次签订各种承诺书，承诺书纳入诚信档案进行备案管理。

3. 企业享受到的好处越来越多

在地方信用承诺创建中，越来越多的地方给予守信企业更多的优惠和便利，尤其是审批替代型信用承诺的实施，让办事单位和个人，充分享受到了简政放权、效率提高的便利。此外，一些地方还对开展信用承诺的单位给予了某些优待措施。如在宁夏银川市，通过继续开展工程建设领域农民工工资支付管理诚信承诺企业等评选活动，认定 70 家企业为银川市 2018 年度工程建设领域农民工工资支付诚信承诺企业。被认定的银川市工程建设领域农民工工资支付管理诚信承诺企业，在银川市行政区域内的开发建设项目 3 年内免缴农民工工资保证金，施工许可不再办理缴纳农民工工资保证金的前置手续等优惠政策。吉林省长春市对于轻微违法的启动"首违警示制",人力资源社会保障部门在认定企业为首次非主观故意出现违规时,要求企业在完成整改报告并签署信用修复承诺书后,不启动处罚程序,在督促企业实现尽快整改的同时,也维护了企业的正常生产经营行为。

4. 在化解社会难题中的作用越来越大

在深圳市,以往的全区中学生积分入学申请工作中,部分家长为了获取高积分,铤而走险伪造有关证明材料或者提供虚假证明材料,严重破坏了教育的公平公正。2018年,宝安区教育局要求广大家长在递交入学申请材料时必须签订信用承诺书,承诺材料的真实性,如发生违反承诺行为,将纳入个人信用报告,并取消入学资格。2018年,全区中小学招生工作中,学生家长共签署信用承诺书5万多份,对有效解决"虚假材料"的老大难问题发挥了重要作用。江苏宿迁针对卫生环境治理难的问题,实施了"信用承诺+契约管理",在标准化集贸市场、沿街商铺等8个领域进行试点,商铺商户把《市区沿街商铺信用承诺书》贴在墙上,这些承诺书详细列明了商家在环境卫生、市容秩序等方面所作的信用承诺以及奖惩措施。市区沿街商铺信用承诺内容包括环境卫生、餐厨废弃物处置、油烟污染防治、城市市容秩序等方面,每块内容再具体细化,经所有商户签字后实施,违反承诺的,每发现一次(处)相应扣其信用分,严重者将面临联合惩戒。根据市场监管部门统计,实施"信用承诺+契约管理"后,他们接到的诸如缺斤少两、价物不符等非诚信投诉大大减少,街道环境也变得干干净净,实现城市由城管独管到社会共管、商户自管的良好局面。

5. 信用承诺的权威性、严肃性越来越高

在信用承诺的实施过程中,不少地方都建立了完善的程序和相关配套制度进行管理,并将其作为社会信用体系建设的重要元素,一旦承诺人失信,失信行为将被列入社会信用记录。如河北省提出将信用承诺履行纳入信用记录,推进信用分级分类监管,依据企业信用情况在监管方式、抽查

比例和频次等方面采取差异化措施，共享市场主体基础信息和执法监管信息，形成数据同步、措施统一、标准一致的信用监管协同机制。海南省三亚市建立信用承诺制度提出，遵照"承诺确定-组织承诺-存档备案"的程序：行政相对人在办理相关业务时按照三亚市司法局制定的《三亚市司法行政系统法律服务行业信用承诺书》进行承诺后，将被作为承诺对象的信用记录纳入信用系统进行存档、公示。在广东惠州，在工业项目落地方面予以承诺企业容缺受理或者免审优惠的过程中，全程引入了信用管理的做法，一旦违背承诺，项目业主及中介机构将被列入承诺制改革信用黑名单制度，5年内不得申请实施承诺制审查审批。相关单位还可视情节依法将其列入禁止参与评优评先和限制公共资源交易、财政资金支持、上市或融资等惩戒范围。

以上我们列举的案例只是各地信用承诺，积极探索信用监管新模式中有代表性的一些做法和特色。在国家发展改革委的指导下，2019年3月，《中国信用》杂志主办了全国首届信用承诺书典型案例征集活动。这一活动至少有32万人参与、投票203万次，在活动中，413份信用承诺书参加了评比，共评出优秀信用承诺书32份。通过开展这一活动，组委会认为，信用承诺在开展上呈现出基层创新多、应用场景多、践诺比例高的"两多一高"特点。通过报送上来的承诺中践诺情况看，70%以上的信用承诺践诺比例在80%以上，充分说明了信用承诺的价值所在：这让监管方和被监管方在信任中都充分受益，效率和质量双丰收。在各地特别是基层的创新中，我们也陆续看到，信用承诺成为提升信用监管效能、营造社会守信受益氛围的重要手段。

二、信用承诺的地方创新与实践中存在的问题

在地方信用承诺开展不断取得创新和突破的同时，我们同样需要承认，这项工作毕竟刚刚起步，在实践探索中仍然存在一些亟待解决的问题。

1. 形式主义问题仍在一定程度上存在

用轰轰烈烈的形式代替扎扎实实的落实，用光鲜亮丽的外表掩盖矛盾和问题，这些形式主义的表现在信用承诺的开展中也有所表现。有的地方信用承诺活动搞得轰轰烈烈，但具体落实情况却不尽如人意，也有的承诺没有清楚地界定违反承诺的认定机构和认定程序，甚至出现了信用承诺书签署完成之日，即是承诺活动结束之时的情况。部分行业领域对所开展的承诺未进行实质性约束。有相当一部分承诺书只是泛泛而谈了一些原则性的要求，例如要求诚信守法，但缺乏有实质性、具体的指涉，这可能会导致承诺书在实际应用过程中，因为没有具体的对应事项，而不能有效发挥其约束作用。

2. 信用承诺的规范性还待提高

从全国首届信用承诺书典型案例征集活动的情况看，承诺书要素内容不充分、不规范的现象比较突出。比如违约监督主体、违约责任这两个要素，很多在承诺书中列出：如出现违背承诺书的行为，愿意接受相关部门监督、承担法律法规责任等，但没说明具体要承担什么责任。再比如有些承诺书只提供文字性的说明材料，比如践诺比例95%，并没有提供具体证明材料，无法客观证明实际践诺情况。同时，还有相当一些单位开展的信用承诺，并没有建立起相应的配套制度，这就在一定程度上削弱了信用承诺应有的实施力量。

3. 公示意识不够或公示渠道不明确

在信用承诺的开展过程中，仍有一些地方并未将公示作为监督承诺是否得到真正落实的重要方式，也存在一些企业个人在签署承诺书后不愿公示的现象。这一现象在一些行业和市场类承诺书中体现的比较明显。据初步统计，通过"信用中国"官网或其他渠道进行公示的大约只有30%，大部分承诺书没有公示。有些是因为有特殊原因不便公示，但大多并未说明未公示的原因。如果没有缘由的缺乏公示，将导致监督承诺主体是否履行责任的重要渠道有所缺失。

4. 个别地方也还存在一定的违法违规情况

在信用承诺的实施过程中，个别单位和个人出于私心，为信用承诺的开展设置条件，甚至从中牟取利益，严重违背了信用承诺活动开展的初衷。2019 年 7 月 15 日，宁夏自治区审计厅公布的 2018 年度自治区本级预算执行和其他财政收支审计情况显示，有 5 个单位违规收取信用承诺保证金 12.5 亿元、建筑工程劳动保险费 1827.81 万元；有关主管单位未及时清退投标保证金 1654.92 万元。违规收取信用承诺保证金等违法现象目前的相关报道和披露还比较少，但作为倾向性苗头仍然非常值得警惕。

三、对地方开展信用承诺的建议

基于以上分析，我们对地方进一步做好信用承诺工作提出如下建议：

1. 进一步提高对信用承诺制重要性的认识

要认识到，信用承诺是主体自律和自我约束的信用建设方式，是成本最低、效果最好的信用举措。国家发展改革委副主任连维良在 2019 中国城市信用建设高峰论坛上指出，各城市要加大贯彻落实，在条件适宜的行业和领域，大力推广和应用信用承诺。在新的形势下，各地方、各行业的有关负责人，要充分认识信用监管、信用承诺在政府行政体制改革中的重要作用，深刻理解这一手段在简政放权、激发市场活力、促进社会诚信体系建设中的作用发挥途径，避免形式主义、官僚主义，让其更大范围、更宽领域发挥出应有的作用。

2. 进一步完善信用承诺制的流程规范

各地方在创新中，要继续加强理论和实践两个方面的探索，把握好信用承诺工作的适用范围、应用场景，既要加大对信用承诺工作的支持力度，又要防止将这一工作扩大到不该覆盖的领域。在信用承诺的开展过程中，要重视流程建设，从信用承诺活动的组织、配套制度的制定、承诺书的规范编写、违反承诺的处理处罚等方面，科学谋划、规划管理，让组织承诺部门和开展承诺的单位个人通过活动更加知敬畏、守诚信，从而带动社会风气的全面好转。

3. 进一步做好信用承诺的总结与宣传

各地方、各部门应对开展信用承诺的情况进行及时总结，对所取得的经验，面临的问题，以及承诺书文本在实际工作收到的建设和意见进行梳理。同时要进一步加强宣传，把好的做法、好的经验、好的模式，让更多的社会大众所了解。利用"3·15"等重要时点，全面系统地宣传和普及信用承诺知识，引导行业单位诚信办事，生产企业诚信做产品，在行业单位和从业人员中逐步形成"诚实做人、诚信做事、诚信做产品"的良好氛围。在全社会形成支持信用承诺、主动践行信用承诺的浓厚氛围。

4. 进一步提高承诺书的写作质量

信用承诺书可以在更精致、更精准方面下功夫，具体建议可以概括为"六必备、四齐全、两简化"。"六必备"是指从信用承诺书总体结构和后续管理来看，应包括六个部分：有法律和政策依据、有权利义务事项、有监督渠道、有承诺时间、有监督主体、有违约责任。"四齐全"是指承诺书除了具备基本要素外，还应该有编号、有统一社会代码、有具体用途、有使用或公开的范围。"两简化"：一是在文本的表述方面，要尽量简化，让承诺人可以准确知晓承诺的内容；二是在信用承诺书的最后签字部分，建议单位法人或经办人有一方签署即可，以进一步简化办事流程，提高效率。

参考文献：

[1] 国务院办公厅关于加快推进社会信用体系建设 构建以信用为基础的新型监管机制的指导意见［OL］. 中国政府网 http://www.gov.cn/zhengce/content/2019-07/16/content_5410120.htm.

[2] 陈兴华. 浅析市场主体信用承诺的分类实施［J］. 中国信用，2019，3~4.

[3] 中国改革报社《中国信用》杂志课题组. 关于"先建后验"信用承诺审批

"黄石模式"的调研报告［K］.

［4］李孝猛. 告知承诺制及其法律困境［J］. 法治论丛，2007（1）.

［5］王瑞雪. 政府规制中的信用工具研究［J］. 中国法学，2017（4）.

［6］王宁江. 对承诺制建设的思考［J］. 浙江经济，2018（11）.

［7］浙江省发展和改革委员会浙江省经济信息中心课题组. 切实推进企业投资项目承诺制改革［J］. 浙江经济，2018（5）.

［8］张联成. 签署承诺书就能解决围标串标吗？［J］. 中国招标，2019（31）.

第五章 信用修复

20世纪90年代美国已颁布实施了《信用修复机构法》，对信用修复机构的从业规范做出了较为细致的规定。但在中国，信用修复是个全新的事务，并且，中国目前的信用修复与美国当年的信用修复其背景和意义有很大的不同。首先，根据相关规范，目前中国社会的失信主体数量庞大，社会对信用修复的需求迫切；其次，中国目前的信用修复类型除了错误信息的更正之外，更多的是失信主体改善自身行为的信用修复。因此，信用修复机制已成为中国社会信用体系的重要组成部分。立足于中国的国情，我们需要对信用修复的相关理论及其应用进行系统深入的研究。

第一节　信用修复基本理论

石新中　王辰超[*]

一、信用修复的概念

《现代汉语词典》对修复的释义是："修理使恢复完整"。故我们可以将信用修复理解为能够降低或消除信用主体的负面信用评价，使其尽可能恢复原状的一切活动。通常来说，既然是"修复"，就意味着事物的本来状态受到了某种程度的损坏。那么，为了恢复原状所进行的一切活动都应该称之为修复。至于修复的效果，既有可能恢复到原状，也有可能恢复不到原状。因此，信用修复的结果就包括两种情形：既包括修复之后失信信息不再向社会公示；也包括原来失信信息保存期限的缩短。

信用修复旨在改善信用主体的信用评价，使得失信者能够树立起新的信用状况以及守信的观念，督促社会主体守信。这里需要特别指出的是，信用修复的效果局限于信用评价的改善，而非人际交往中信任关系的改善。前者是将信用量化后的信用产品，能够随着时间推移与对失信行为或信息的补正得到改善，而后者则是因失信行为造成当事人之间信任关系的破坏，是很难修复的，甚至是不可逆的。

另外，根据美国《信用修复机构法》的规定，信用修复还不仅是对失信主体而言，没有失信行为的主体若能通过相关服务从而提升其信用能力、改善其信用评价也是信用修复的一种表现。

---

[*] 石新中，首都师范大学信用立法与信用评估研究中心主任、教授；王辰超，首都师范大学政法学院 2018 年硕士毕业生，现在北京云嘉律师事务所工作。

二、信用修复的类型

(一) 信用信息保存期限届满的信用修复

不良信用记录反映的是信用主体特定时期的信用状况,过早的不良信用记录难以反映信用主体当下的信用状况,故需要设置一种机制来消除过时的不良信用记录对个人信用评价的负面影响。因此,我们就应当赋予信息主体某种抹除或覆盖自己信息的权利。一旦信用主体因其失信行为形成了不良信用记录,该记录便始终存在于其个人信用信息数据库之中,这是符合全面与准确要求的。但是将过于久远的不良信用记录作为评价个人信用的依据并不符合信用评价及时性的要求,滞后的信用信息会导致信用评价的不准确,由此带来的负面影响可以通过设置不良信用记录的保存时限进行修复。事实上,美国的《公平信用报告法》就规定:一般信用信息的保存期限是7年,个人破产信息保存是10年。中国的《征信业管理条例》规定:个人的不良信用信息保存期限是5年。也就是说,对不良信用记录设置具体的"保存"时限,当超过时限时,相关组织将不得对该信息对外提供或公示。信用评价机构也不得在信用报告中采用以上信息作为信用评价的依据。否则,信用主体可以超过时限为由要求将该部分信息剔除出信用报告,消除其影响,以实现信用修复的目的。

(二) 错误信用信息改正的信用修复

2014年美国消费者金融保护局受理的48800件信用报告投诉案中,有77%的案件为信息不准确导致。准确评价个人信用状况的前提是信用信息的真实准确,但现实中存在着大量的信息采集不准确与第三人身份盗用现象,致使信用信息数据库中的信息全部准确、真实是难以实现的。失信行为的后果应当由行为人来承担,若没有失信行为则不应由其承担后果,但实际存在着不真实的不良信用信息与不能归咎于行为人的不良信用信息,因此应当允许信息主体通过积极行为得到救济，即"数据主体认为征信机构披露的信用信息不准确、不完整、不相关的，可以向征信机构提出异议，要求予以更正或者删除。"这不仅是对信用主体信息权的尊重，更是信用修复的目的所在。

（三）失信主体改善自身行为的信用修复

古语有云："人非圣贤，孰能无过"，在复杂的社会生活中，任何人都存在着失信的可能。失信行为的产生既可能是由于失信者恶意不履约导致的，如恶意的违约行为，也可能是因为过失致使授信者利益受损，如单纯的因为遗忘而延期还款。虽然在道德层面我们无法消除失信带来的后果，但是我们应当允许失信者采取积极主动的方式弥补授信者，以此得到谅解，并将补救与谅解信息完整、准确地反映在个人信用评价之中。也就是说，我们应当允许信用主体通过积极、主动的方式对自己的失信行为作出补救，并以其补救与获得谅解的行为对其不良信用评价进行修复。

三、信用修复的目的

（一）确保信用信息的真实性、准确性、及时性

信用评价要客观、准确就要求评价的信息必须真实、准确、及时。一般而言，信用调查应遵循客观、公正、合法、谨慎的原则，如美国《隐私权法》规定"保存该机关在作出有关任何个人的决定时使用的档案材料，而且要符合保证决定公正所合理需要的准确性、相关性、适时性和完整性"；在信息泛滥的当今社会，庞大的信息量使得获取真实、准确、及时的信息存在很大困难，信用信息数据库中的信息数量大、更新慢都不利于信用法律制度发挥其应有的作用。信用修复机制的一个重要目的就是确保信用信息的真实、准确与及时更新。

(二) 为失信主体重新进入社会提供制度保障

任何个人或团体的信用状况都不是一成不变的。一个遵纪守法的人并不意味着其一生之中都没有任何违背法律规则的情况,因为对法律的不了解、因为存在某种特定情节或者只是单纯地想做些"出格"的事,都可能导致他冲破法律规则的约束。守信与失信并不是一次性的评价,而是应时的评价,相较于动态的信用状况而言,信用制度自身也应当存在"活"的机制以适应变化中的信用状况,为个人提供从善、从信的可能与机会,允许个人通过积极弥补、悔改等方式修复信用的信用修复机制就能够提供这样的活力。可见对失信者或信用不良者的惩戒需要有信用修复制度作为平衡,以为他们重新进入社会进行正常的经营活动提供制度保障。

(三) 保护信用信息主体的权利

2017年通过的《民法总则》第111条规定"自然人的个人信息受法律保护。任何组织和个人需要获取他人个人信息的,应当依法取得并确保信息安全,不得非法收集、使用、加工、传输他人个人信息,不得非法买卖、提供或者公开他人个人信息"。虽然法律并未明确个人信息权的概念,但个人信息作为某种权益或利益受到法律的保护。个人信息权或个人信息权利、利益具有其特殊性。"信息源于社会,用于社会,社会的每一个成员,人不分老幼,地不分南北,原则上谁都有权也能够产生信息、储存信息、传递信息、加工信息和实际运用信息",信息一旦产生便脱离了信息主体独立存在,被广泛使用与传播,信息不仅具有价值而且还会对信息主体产生正面或负面的影响而信息主体难以控制,这就构成了信息社会中信息广泛传播的需求与信息主体权益保护之间的矛盾,也让我们看到信息自由条件下信息主体权益保护的困难。因此,设置信用修复机制以保护信用主体的相关权益就是信息时代的必然要求。

1. 被遗忘权

比起单纯的惩戒,鼓励个人去改变其人生是有利于个人和社会进步的,这也就是"过而能改,善莫大焉"的现代解读。当一个人知道或感觉到他过去的"错误"会导致将来在社会或经济生活的某一方面遭遇闭门羹时,他只可能对过去存在懊悔,而只有当他意识到这种限制将在某一特定时刻解除,他才有改过的可能。对于人类而言,"遗忘是常态,记忆是例外",因而经过一定时间后,生活中的污点会被人们所遗忘,改过也变得容易。但是信息化时代、大数据时代使得我们生活中的点点滴滴都被不经意间记录下来,且这种"记忆"是难以磨灭的,能够被遗忘成了人们改过自新的前提。

2010年欧盟司法专员薇薇安·雷丁向欧盟议会提出了"被遗忘权",开辟了削弱网络时代对个人信息控制的先河。她指出:"网络有几乎无限的搜索和记忆能力。因此,即使是个人信息的很小一部分或是这些信息被分享和公开许多年后,都能带来很大影响。'被遗忘权'将建立在已有的在线隐私保护规则的范围内。赋予欧盟公民,尤其是青少年,去控制他们的在线身份的权利。"一般认为,"被遗忘权"是指"欧盟立法提案第17条第1款提出……数据主体有要求数据控制者删去和拒绝传播关于他们的数据的权利,尤其涉及当数据主体是儿童时所发布的个人数据"。

对于信用修复机制而言,"被遗忘权"既符合大数据时代立法发展的需要,也有利于健全信用法律制度。在互联网法律关系中,数据主体处于明显弱势的地位,随着互联网技术的迅速发展,信息的采集之便、传播之快、储存之久使得数据主体难以控制与自身息息相关的信息。在信用制度中亦然,信用信息产生于信息主体的日常生活中,当这些信息被征信机构或政府部门采集后便脱离了信息主体的控制,而当信息主体因为陈旧信用信息的使用而遭受侵害时又难以救济,所以如何打破信用信息收集者和使用者对信息主体的信用威胁就成了问题,"被遗忘权"理论正好可以发挥这样的作用。

2. 信息权

信用评价的做出需要大量的信息支持,而个人信息无疑具有人格权益。"个人信息是指与特定个人相关联的、反映个体特征的、具有可识别性的符号系统,包括个人身份、工作、家庭、财产、健康等各方面信息。"相较于隐私而言,信息的外延更为广泛。信用法律制度要求采集大量的个人、企业及政府信息,这样才能针对具体需求制定具体的信用产品。那么这些复杂的个人信息是否应当予以保护,又当如何保护呢?

个人信息具有明显的人身性与财产性。首先,个人信息是在个人的日常生活中产生的。简单的有出行信息、就业信息、医疗信息、信贷信息等,这些信息有些属于隐私权保护的范畴,但其中大部分并不属于隐私。同时,个人信息还具有财产属性。在信息社会中,信息权将为保护个体权益发挥更大的作用。每一种信用产品都是依据我们的个人信息分析得出的,而这些信息的复制、传播、使用都很难被我们控制。信用修复制度在信息使用过程中为保护我们的信息权提供了解决途径。

3. 个人信用增级的权益

德国联邦宪法法院提及"每个人原则上得自由决定,是否或如何对第三人公众表现自己",信用评价应当真实、准确、及时反映个人的信用状况,失信者亦当有权决定如何对外表现自己。失信者不能收回已经发生的失信行为,但是可以对失信造成的损害作出补偿,失信者的悔改行为便体现着个人希望增加自身信用评价的意愿。

信用增级原本是指企业通过增加抵押物或在各种交易档次间调剂风险的方式达成信用提升。在信用法律制度中,个人也可以通过补偿、赔付或是进行慈善捐助等方式表现其提升信用的意愿,并依据实际情形在信用评价中反馈出来。

第二节 信用修复制度的实践及展望

石新中[*]

2016年5月30日,国务院颁布《国务院关于建立完善守信联合激励和失信联合惩戒制度 加快推进社会诚信建设的指导意见》(以下简称《指导意见》)。《指导意见》明确提出:"建立健全信用修复机制。联合惩戒措施的发起部门和实施部门应按照法律法规和政策规定明确各类失信行为的联合惩戒期限。在规定期限内纠正失信行为、消除不良影响的,不再作为联合惩戒对象。建立有利于自我纠错、主动自新的社会鼓励与关爱机制,支持有失信行为的个人通过社会公益服务等方式修复个人信用。"这是我国从国家层面第一次出台信用奖惩机制的专门文件并提出信用修复的概念。目前我国关于信用修复的研究及制度,包括政府、学界和实务部门都还处于探索阶段。

一、构建信用修复机制的重大意义

改革开放以来,中国在短短40年的时间跨越了发达国家几百年的社会体制转轨过程,在此期间,由于诚信保障机制的缺失,社会各领域、各层次大范围的诚信缺失成为不可避免的现实。只有社会信用体系的建立才是诚信治理的治本之策。社会信用体系由四个机制组成:信用信息公开机制、信用产品供求机制、信用奖惩机制和信用修复机制。世界主要发达国家由于已经历200多年的市场经济发展历程,其诚信治理的机制较为完善,信用修复的需求相对较低,信用修复机制的构建在各国信用制度中也并不

---

[*] 石新中,首都师范大学信用立法与信用评估研究中心主任、教授。

引人关注。因此，信用修复机制的建立和完善将是中国区别于发达国家信用体系建设的重要特点，如何构建具有中国特色的信用修复机制并制订具体的信用修复标准将是我国信用体系建设面临的重大课题。

二、目前国家层面关于信用修复的文件

除了前述的《指导意见》，国家发展改革委等 13 部门 2019 年 7 月发布的《加快完善市场主体退出制度改革方案》（以下简称《改革方案》）以及国家发展改革委副主任连维良在 2019 年 7 月 18 日下午国务院新闻办公室举行的国务院政策例行吹风会的讲话等都涉及了信用修复制度，其中《改革方案》提到的信用修复制度包括两个方面：其一是重整企业的信用修复机制。文件要求"进一步健全和完善相关制度，使重整成功的企业不再被纳入金融、税务、市场监管、司法等系统的黑名单，实现企业信用重建"。其二是破产自然人的信用修复制度，文件要求"建立健全自然人破产信用记录及信用修复制度"。至于如何构建这两类主体的信用修复制度，《改革方案》没有提及。实践中，温州市法院通过对重整企业在解决开立基本户、人民银行征信系统信用修复、税务登记证信用修复、企业参与招投标及破产企业营业执照被吊销后的恢复等方面探索出了一套重整企业的信用修复机制。这对于其他地区破产企业的重整具有重要参考价值，对于我国未来重整企业信用修复制度的构建也具有重要意义。至于破产自然人的信用修复，鉴于我国目前还没有自然人破产制度，《改革方案》明确提出要"分步推进建立自然人破产制度"。

三、各界对于信用修复的初步认识

（一）关于信用修复的宗旨

国家发展改革委副主任连维良认为"失信惩戒是手段，不是目的，我

们的目的是要让全社会依法守信","通过开展信用修复,既普及政策法规和诚信知识,又激励有轻微失信的市场主体改过自新、诚信经营,这对于提高全社会的诚信水平有非常重要的意义"。众所周知,当前中国社会众多诚信缺失现象的发生既有主观方面的原因,更有客观方面的因素。面对数量庞大的失信主体,让其中的绝大多数人能够尽快重新进入市场正常经营,这将有利于激发社会成员的创新活力、提升我国的社会发展水平。

（二）关于信用修复的前提和限度

根据各地正在探索中的做法及连维良副主任的讲话,各方已对信用修复的前提和限度形成了如下共识:

1. 信用修复的前提

在主观方面,大家认为无主观故意造成的失信行为可以申请信用修复;在客观方面,大家认为因失信造成不太严重后果的轻微失信行为或一般失信行为可以申请信用修复。《指导意见》同时也提出"失信市场主体在规定期限内纠正失信行为、消除不良影响的,可通过作出信用承诺、完成信用整改、通过信用核查、接受专题培训、提交信用报告、参加公益慈善活动等方式开展信用修复"。

2. 信用修复的限度

相关文件规定,特定严重的失信行为不能申请信用修复,如：在食品药品、生态环境、工程质量、安全生产、消防安全、强制性产品认证等领域被处以责令停产停业,或吊销许可证、吊销执照的行政处罚信息；因贿赂、逃税骗税、恶意逃废债务、恶意拖欠货款或服务费、恶意欠薪、非法集资、合同欺诈、传销、无证照经营、制售假冒伪劣产品和故意侵犯知识产权、出借和借用资质投标、围标串标、虚假广告、侵害消费者或证券期货投资者合法权益、严重破坏网络空间传播秩序、聚众扰乱社会秩序等行为被处以责令停产停业,或吊销许可证、吊销执照的行政处罚信息；等等。

四、未来信用修复制度的构建设想

中国未来信用修复制度的构建还将从以下几个方面继续探索：

（一）针对不同类别失信行为的信用修复

目前探索的信用修复主要是针对因行政处罚而被列入"黑名单"的企业而言，未来还将对违约类失信行为、因刑事处罚及严重败德等原因而造成的失信行为（包括自然人和企业）研究如何进行信用修复。

（二）针对失信严重程度不同的主体设计不同的信用修复方案

实践中已对因主观恶意程度的不同及失信造成社会危害严重程度的区别而对失信行为区分为轻微失信行为、一般失信行为和严重失信行为。对失信行为进行这样的区分具有重要意义，接下来将在各领域继续探索对失信严重程度不同的主体设计不同的信用修复规则。原则上说，除了特别严重的失信行为外，都应给予其信用修复的机会。当然，如何对失信行为进行区分及各类失信标准的认定应向全社会公开征求意见，以在全民之间形成共识。

（三）信用修复途径的多样化

目前，相关各方已对《指导意见》提出的失信市场主体"通过作出信用承诺、完成信用整改、通过信用核查、接受专题培训、提交信用报告"进行信用修复作出了具体的规定。接下来，将继续探索《指导意见》提出的如何通过"参加公益慈善活动"的方式进行信用修复。如研究不同类别的失信主体参加多长时间的社会公益服务可以申请进行信用修复；研究不同类别的失信主体捐助多少数额的善款可以申请进行信用修复，等等。另外，《指导意见》提出要"建立完善失信举报制度，鼓励公众举报企业严重失信行为"，对信用修复制度的完善具有重要意义。我国《刑法》第68

条规定："犯罪分子有揭发他人犯罪行为,查证属实的,或者提供重要线索,从而得以侦破其他案件等立功表现的,可以从轻或者减轻处罚;有重大立功表现的,可以减轻或者免除处罚",可借鉴刑法该条规定体现的法理,进一步研究把信用主体检举揭发他人的违法失信行为作为信用修复的重要方式。

参考文献:

[1] 中国社会科学院语言研究所词典编辑室. 现代汉语词典 [M]. 北京:商务印书馆,第6版:1465.

[2] 叶世清. 征信的法理与实践研究 [M]. 北京:法律出版社,2010:185.

[3] 周汉华. 域外个人数据保护法汇编 [M]. 北京:法律出版社,2006:313.

[4] 冯建伟. 信息新论 [M]. 北京:新华出版社,2001:173.

[5] 张里安."被遗忘权":大数据时代下的新问题 [J]. 河北法学,2017 (03).

[6] 薇薇安·雷丁. 使欧洲成为数字时代现代数据保护规则的标准制定者. http://Europa.eu/rapid/press-release_SPEECH-12-26_en.Html,最后访问时间:2017年10月27日。

[7] 夏燕."被遗忘权"之争——基于欧盟个人数据保护立法改革的考察 [J]. 北京理工大学学报(社会科学版),2015 (03).

[8] 王利明. 论个人信息权在人格权法中的地位 [J]. 苏州大学学报(哲学社会科学版),2012 (06).

[9] 许文义. 个人资料保护法论 [M]. 台湾:三民书局,2002:61.

第六章
信用信息安全

信用信息安全关系个人信息安全、公共安全、社会安全乃至国家安全，是信用信息应用的前提。本章从信用信息安全管理制度和信用信息安全技术两方面，构建"零信任"信用信息安全保护体系，加强信用信息安全防范措施，为信用信息的高效应用提供安全保障。

第一节　信用信息安全管理制度

沈宇超　岑荣伟[*]

信用信息系统是国家重要的关键信息系统，保障其安全不仅仅是保护个人信息安全，更是保护社会安全、公共安全乃至国家安全。根据国家网络安全法、国家网络安全等保制度等相关要求，需要完善信用信息安全管理制度及机制策略，落实信息安全责任，加强信息安全统筹合作，构建"零信任"数据安全保护平台，进一步强化公共信用信息安全防范措施。

一、信息安全政策和法律要求

近几年，党中央高度重视网络安全工作，做出了"没有网络安全就没有国家安全"的重要指示，将网络安全纳入国家安全工作予以部署。2016年以来，《网络安全法》《国家网络空间安全战略》《"十三五"国家信息化规划》等一系列重大文件相继实施，进一步为网络安全的健康发展提供了政策保障和法律依据。

对信用信息系统实行安全保障是国家法定制度的基本要求和基本政策，是开展信用信息安全保护工作的有效方法，也是信用信息安全保护工作的发展方向。因此，需要加强对信用信息系统现有信息资产的保护，加强信用信息安全防护手段及能力建设，努力提高信用信息安全保护水平。实行信用信息系统信息安全防护具有重大的现实和战略意义。

我国高度重视信息与网络安全的立法工作，于 2017 年 6 月正式实施

---

[*] 沈宇超，国家公共信用信息中心信息安全管理处处长，高级工程师；岑荣伟，国家公共信用信息中心信息安全管理处副处长，高级工程师。

《网络安全法》。该法是我国第一部全面规范网络空间安全管理方面问题的基础性法律,是我国网络空间法治建设的重要里程碑。该法主要明确了网络空间主权原则,进一步完善个人信息保护规则,明确网络产品和服务提供者的安全义务以及网络运营者的安全义务,建立关键信息基础设施安全保护制度,确立重要数据跨境传输的规则等相关内容。

为保障信用信息系统的安全,根据《网络安全法》等规定要求,需要满足:一是保障网络产品和服务的安全;二是强化个人信息保护,明确网络产品服务提供者、运营者的责任;三是明确网络运营者的基本义务,落实网络运营者第一责任人的责任;四是严格防范打击网络诈骗;五是完善关键信息基础设施安全保护制度,强化预警和应急措施。

二、网络安全等级保护制度要求

网络安全等级保护是一项国家信息安全保障工作的基本制度。《网络安全法》明确规定国家实行网络安全等级保护制度。根据《信息安全等级保护管理办法》规定,国家信息安全等级保护坚持自主定级、自主保护的原则。

网络安全等级保护是对信息和信息载体按照重要性等级分级别保护的一项工作,包括定级、备案、安全建设和整改、信息安全等级测评、信息安全检查五个阶段。信息系统的安全保护等级应根据信息系统在国家安全、经济建设、社会生活中的重要程度,信息系统遭到破坏后对国家安全、社会秩序、公共利益以及公民、法人和其他组织的合法权益的危害程度等因素确定,按系统重要性,通常分为五级。信用信息系统作为国家重要信息系统,应按照相关要求开展网络安全等级保护工作。

在《信息安全技术网络安全等级保护基本要求》中明确了各系统重要性级别的要求,分为安全技术要求和安全管理要求。其中安全技术要求分为物理环境、安全通信网络、安全区域边界、安全计算环境、安全管理中心。安全管理要求分为安全管理制度、安全管理机构、安全管理人员、安全建设管理、安全运维管理。具体不同级别要求可以参看相关规范要求。

为适应新技术的发展，解决云计算、物联网、移动互联和工控领域信息系统的等级保护工作的需要，公安部于2019年5月正式发布了"等保2.0"，并计划在2019年12月1日起正式实施。"等保2.0"在技术标准上，把云计算、大数据、物联网等技术列入新标准体系，不仅增加了大量重要要求项，也将彻底改变我国信息安全市场的面貌。

三、信用信息安全管理制度要求

信用信息安全管理制度在参考其他信息系统安全管理制度的基础上，在数据操作管理、用户隐私信息保护等方面提出更高的安全要求。借鉴其他信息系统的安全管理制度，信用信息安全管理制度规范同样涉及信息安全管理的各相关领域。信用信息安全管理制度应由信用系统责任主体单位负责，指定或授权专门的部门或人员制定并实施。

（一）安全管理制度框架

为有效发挥信用信息安全管理制度的作用，指导信用信息安全管理制度规范的建设，需要先建立明确的信用信息安全制度规范框架，作为信用信息安全制度建设的规划和蓝图，为实现信用信息安全的规范化、标准化管理打下基础。在确定信用信息安全管理体系框架时，需要重点考虑以下几点：

（1）全面性——安全框架是否涵盖了信用信息安全各个相关领域。

（2）结构性——安全框架的各部分之间的关系是否清晰，从纵向和横向上结构是否有明确的逻辑关系。

（3）科学性和先进性——安全框架是否充分借鉴了国际最佳实践理念。

在明确体系框架基础上，从决策层的角度，需要直接参与一些关键信息安全制度规范的制定和发布，对这些制度规范中涉及的职责、流程和关键控制点进行把控。以下几类信息安全制度规范文件将是重点关注的对象：

（1）描述信息安全方针、策略的纲领性制度文件，这些制度是其他文件制定和执行的基础。

（2）涉及信息安全组织、制度文件管理等信息安全管理基础工作的制度。

（3）对信用信息安全过程中涉及工程范围或影响多个部门的重要工作进行规范的制度文档，如信息安全风险评估相关的制度。

（二）安全管理机构

信息安全管理机构是确保信息安全决策落实、支持信息安全工作开展的基础。在信息安全建设过程中，信息安全制度规范的建立、日常安全管理、具体控制措施的贯彻执行，以及对信息安全管理方针贯彻落实情况的监督等工作的开展都需要一个完善有效的信息安全组织架构来支撑。信息安全管理机构建设的目的主要是通过构建和完善信息安全组织架构，明确不同安全组织、不同安全角色的定位、职责以及相互关系，强化信息安全的专业化管理，实现对安全风险的有效控制。

在信息安全组织体系的设计上，将遵循等级保护管理要求和信息安全管理需求，借鉴通用的信息安全组织模型，同时考虑信息安全组织建设的关键因素，提出信息安全管理机构建设方案。

1. 信息安全管理机构

从信息安全所需关键职能的角度考虑，完整的信息安全管理机构一般包含以下几个重要组成部分：信息安全决策组织、信息安全管理组织、信息安全执行组织。

（1）信息安全决策组织。信息安全决策组织处于整个信息安全组织架构的顶端，是信息安全工作的最高决策者，主要从整体角度对于信息安全方面的工作进行指导和控制。

（2）信息安全管理组织。信息安全管理组织是信息安全工作规则的制定者和决策推行的管理者，负责信息安全日常管理和监控，同时为决策组织提供必要的决策所需信息。

（3）信息安全执行组织。信息安全执行组织主要负责具体信息安全控制措施的执行和开展。

2. 安全管理机构建设关键因素

遵循等级保护管理要求，结合信息安全实际需求，在进行信息安全管理机构规划时应主要考虑以下几方面的因素：

（1）结合现状，面向未来。信息化组织体系将来都将可能会有较大的调整，为确保方案的有效性，在提出信息安全组织建议时，一方面要考虑目前的状况、问题以及制约条件，同时从前瞻性的角度出发，充分借鉴国际领先实践，设想并提出未来安全组织架构。

（2）确保对信息安全决策执行的支持。信息安全组织是安全决策落实的保障。在进行安全组织规划时，需要充分考虑各个层面安全机构、角色在整个IT组织中的定位，理顺汇报关系，保障信息化安全决策的有效贯彻。

（3）责权匹配。责权对应是信息安全组织建设必须遵循的基本原则，只有被赋予了相应的责任和权利，负责信息安全的各组织和个人才有可能履行其职责，从决策、管理、执行和监管各个层面开展卓有成效的信息安全工作。

3. 信息安全管理机构关键制度

需要制定的机构和岗位的制度有《信息安全组织及岗位职责管理规定》《安全检查与审计管理制度》等，用于落实岗位设置、人员配置、授权审批、沟通合作、审查检查等职责。

（三）人员安全管理

对于内部人员和外部人员，按照等级保护人员安全管理这部分管理要求，涉及了人力资源管理，在这部分规范和管理制定过程中，要结合人力资源管理的实际情况，结合等级保护的要求进行制定，以保证人员管理的可操作性。

1. 内部人员安全管理

遵循等级保护人员安全管理的要求，内部人员管理，从人员录用、人员管理、人员考核、保密协议、培训、离岗离职等多个方面都制定相应的管理制度和规定。

2. 外来人员安全管理

遵循等级保护的管理要求，对于外来人员管理，外来人员应包括软件开发商、产品供应商、系统集成商、设备维护商和服务提供商等外来人员，以及因业务洽谈、技术交流、提供短期和不频繁的技术支持服务而临时来访的"第三方"人员、合作开发、参与项目工程、提供技术支持或顾问服务的非临时"第三方"人员，必须针对外来人员制定相应包含访问、安全要求等管理制度。

需要制定的规范和管理制度有《人员安全管理规定》、《第三方人员访问管理规定》等，对人员录用、人员离岗、人员考核、安全意识教育和培训、外部访问人员管理等进行明确规定。

3. 人员角色划分与权限管理安全

信用信息共享平台建立权限划分的人员管理机制，人员权限分为管理员、操作员、审计员。

（1）管理员：安装、配置、维护系统；建立和管理用户账户；配置轮廓和审计参数。系统新增人员角色，与备份恢复相关的权限只应分配给安全员。

（2）操作员：执行业务操作的人员，只能具备执行业务相关操作的权限，无法进行其他操作。对于关键业务，可执行双操作员的机制。即只有两个操作员全部允许的操作才能生效。

（3）审计员：查看和维护审计日志，并对系统审计和系统运行状况进行检查与评价，以判断信息系统是否能够保证资产的安全、数据的完整以及有效率利用组织的资源并有效果地实现组织目标。对于关键审计节点，可执行双审计员的机制，即两个审计员均同意的操作才能生效。

（四）系统建设和运维管理

信用信息系统建设应遵循等级保护系统建设管理要求，对于从系统初始立项开始，就应该严格按照系统定级、安全方案设计、产品采购和使用、自行软件开发、外包开发、工程实施、测试验收、系统交付、系统备案等各个环节和流程进行管理，确定相应的安全服务商，并制定相应的管理制度和规定。

在系统运维阶段应遵循等级保护系统建设管理要求，对信息系统运行的环境、资产、介质、设备、网络安全、系统安全、恶意代码防范、密码、变更、备份与恢复、安全事件处置、应急预案进行管理，并制定相应的管理制度和规定。

第二节　信用信息安全技术

沈宇超　岑荣伟[*]

信用信息系统的安全保障体系是集技术、管理、服务及相关支撑平台为一体的综合保障体系。其中技术保障体系是核心，涉及安全技术开发、安全系统应用、综合防护系统构建等问题。如何保障信用信息的机密性、完整性、可用性、可控性和不可否认性，是信用信息系统安全防护建设的主要内容。信用信息系统主要依托国家电子政务外网和互联网公共基础设

---

[*] 沈宇超，国家公共信用信息中心信息安全管理处处长，高级工程师；岑荣伟，国家公共信用信息中心信息安全管理处副处长，高级工程师。

施，在信息采集、发布、数据交换、信息查询、数据传输等方面实现稳定可靠的安全防护体系。根据信用信息系统的特点，这里主要介绍相关数据安全的内容，其他基础性的安全防护，包括物理安全、网络安全、系统安全、应用安全、灾备等方面内容，可参考网络安全等级保护相关要求。数据安全是信用信息系统安全管理的重中之重，也是目前信用信息系统的薄弱环节。信用信息系统中存在大量个人及机构的隐私信息，例如个人的身份信息、个人与企业不能公开的信用信息等。我国立法中数据保护主要从数据安全保护和个人信息保护两个角度出发。前者是通过保护数据安全，防止信息系统的数据泄漏或者被窃取、篡改等；后者是通过系统运营者承担用户个人信息保护责任，防止侵害公民个人隐私等信息。由于数据在信用信息系统中的重要位置，我们重点介绍数据安全。

一、数据安全面临的困局

（一）无限的黑客与漏洞

互联网的快速发展打破了很多常态，便利了人们的生活和工作，但同时也带来了很多新的难题。在未知的黑客群面前，任何细微的漏洞都可以被捕获，并导致安全风险被无限放大。这里存在两个基本假设：一是任何应用程序都会存在漏洞；二是黑客总是比用户更早地发现漏洞。

（二）越来越重要的数据价值

从网络安全到数据安全转变的根本原因是数据价值的提高。当前，数据已经成为最重要的核心财富，甚至是最重要的财富。在数据财富快速放大的过程中，其安全管理并没有发生本质的变化。因此，那些缺乏可靠保护的数据财富在不断诱惑企业的员工、合作伙伴犯错，不断诱惑黑客来窃取。

（三）与现实世界越来越紧密

随着互联网技术的发展，现实生活与虚拟世界越来越紧密，我们正在把现实社会发生的一切进行数字化和数据化，数据世界已成为现实世界不可分割的一面。进行"数据破坏"也已成了现实生活中的一类重要犯罪行为。

二、信用数据安全规划

面对数据安全新的形式，信用信息系统责任单位在考虑进行数据安全体系化建设的时候，首先需要根据国家法律法规，结合本单位的实际情况，制定信用信息安全总要求，在总要求的框架下制定相应的数据安全策略。根据安全总要求和数据安全策略，建立本单位的信用数据安全管理组织，如信用数据安全保障领导小组、信用数据安全工作小组等。之后，根据信用数据生命周期制定数据安全管理流程制度和数据操作管理制度，最后通过相应的数据安全防护技术实现对数据安全策略的实现。

（一）合规性建设

信用数据保护首要需求是合规性，必须符合《中华人民共和国网络安全法》，还要符合各行各业自身的行业法规等。《网络安全法》对国家关键信息基础设施运行安全、网络信息安全、监测预警与应急处置等内容进行了详细规定。该法将个人信息保护予以明确，同时就"防止网络数据泄露或者被窃取、篡改"，明确要求"采取数据分类、重要数据备份和加密等措施"。机构应在该法及相关法律要求的基础上制定系统安全规划。另外，机构应按照《信息安全技术 网络安全等级保护基本要求》根据等级保护要求，结合本机构具体情况有针对性地制定相关标准。

（二）信用数据安全制度及策略建设

信用数据资产保护因由业务、技术、安全、运维等多个部门联合发起、规划、建设及维护，需要各部门进行紧密配合。在信用数据保护规划设计时，应充分了解信用业务部门的业务场景和实际需求，结合安全部门的数据保护规定，开展建设和部署实现。

主要的信用数据安全制度及策略包括信用数据分级分类管理制度和生命周期管理制度等。

信用数据分级分类制度：通过对数据重要性和敏感性进行分级分类，筛选出重点保护对象，采取不同的保护措施。

信用数据生命周期管理制度：通过深入分析信用业务场景，梳理数据的生命周期，包括：数据产生、数据采集、数据传输、数据存储、数据使用、数据共享、数据发布、数据销毁等。控制数据生命周期每个节点的安全性。

信用数据安全共享制度：要依据法律法规要求，结合相关方要求、合同要求，守住共享合规性底线，保证数据共享安全。

三、信用数据分级分类技术

信用数据分级分类是数据安全治理的基础，需结合自身业务来展开。只有对数据进行有效分类，才能避免一刀切的控制方式，在数据的安全管理上采用更加精细的措施，使信用数据在共享使用和安全使用之间获得平衡。对信用数据进行分级分类，根据数据的重要性类别和信息敏感程度制定不同的管理和使用原则，尽可能地对数据做到有针对性、差异化的防护。

信用信息数据资产具有重要性和保密性两项安全特性。重要性是指对数据资产按重要性分类，对重要数据资产安全进行分类保护；敏感性是指制定数据资产敏感信息分级标准，为数据的内部操作、处理和管理，以及对外共享的过程中有效界定数据共享边界，需要对不同级别数据加以不同强度的保护措施。

根据梳理出的备案数据资产，定位敏感数据分布在哪些数据资产中；针对敏感的数据资产进行分级分类标记，分类出敏感数据所有者（部门、系统、管理人员等）；根据已分类的数据资产由业务部门进行敏感分级，将分类的数据资产划分公开、内部、敏感等不同的敏感级别。

信用数据资产的重要性主要依据应用系统对数据的操作能力、数据的来源、内容、用途及应用服务对象等，从应用系统对数据操作的便利性、频率、优先级等角度考虑对数据重要性进行分类，定义数据资产的重要性。以重要性对数据进行分类分级，设定重要性级别，对重要性等级高的数据进行重点备份和优先数据处理。分类例子可参考图1：中心两圈内统一社会信用代码（包括个人身份证件号码）和联合奖惩黑红名单及双公示信息可作为第一级重要数据；中间两圈内企业基本信息、司法信息、信用信息报告等可以作为第二级；外部圈内公共服务机构信息、征信机构信息等可以作为第三级。

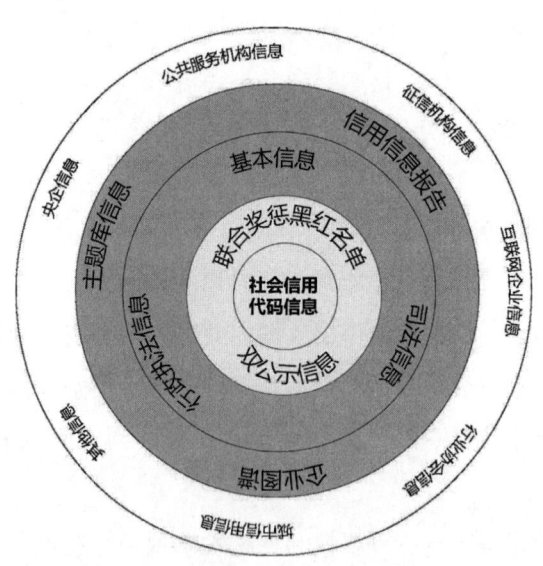

图1 信用信息数据分类图

对信用数据项设定敏感级别，对敏感级别高的数据采用加密脱敏、用户访问权限控制、数据审计预警等安全管理措施。

信用数据分级应依据以下原则（见表1）：

（1）各级界限明确原则。数据分级是按照数据敏感程度进行划分。

（2）就高不就低原则。如果同一批数据中各属性或字段的分级不同，需要按照定级最高的属性或字段的级别一并实施安全管控，即"就高不就低"。

（3）应对各级数据建立适当的对外共享及内部管控措施，依据"谁汇聚谁负责，谁使用谁负责"的原则实施管理。

表1 信用数据分级等级定义

等级	内容	解释
1级	可公开、可共享数据	主要包括可公开、可共享数据
2级	条件公开、可共享数据	此类敏感信息需要脱敏后才能在网站上公开展示，但是可以共享给政府相关单位及第三方合作机构。例如红黑名单及双公示信息中含有的个人信息
3级	不公开，可共享数据	此类敏感信息涉及企业或个人的隐私信息，其泄露对自然人或企业形象带来不利影响。信息可以共享给政府及第三方合作机构用于服务但不公开展示。例如个人信用等级、企业信用分等
4级	不公开，不共享数据，但可对外服务。	此类敏感信息不能公开查询及展示，不能共享给第三方。但是可提供信息主体授权查询比对服务。例如个人信用分、身份证号码
5级	不公开，不共享的内部数据	极敏感，主要面向企业或自然人的重要隐私信息或密码，其泄露会导致企业和自然人法律、财务、声誉等方面重要损失，不公开不共享，不对外使用。如口令、生物信息、财产信息等

根据最高法、最高检官方解读《侵犯公民个人信息犯罪司法解释》自然人敏感数据项包含但不限于姓名、身份证号码、通信联系方式、地址、账号密码、财产状况（存款、房产等）、行踪轨迹等，根据不同字段项一

般定义为3~5级。

通过对数据的有效理解和分析,实现对数据进行不同类别和敏感等级的划分。在数据分级和分类的基础上,制定出针对不同数据、不同数据使用者的管控措施。

四、信用数据共享中的安全技术

信用信息系统存在着部门、地方以及第三方机构间的大量数据共享。数据在共享交换中产生更大价值,然而数据的共享和流转带来的红利,无法打消数据保管者和拥有者对安全性的担忧。在数据共享交互中要面对两类安全需要解决。

(一) 第三方信用数据共享安全

对于可信任的第三方机构访问者,存在全量数据共享需求,包括敏感数据共享,但仍应分析数据需求,考虑多种数据共享方式,信用平台支持数据交换、校验及查询等多种数据共享接口,数据共享应遵循最小数据量共享原则。敏感数据共享应有有效的权限控制体系,严格控制共享数据范围。

对于个人访问者,由于涉及个人隐私,应在做好实名认证的基础上,严格控制访问权限,只能允许个人访问自己的信用信息。

(二) 信用数据内部共享安全

主要针对应用开发、测试或数据分析的场景,面对内部部门的数据共享需求,需要交出部分或全量数据,保证业务需求的同时确保敏感数据安全性,也是一个很大的挑战。如果直接将生产数据交给开发测试人员使用,面临敏感数据泄露的风险。

在这里,可以利用数据脱敏技术在各业务应用系统、ETL、生产数据库等之间进行脱敏处理,屏蔽敏感数据实现数据的保护。

五、信用数据安全防护技术选择

围绕数据安全生命周期,包括数据的生成、传输、使用、存储、共享、销毁等全生命周期,有不同的技术实现数据安全防护。总结起来,数据安全防护主要有以下技术手段。

身份认证:身份认证技术是在计算机网络中确认操作者身份的过程而产生的有效解决方法。身份认证的方法包括:静态密码、智能卡、短信密码、动态口令牌、密钥、数字签名、生物识别技术等。

访问控制技术:指防止对任何资源进行未授权的访问,从而使系统在合法的范围内使用,是用户身份及其所归属的某项定义组来限制用户对某些信息项的访问,或限制对某些控制功能的使用的一种技术。

加密技术:包括传输加密和存储加密。传输加密是指在传输过程中通过加密手段对传输的数据进行转换,从而确保数据在传输过程中的不可识别性,预防出现中间人劫持导致数据外泄。存储加密的应用包括数据级加密、文档加密、磁盘加密、透明加密等。

脱敏技术:指对某些敏感信息通过脱敏规则进行数据的变形,实现敏感隐私数据的可靠保护。通过脱敏方式进行匿名化处理,防止数据中的主要敏感隐私数据,明文显示在测试、对外展示等场景中。脱敏技术包含部分信息脱敏、单向哈希处理等方式。

内容分析技术:对存储中的数据、使用中的数据和传输中的数据的内容进行即时的识别、分析和处置。

审计技术:将不规范操作或非法入侵的痕迹通过技术手段进行留存,以供日后进行复查及追溯。常见的审计技术包括日志审计、数据库审计等。

六、"零信任"的信用数据安全防护理念

基于数据扩散控制的数据安全保护方法，将信用信息数据副本的复制范围限制在一个可控可信的物理环境中，做到平台数据"拿得来、存得住、丢不了"。一是建立"零信任"数据安全保护平台，通过虚拟桌面等技术实现对数据的复制范围集中安全管控，操作人员通过远程/本地访问终端登录该平台虚拟桌面使用数据，防止数据泄露；二是通过基于密码技术的可执行程序保护白名单机制实现对"零信任"数据安全保护平台的可信运行保证，禁止所有未经批准的程序运行，以防范各种勒索软件和病毒木马，规范操作人员的操作行为。三是通过数据安全网关强化实名身份认证、信用数据分类分级管控等技术措施，重点实现对个人隐私信息、商业秘密等数据安全防护；认证通过后，通过安全访问控制建立细粒度的数据访问控制机制，对数据采取进一步的安全保护，制定安全规则，规定哪些人可以用何种方式访问数据，防止越权和非法访问。四是通过部署和使用可视化安全审计系统，对相关人员的违规操作和访问行为进行快速和直观的追溯。

第七章
行业协会与行业信用建设

　　行业信用体系建设是社会信用体系建设重要组成部分。纵观全国行业协会发展现状，行业协会总体发展势头良好，在行业内的影响能力不断提升，协会整体工作实力不断增强，内部管理日趋完善和规范，人才队伍专业化趋势明显，在行业服务、行业自律、行业发展、政策协调、国际合作等方面发挥着独特和重要的作用。完善的行业信用体系建设不仅能够极大提升行业的品牌形象，而且能够有效规范行业内企业以及职业人群在市场经济中所需要遵守法律法规、行业规范以及职业操守的各类行为，从而有效提高服务主体的辨识能力，降低市场服务的运行成本，促进行业稳健快速发展。

第一节　行业协会在信用建设中的作用

傅　春　黄　俊　马佳妮[*]

近年来，国家要求行业协会加强信用管理，各行业协会建立行业协会诚信承诺和自律公约制度，公开行业信用信息，接受社会监督，推动行业协会在行业信用建设方面发挥重要作用。

一、行业协会在行业信用建设中的要求和必要性

（一）行业协会的信用建设要求

在行业协会信用建设方面，政府部门明确了必须加强信用监管的要求。按照相关文件要求，各行业协会都要建立行业协会诚信承诺和自律公约制度，行业协会要向社会公开诚信承诺书，重点就服务内容、服务方式、服务对象和收费标准等作出承诺。建立行业协会失信"黑名单"制度，相关信息纳入全国信用信息共享平台。推动跨地区、跨部门、跨行业协同监管，开展失信联合惩戒，在参与政府购买服务、年检、评先评优等方面进行限制，提高行业协会守信收益、增加失信成本。完善行业协会第三方评估机制，发挥好第三方评估的引导和监督作用。加强行业协会信息公开，接受社会监督，推动行业协会在行业信用建设方面发挥重要作用。

---

[*] 傅春，上海市社会信用促进中心主任；黄俊，上海市社会信用促进中心行业应用部部长；马佳妮，上海市社会信用促进中心综合管理部部长。

（二）行业协会对行业信用体系建设的必要性

1. 行业发展内在需求

行业信用管理体系的建立是行业发展的内在需求，也成为越来越多行业协会的基本工作之一，因而行业信用有其自身的一些特点：一是该工作的目的首先是基于行业自律；二是由行业协会组织建设与实施；三是仅针对行业成员开展；四是该工作本身为非营利性；五是可以委托专业信用服务机构提供独立第三方服务。

2. 行业社会活动的要求

行业信用是指行业内经济活动主体成员基于行业自律原则所呈现的履约能力、履约意愿和履约结果的综合体现。其内涵不仅限于本行业经济活动主体之间的信用关系，也包括与行业上下游经济活动主体之间的信用关系，是社会整体信用体系的重要组成部分。

3. 行业信用指标的内涵

从行业信用指标体系看，政府监管指标是其重要组成部分，一些违反政府强制性标准的行为是信用评价一票否决项的主要参数指标。与传统的金融机构信用体系不同，行业信用涉及更为广泛，除了企业的外部交易行为，也包括了企业的内部治理，尤其是劳动者权益等。

4. 行业信用行为的管理

行业信用管理体系的建立，基于政府的积极推进和行业共识，其指标数据的归集和逻辑构建体现出公开、公正和科学合理，这将进一步强化协会的社会公信力，成为其完成服务、维权、自律等协会核心使命的有力抓手，进而带动全行业的健康发展。

（三）行业协会信用体系建设的需求和价值

行业协会是一种自治性民间社会组织，通过行业规则实行自律管理。

行业规则是典型的内部规则，它是在对行业内各个企业的权力和利益进行协调、平衡的过程中，通过谈判、协商、妥协等方式，达成的一种共识，由协会成员共同遵守。行业信用体系的构建，可以促进行业内外部信息交流，更好地实现行业协会的自治功能，便于社会各方面的合作、交流与发展。

1. 行业协会的信用应用需求

行业协会作为政府和企业的桥梁和纽带，通过协助政府实施行业管理和维护企业合法权益，为会员单位提供服务、咨询、沟通、监督、公正、自律、协调等服务。而近年来，随着市场经济的发展和完善，市场和社会越来越大，市场经济导致行业内的竞争越来越激烈，很多行业屡次出现违法经营、虚假广告等信用缺失行为，已成为影响行业持续健康发展的关键性问题。因此做好行业诚信品牌建设，促进产业持续健康发展，积极推动行业信用文化建设，在生产经营企业中倡导开展诚信创建和教育宣传活动，规范信用信息目录及管理制度，加强行业信用体系建设，对于进一步规范监督企业生产经营秩序，完善诚信社会监督体制，营造行业诚信环境，防范安全事故发生，具有重要意义。

2. 行业协会的信用应用价值

开展行业协会信用建设，将信用服务用于行政管理、依法履职、评先评优、行业监管、教育培训中，可逐步提高社会信用意识和公众遵纪守法意识，有利于协会探索新的工作领域；也将协助行业协会更好地服务于会员企业，提高其在行业中的权威性，为行业协会履职，促进产业持续健康发展提供信息支持；同时也将起到增强行业诚信意识，提高行业自律水平，规范行业竞争秩序，维护行业利益和促进行业持续健康发展的作用，逐步在全社会形成"守信激励、失信惩戒"的激励约束机制。

二、存在问题

(一) 行业协会自身管理存在失信问题

当前,部分行业协会的发展还不完善、不健全,并且存在着一系列的问题,包括协会管理体制不够健全,缺乏严格的组织程序和明确的组织章程,自主性不强,人员及经费不足,不同领域之间的行业协会发展很不平衡,同时行业协会的独立性作用体现不明显,官办色彩浓厚,部分行业协会业务工作未建立规章制度,开展活动不规范,极个别行业协会存在乱收费等问题。另外,行业协会自身管理的对象是行业协会负责人,也就是社会组织的会长、副会长和秘书长,也是社会组织日常管理中需要公共治理的主体之一。诚信既是市场经济的道德基础,也是经营社会组织的行业准则。坚守诚信能给社会组织负责人赢得信誉,信誉才能让社会公众值得信赖,社会组织才能长久生存和发展。然而在当今,随着市场经济的发展,加之市场经济体制还不完善,导致部分行业协会负责人诚信信仰的缺失,有的为一己私利开展违规活动,并长期隐瞒真相,从而引起严重的信用危机,引起社会公众对行业协会的不信任。

(二) 法律法规及政府监管体制还不完善

目前,我国已基本形成了一套具有中国特色社会主义的社会团体登记管理体系,为经济社会发展做出了巨大贡献,但是与发达国家健全的社会团体登记管理内容相比还存在着很多不完善的地方,主要表现在如下几个方面:首先,社会团体诚信自律建设等一系列法律、法规缺乏系统性、可操作性、完整性;其次,法律、法规的兼容性问题还比较突出,执法标准还不统一;最后,在社会团体违规的执法过程中缺乏持续性和规范性。另外,社会组织绝大部分实行双重管理体制,纵观当前社会组织诚信自律缺失事件,能发现在日常监管上任何一个环节出现问题,都会导致社会组织违规行为的发生。在现有政府监管资源条件下，只有把社会组织日常监管的主体联合到一起，消除监管盲区，并实现各主体之间的良好合作，才能消除目前政府监管中存在的弊端。

（三）行业协会推动信用体系建设缺乏动力

行业协会一般是采用会员制的方式，行业协会建立的信用评价体系都是针对参与行业协会的会员单位以及会员单位的从业人员进行相应的评价工作的。评价结果对于会员单位来说，必然存在评估结果有好有坏、有高有低，会员单位缴纳了会费，却获得一个较低的信用评价结果，对于会员单位来说，大部分都很难接受，严重的可能会导致会员单位退会，因此行业协会在制定信用评价标准时往往会朝着一个皆大欢喜的方向实施，或者不会去实施信用评价这项得罪会员单位的工作，这就导致行业协会推动行业协会信用评价体系建设过程中难以公允地建立信用评价标准或者积极性不高并缺乏建设动力。

三、下一步建议

（一）实施"亮信"工程，完善行业信用建设顶层设计

1. 制度建设

建立以行业诚信公约为总纲的行业信用建设制度体系。不同的行业有不同的管理要求和发展特点，区别于政府的行政监管，行业诚信公约更能反映行业内部信用体系建设的总体要求、信用规则以及信用奖惩的具体实施内容，从而推动行业信用体系建设的规范发展。

2. 长远规划

制定以行业信用管理服务平台为核心的行业信用建设规划体系。通过制定行业信用建设的规划体系，可以明确行业信用体系建设的分阶段任务

和重点目标，不同的行业有不同的诉求，好的规划体系能更好地把控行业信用体系建设的推进节奏，从而推进行业信用体系建设有效实施。

3. 机制设置

设立以行业信用专委会为抓手的行业信用建设机制体系。行业信用建设需要有专人负责推进落地，设立相应的信用专委会可以有效地落实行业在信用体系建设中的标准建设、平台建设以及应用推广等工作，更好地促进行业信用体系建设落地。

4. 亮信行动

推动以行业会员单位亮出信用证明为抓手的行业信用建设宣传体系。面向所有行业协会会员单位推进企业亮信行动，签订包括行业诚信公约的签约书、企业诚信经营承诺书、企业信用等级认定证书等信用证明，会员企业可以将信用证明融入自身的经营体系中，不仅能够树立企业信用品牌形象，而且可以在行业诚信公约范围内接受客户的监督，作为服务客户的新方式。

（二）编制"立信"标准，建立行业特色信用评估体系

1. 明确主体

行业协会需要明确信用评估的主体。一般而言，行业协会信用评估的主体包括行业会员单位、行业职业人群，另外也可以按照产业链上下游的关系将行业企业服务主体以及行业企业所购买服务的主体纳入行业信用评估的主体范围，这四类主体的信用评估体系的建立将形成行业信用管理服务的生态圈。

2. 特色标准

行业协会需要建立符合自身特点的信用评估标准。不同的行业有不同的准入门槛和行业规范，区别于政府的信用监管，行业的信用评价标准更倾向于从企业的产品质量和服务体系以及从业人员的职业素质和专业能力

等方面进行评估，从而通过整体综合信用度的提升来促进整个行业的信用品牌度提高，提升整个行业的市场竞争力。

3. 数据整合

行业协会需要整合来自行业内部的信用信息以及来自外部的信用信息。行业领域的数据整合以行业信用评估标准为导向，充分利用内部数据与外部数据的融合，以行业内数据为主，外部数据为补充，更加客观地反映行业信用评估主体的全面信用状况，确保信用评估结果的客观公正性。

4. 统一管理

行业协会需要建立统一的信用管理服务平台，实现与行业信用评估主体相关的信用档案和信用评估标准的管理，同时建立对外服务体系，充分展示评估主体的信用状况，在不同的场景应用信用评估结果，实现对守信主体的优质资源配置，营造行业守信氛围，同时建立消费者和客户对行业的信任关系。

（三）建立"联信"机制，推动行业信用资源开放共享

1. 数据互联

建立行业与行业之间的数据共享机制。鉴于大部分行业与行业之间并无业务交集，同时也无法参照政府公共数据的集中式管理，因此可以采用区块链技术手段来实现行业与行业之间的数据共享。通过区块链网络构建一个去中心化的信用信息共享体系，各个行业协会构成了区块链节点，区块链节点通过分布式账本实现一致性数据目录的存储，信用数据的需求方通过一致性数据目录找到数据源的提供接口，并通过点对点通讯方式获取需要的信用数据。数据需求方和数据提供方的调用关系被一致性账本记录下来，为点对点清算提供依据；同时任何一次的数据调用和业务管理行为将被区块链进行行为存证，公开透明。

2. 结果互联

实现行业与行业之间评估结果的互联互通，构建跨行业失信警示名

单。目前，由于行业间信息不共享，导致部分失信主体利用信息不对称实施跨行业欺诈，行业间的信用评估结果互联互通可以有效降低由于跨行业间的失信行为造成的损失，形成一处失信、处处受限的格局，保障守信行业主体的业务开展。

3. 互信共识

实现行业与行业之间信用评估结果的共识机制，构建跨行业的信用联动体系，降低企业跨行业业务拓展的管理成本。行业间的互信共识可以强化行业间企业的合作关系，推动守信企业获得更多的业务机会，同时建立行业企业互评体系可以实施行业间的信用监督，有效防止跨行业的欺诈和违约行为，树立良好的守信氛围。

（四）强化"用信"场景，开展行业领域信用应用服务

在行业协会用信场景中，信用服务适用于会员单位申请入会时的信用现状审查、会员综合实力的评估、入会后的信用监测，同时适用于日常运营监测、行政管理、金融监管、信用体系教育培训等，也可将信用信息纳入评奖评优的考核维度，作为商机对接及业务培训等利好服务的评判标准之一等。

第二节 行业协会推动行业信用建设典型案例

傅 春 王友军 张海生[*]

近年来，国内涌现出一批正在积极推动本行业协会信用体系建设的行业协会，在全国行业信用体系建设中形成了典型案例并取得了显著的成

---

[*] 傅春，上海市社会信用促进中心主任；王友军，上海市代理记账行业协会会长；张海生，上海市代理记账行业协会秘书长。

效，为其他行业信用体系建设树立了标杆，探索了宝贵的建设经验。

一、2019年行业协会信用建设典型案例及成效

（一）中国非公立医疗机构协会

中国非公立医疗机构协会（Chinese Non-government Medical Institutions Association，CNMIA，以下简称协会），系国家一级非公立医疗机构（社会办医）行业协会，成立于2014年8月。2015年，中国非公立医疗机构协会基于上海五年探索实践的基础上，在全国社会办医行业中启动开展信用评价工作。

1. 开展信用评价背景

党的十八大以来，以习近平总书记为核心的党中央重视发展社会办医，将其作为实施"健康中国战略"和深化医改的重要任务，统筹谋划、一体推进。明确指出，在基本医疗卫生服务领域，政府要有作为，在非基本医疗卫生服务领域，市场要有活力，要支持社会办医，发展健康产业。据不完全统计，截至2019年2月，社会办医疗机构总数超过46万家。其中社会办医院数量达到21165家，公立医院11960家。与此同时，社会办医机构规模、医疗能力水平、资本运作优势、互联网平台应用等也在不断扩大和提高。

在政策积极推动和社会资本投入的热潮下，社会办医数量猛增，呈现出面广量大、良莠不齐的情况。一部分社会资本和从业人员对医疗服务还不了解其特殊性，把医疗服务当作"生意"来做，甚至想通过投资医疗来赚快钱。少部分社会办医院为了获取利益，骗保、过度医疗、坑蒙拐骗的现象时有发生。这些害群之马的不法经营行为损害了医疗行业，尤其是社会办医行业的信誉。2018年底，社会办医院服务量仅占全国医疗服务量的20%左右。

2. 信用评价标准制定与颁布

2015年，协会全面总结了上海开展社会办医自律探索实践的经验做法，组织全国医疗卫生行业内的临床和管理专家，开展了《非公立医疗机构评估评价体系建设与应用研究》课题研究。其中的社会办医信用指标体系和能力指标体系研究获得了国家相关部门肯定与认同。

信用评价从"加强社会监督和行业自律"着眼，通过加强行业协会等社会组织在行业自律和职业道德建设中的作用，引导非公立医疗机构依法经营、公平有序竞争。改革完善医疗质量、技术、安全和服务评估认证制度，探索建立了第三方评价机制。信用评价管理办法分6章23条，以"社会责任、价值观、服务能力"为核心，形成了涵盖"价值理念、公共信用信息、公益支持、行为规范、品牌形象、管理能力、财务能力、相关方履约"等方面的一级指标3个、二级指标10个、三级指标32个、四级指标81个的完整评价体系。并以河北燕达医院、北京北亚骨科医院等4家具有较大规模社会办医院进行首批试点，并于2017年8月颁布了《非公立医疗机构信用评价管理暂行办法》和《非公立医疗机构信用评价指标体系（2017年版）》。2018年3月《中国非公立医疗机构协会非公立医疗机构信用评价》（T/CNMIA 0001—2018）成为国家团体标准。

3. 信用信息平台模型建立

2018年1月，协会与上海市信用促进中心合作，为进一步加强社会办医疗机构行业信用管理，从规范社会办医疗机构、从业人员和服务对象的诚信行为、促进社会办医疗机构行业健康发展、夯实行业的信用基础、全力推进社会信用体系建设着眼，探索研究社会办医疗机构基于信用信息平台的指标体系。经过各方面专家对指标体系框架、指标纳入和评估分值等三轮筛选，并与国家社会办医疗机构标准、国家卫健委规划要求、中国非公立医疗机构信用评价标准比对建立了比较适合目前实际情况，也可与其他行业的社会信用指标比对的征信平台指标体系。

按照信用信息平台建设模型所需指标的获得性、与社会信用链接啮合度考虑，并按照国家标准和要求，制定了《非公立医疗机构信用信息归集与管理办法（暂行稿）》。

4. 组建国家协会级层面专家组

为了进一步推进社会办医信用建设，2017年10月，协会建立信用评价专家库，以支持信用评价工作全面推进。2018年4月协会成立社会办医疗机构评价委员会，同年4月28日，在"2018中国社会办医大会"上，首批通过专家评价、具有较高社会信用信誉度的23家社会办医院被授予信用五星级，并颁发了有效期为3年的信用和星级等级证书、标牌。建设的信用评价结果正式向全社会公布。2019年1月，第二批17家医院信用评价结果公布。

与此同时，协会针对社会办医疗机构行业建设发展中存在的政策落实不到位、监管不完善、社会整体信任度不高等现象和问题，根据国家卫生健康委牵头联合十部委印发的《关于促进社会办医持续健康规范发展的意见》中关于发挥行业组织自律作用，协助主管部门做好相关工作，维护行业信誉，开展社会办医示范行动等有关要求，为加强行业自律，改善社会办医环境，维护行业信誉，重塑社会办医新形象，研究制定和明确了十项内容的《社会办医服务承诺书》，倡议社会办医机构签约《承诺书》，履行《承诺书》，共同营造诚实守信氛围。在协会官网与微信公众号、人民健康网及中国社会办医网建立《全国社会办医阳光平台》，按时间顺序向社会公开发布签约《承诺书》医疗机构名单，名单每周更新发布，接受社会监督，同时积极推进各地方相关行业协会组织按此要求建立本地区社会办医阳光平台。

5. 信用评价推进行业诚信建设

协会推进开展社会办医疗机构诚信建设和信用评价，建立了一整套实用可行、适合非公立医疗行业多态性、公平又强有力的长效管理体系。协会内设的信用评价中心为协会常设机构，有专职人员负责具体事务，开设信用评价专版。协会依据社会办医疗机构自愿原则，鼓励会员单位参加评价，先北京后全国，先综合医院再专科医院，先规模型医院再小微型医疗机构，先统一实施后分片开展，整个工作严谨、稳妥、扎实。以评促改、以评促建，帮助受评社会办医疗机构自我学习不断完善。

协会通过三年多的努力，一批受评并被授牌的社会办医疗机构已经成为行业中诚信建设的带头羊，带头履行《诚信服务自律公约》，带动着社会办医疗机构逐渐实现由量变到质变的飞跃，真正实现从追求短期效益到谋求长期规划发展的转变，也出现了浙江树兰医疗、北京陆道培医院、北京三博脑科医院、河北燕达医院、北京北亚骨科医院等具有"高水平的专家、高质量的医疗、高品质的服务"的办医"三高"理念医疗机构，逐步显现"国际化、智能化、标准化、人文化"的服务"四化举措"，以及"患者满意、医者满意、政府满意"的"三满意"医疗服务，满足人民群众医疗健康需要。

（二）上海市代理记账行业协会

上海市代理记账行业协会是全国首家省级代理记账行业协会，业务主管部门为上海市财政局。协会是财政部"会计法制建设实施工作联系点"单位，上海市经信委认定的"上海市中小企业优秀服务机构"，上海市市场信用信息公共平台首批共建单位。现有会员超过450家，服务B端（企业端）客户超21万家。协会在国内同类组织中创下10个第一，是同行业协会中最具影响力的组织。会员单位覆盖中外资龙头公司，会员业务范围广泛，包括企业注册注销、代理记账、出纳外包、财务咨询、税务筹划、审计、公司资质、商标知识产权、人事社保、法务、投融资等企业全生命周期服务。

1. 总体思路

为了促进行业长久健康发展，服务广大中小企业客户，协会敢于碰硬，勇于探索行业诚信建设无人区，联合政府市场打造诚信正循环，实施诚信体系建设："立行规、当裁判、接资源、守诚信"，并以"签署诚信公约""建设诚信档案""实施分类等级管理"为主线,分步推进整个地区行业的诚信体系建设,营造"诚信经营、公平竞争、规范执业"的行业市场环境。

2. 实施路径

首先,协会设立了自律委员会和专家委员会,为推行"诚信体系建设"提供了组织架构和人员保障。其次,协会制定并发布了《行业诚信公约》,明确了行业内企业规范执业的守信标准和失信标准,弥补了社会信用体系建设在行业内的制度短板。2017年12月26日,协会召开《行业诚信公约》发布会,至2019年9月签署会员单位已达350余家。诚信公约秉承"为自律赋能,为诚信加分"的宗旨,致力于为签署单位创造更多的发展机会及空间,给不讲信用的行为以制约及惩戒。最后,协会充分发挥信用给企业带来的价值,让守信企业获得更多的资源。签署加入公约的会员单位,不仅将被授予签约证书及铭牌,还将优先享有对接政府资源、各类平台等获客渠道及市场资源,优先享有各类渠道的宣传及推广、培训服务等。目前已签署诚信公约的机构可以在相关政府采购项目中加15分,此前协会提出的"为自律赋能,给诚信加分"的口号已成为现实。

3. 信用赋能

要真正夯实诚信体系建设,最大化效能与约束力,除了通过"亮证行动"的宣传引导,协会也推出其他举措,例如在协会网站、官方公众号可在线"秒查"机构是否签署公约,接受公众监督;协会还推出了月度"诚信之星"评选活动,目的是为倡导诚信服务与亮证经营,促进行业的健康持续发展,将"赋能"与"加分"落到实处,使信用成为企业的身份证。2018年3月20日,协会一届七次理事大会扩大会议召开,就推进"诚信体系建设三部曲"中的诚信档案和分类等级管理做出部署,2018年9月协会自律委员会召开了"分类等级管理评定工作"第二次会议,讨论分类等级管理评定工作的目的、要求及指标体系等。经过会议讨论,评定指标体系从执业条件、财务制度建设、风险控制、团队建设、执业质量、信用评价、行业自律、社会责任等方面进行。2018年12月26日，协会携手全国多地协会共同开展"亮证行动"，将每年12月26日定为代理记账行业的"亮证日"，同时发布了行业首个《诚信档案》，向社会各界展示行业诚信形象；与此同时，在全国各地30多家省、市、地区的企业服务相关行业协会的机构从业人员同步亮证，亮出《诚信公约》签署证书，倡导企业践行承诺。

4. 宣传推广

上海市代理记账行业协会于2018年12月26日，举办了以上海为主会场的"12·26行业诚信亮证节"，上海超过400家机构参与，全国30多个省、市行业协会响应，共约5000家机构、超5万人同步亮证倡导行业诚信服务，宣传在业务经营中"亮证上岗"。承诺诚信服务的机构包括："坚守诚信，品质铸就良好口碑"——上海企汇财务咨询有限公司、"诚信赢得市场，服务铸就品质"——上海磊实财务咨询有限公司、"诚信之商，有容乃大"——上海大之商科技发展股份有限公司、"人无信不立，业无信不兴"——上海国际企业咨询服务有限公司、"巍巍乎若泰山，善哉乎一诺"——巍诺商务服务股份有限公司、"为商之道，诚信为本"——上海企盈信息技术有限公司等，活动促进了行业的健康持续发展，将"赋能"与"加分"落到实处，倡导企业践行承诺，使信用成为企业的身份证。

5. 典型案例

某公司2018年5月初通过《诚信公约》上的监督电话联系至协会，投诉某会员单位在服务该公司的过程中无理扣押其法人数字证书、税控盘，希望协会能帮其将法人数字证书、报税盘从会员单位取回。协会在接到投诉后第一时间查询该会员单位已经签署了《诚信公约》，并联系了该会员单位了解其原因。会员单位表示，该公司为其2015—2017年服务的客户，根据服务合同，该公司拖欠会员单位2016—2017年两年的代理记账服务费，考虑到停止服务对其影响较大，从2018年单方面延续服务至今。因从 2018 年起与该公司多次沟通无果，故暂停对该公司服务，要求其迁出会员单位所在园区。协会首先向会员单位表明根据相关法律及行政法规和《诚信公约》，会员单位不能扣留该公司所有的法人数字证书及税控盘，如果发生业务及经济纠纷，要通过法律方式解决。同时告诫该公司，协会会积极帮助其拿到其所有的法人数字证书和税控盘，但其行为是自身不履行合同的原因造成，应尽快将其所拖欠的代理记账服务费款项支付给会员单位，协会会尽力根据《诚信公约》让双方积极协商。经协会多次分别联系双方，双方表达了同意再进行相互沟通的意愿。2018 年 5 月末在协会会议室，由协会在《诚信公约》基础上协调，某公司同意支付会员单位 2016—2017 年代理记账服务费，并迁出所在园区；会员单位将该单位法人数字证书和税控盘现场交还给了该公司，并表示免除其 2018 年 1—4 月的代理记账服务费。双方不再有任何纠纷。

通过诚信的纽带，深度有机结合"服务"和"自律"两大核心职能，成为协会积极响应上海市社会信用体系建设，营造"诚信服务、规范执业、公平竞争"行业环境的充满勇气的探索。目前，"为自律赋能，给诚信加分"成为现实，人才班、参访、讲座、校协合作等协会外接资源优先供给公约签署机构，会员"亮证"（协会颁发的签署证书）成为日常，客户投诉不再被漠视，协会根据公约进行监督调解，为签署单位及客户提供多一层保障。

二、存在问题

（一）行业协会信用体系建设仍处于初期阶段

目前，在行业信用体系建设方面，行业协会存在信用体系建设专业知识储备不足以及专业人员缺乏等问题，行业信用体系建设需要将行业管理与信用管理相结合，形成具有行业特色的信用管理体系，因此面对信用体系建设这个专业领域，行业协会很难找好建设的切入点，只能停留在信用理念宣传和知识普及的层面。

（二）行业协会信用体系建设进一步深化的空间较大

对于已经建立相应的信用体系的行业协会，一方面面临外部信用资源难以获取的困境，仅仅只能基于行业协会自身掌握的信用数据开展相应的信用评价工作，无法全面、客观、公正地建立行业信用标准体系。另一方面面临应用场景缺乏的困境，在信用应用场景方面不仅要打通行业监管部门的信用监管体系，得到监管部门的认可，同时也需要打通其他行业的认可体系，确保信用评价结果对会员单位业务发展有价值，因此对于已初步完成行业信用体系建设以及行业信用管理平台的行业协会，进一步提升和完善的空间仍比较大。

三、下一步建议

（一）加强行业协会信用体系建设的业务指导

围绕行业协会信用体系建设的各个环节，需要形成一套行之有效的建设模式，同时针对不同行业的不同业务领域，需要有一批拥有行业管理经验的信用服务企业为行业协会提供专业化的信用管理服务、信用评估服务以及信用应用服务。因此，为了加快推进行业协会信用体系建设，政府部门应该进一步加强行业协会信用体系建设的业务指导，组织一批有经验的第三方机构为行业协会信用体系提供支撑，同时在政府管理中依托行业协会信用管理平台，更好地管理和指导行业的业务发展。

（二）树立优秀行业协会信用体系建设的标杆作用

在推进行业协会信用体系建设中，政府主管部门需要树立一批优秀的行业协会标杆，形成行业协会信用体系建设优秀案例，推动行业协会分享信用体系建设优秀经验，复制推广这批行业协会的模式，营造行业协会守信氛围。同时，在政府部门牵头下，优秀行业协会之间可以建立信用信息共享和互信共识体系机制，在跨行业领域形成信用合作，放大行业协会信用体系建设的价值，推动更多行业协会加入信用体系建设中来。

第八章
信用基金会

　　信用基金会是社会信用体系的有机组成部分，有利于推进信用体系建设试点工作，有利于资助信用知识宣传、信用人才培养、信用培训、信用异议赔偿、信用创新课题研究、信用技术应用研究、信用数据收集与分析系统开发和应用研究、信用评级评价报告研究、地方和行业信用研究。目前，我国已经成立3家专门的信用基金会；13家其他领域的基金会在信用领域也投入了一些项目。在国家主管部门的引导下，专业的信用基金会和其他领域的基金会发挥了各自的优势，也将形成合力，切实激发信用主体活力，推进信用建设和理念创新，提升信用建设的能力和水平。未来，信用基金会整体数量将继续增加，基金规模会有所提升，现有基金会在信用建设领域的积极探索可以为现有的其他基金会和将在以后成立的专业基金会提供有益借鉴。

第一节 信用基金会设立情况

仲丽华 陈志真 李跃飞 蒋敦雄*

当前,国内信用基金会整体数量还比较少,整体规模还比较小,但是伴随着国务院加快推进我国社会信用体系建设,近两年,专业的信用基金会呈现出明显增加的趋势。一是已经成立了3家专门的信用基金会,二是13家其他领域的基金会也在信用领域也投入了一些项目。

一、3家专业的信用基金会设立情况

(一)3家信用基金会的地域分布和成立时间

在信用领域专门成立的3家非公募基金会分布在中部和东南沿海省市,分别是河南省民营企业信用发展基金会、厦门市致诚信用大数据基金会、泉州市品尚社会信用建设基金会。其中,河南省民营企业信用发展基金会成立于2011年,厦门市致诚信用大数据基金会和泉州市品尚社会信用建设基金会的成立时间集中在2018年中下旬[1]。自2018年以来,专注信用领域的基金会的数量有了明显的增长,对信用体系建设起到更好的促进作用。

(二)3家信用基金会的业务范围和宗旨

从基金会的业务范围和宗旨看,3家信用基金会有所区别。

---

* 仲丽华,厦门市致诚信用大数据基金会理事长;陈志真,全国信用大数据创新应用重点实验室研究员;李跃飞,全国信用大数据创新应用重点实验室研究员;蒋敦雄,全国信用大数据创新应用重点实验室研究员。

[1] 基金会中心网. 2019-06-30. www1.foundationcenter.org.cn。

一是河南省民营企业信用发展基金会和泉州市品尚社会信用建设基金会主要集中在推进企业信用建设，而厦门市致诚信用大数据基金会在诚信建设方面除了企业信用，还有更广的发挥空间。

二是厦门市致诚信用大数据基金会和泉州市品尚社会信用建设基金会在信用数据方面的作为更加突出，尤其是厦门市致诚信用大数据基金会在推动信用大数据中的作用更加凸显。

三是河南省民营企业信用发展基金会主要是依法接受社会捐赠，开展民营企业信用宣传等活动，塑造信用文化，推进信用建设，促进民营企业信用发展；厦门市致诚信用大数据基金会主要是资助信用体系建设，资助国家信用人才培养，资助信用修复、信用异议赔偿，资助信用创新课题研究；泉州市品尚社会信用建设基金会主要是建立具有示范和带动作用的企业公益性综合信用评价体系，加快践行守信联合激励和失信联合惩戒制度，助力企业诚信建设。

从整体看，3家信用基金会对于企业信用建设都是极大的利好。一是能更好宣传诚信理念、诚信意识和诚信道德，褒扬诚信，惩戒失信，助力企业诚信建设；二是在实践层面，更有利于促成践行守信联合激励和失信联合惩戒制度，助力建立健全社会诚信制度。

通过对3家信用基金会的业务主管单位进行分析发现（见表1），1家是河南省工商业联合会，2家是地方的发展和改革委员会。不难发现，关于信用基金会的成立，一是与国家发展和改革委员会贯彻落实党中央、国务院关于加强社会信用体系建设的要求，推进信用体系建设进程有关。二是离不开国家发展和改革委员会创新信用建设工作机制，与具有专业优势的企业深度合作，充分调动社会力量参与到社会信用体系建设。

表1　3家信用基金基本情况

序号	社会团体名称	业务主管单位
1	河南省民营企业信用发展基金会	河南省工商业联合会
2	厦门市致诚信用大数据基金会	厦门市发展和改革委员会
3	泉州市品尚社会信用建设基金会	泉州市发展和改革委员会

（三）3家信用基金会的规模

在信用基金会的规模方面，河南省民营企业信用发展基金会、厦门市致诚信用大数据基金会、泉州市品尚社会信用建设基金会处于相同水平，均为200万元[1]。其中，后两家基金会分别是由一家企业发起设立和提供基金会资金。一是厦门市致诚信用大数据基金会的发起设立和资金来源的公司是厦门市美亚柏科信息股份有限公司。二是泉州市品尚社会信用建设基金会的发起设立和资金来源的公司是品尚电子商务有限公司。总体上，三家基金会的规模还处于初期阶段，尚存在较大的发展空间。

（四）3家信用基金会的透明度

在3家信用基金会的中基透明指数[2]方面，一是河南省民营企业信用发展基金会中基透明指数FTI得分为58分，高于非公募类型基金会平均分48.70分。二是由于厦门市致诚信用大数据基金会和泉州市品尚社会信用建设基金会成立时间较短，虽然在信用建设领域已经有一些作为，但是根据在基金会中心网的查询结果，尚无中基透明指数FTI得分（见表2）。

---

[1] 基金会中心网.2019-06-30. www1.foundationcenter.org.cn.

[2] 中基透明指数，外文名"FTI"，是一套综合指标、权重、信息披露渠道、完整度等参数，以排行榜为呈现形式的基金会透明标准评价系统。排行榜按照基金会最新透明分数每周更新一次，排名越靠前代表基金会透明度越高。中基透明指数的用途：一方面基金会了解自身透明程度在全国范围的位置，并根据标准增加自身透明度；另一方面公众以透明指数为捐赠参考，促进慈善行业透明度的增加和公信力的增强。

表2 3家信用基金中基透明指数FTI得分

序号	社会团体名称	中基透明指数FTI得分（2019）
1	河南省民营企业信用发展基金会	58
2	厦门市致诚信用大数据基金会	/
3	泉州市品尚社会信用建设基金会	/

二、资助信用项目的13家其他领域基金会设立情况

（一）资助信用项目的13家其他领域基金会的地域分布和成立时间

从2012年以来，有13家其他领域的基金会在信用项目方面有投入，其中，包括5家全国性基金和8家地方性基金。一是在5家全国性基金中，4家是公募基金和1家是非公募基金。二是在8家地方性基金中，5家是公募基金，3家是非公募基金。

在成立时间上，其中4家基金会成立于1991—1994年之间，7家基金会成立于2006—2008年之间，2家基金会成立于2011—2016年之间。

其他领域基金会对信用领域的关注和对信用项目的资助，将会对信用体系建设起到更好的补充作用（见表3）。

表3 13家其他领域基金的基本情况

序号	社会团体名称	业务主管单位	基金会范围	类别	地址	成立登记日期
1	中国企业管理科学基金会	国务院国有资产监督管理委员会	全国	公募	北京市	1991/11/4
2	中国生物多样性保护与绿色发展基金会	中国科学技术协会	全国	公募	北京市	1992/2/19
3	中国金融教育发展基金会	中国人民银行	全国	公募	北京市	1992/5/14
4	阿坝藏族羌族自治州教育基金会	四川省教育厅	地方	公募	四川省	1994/8/24

续　表

序号	社会团体名称	业务主管单位	基金会范围	类别	地址	成立登记日期
5	大连慈善基金会	辽宁省民政厅	地方	公募	辽宁省	2006/3/2
6	中国青年创业就业基金会	青团中央委员会	全国	公募	北京市	2006/10/8
7	北京市鸿儒金融教育基金会	北京市社会科学界联合会	地方	非公募	北京市	2006/11/27
8	深圳市综研软科学发展基金会	/	地方	非公募	广东省	2007/7/5
9	内蒙古公益事业发展基金会	内蒙古自治区民政厅	地方	公募	内蒙古自治区	2008/3/24
10	上海真爱梦想公益基金会	上海市民政局	地方	公募	上海市	2008/8/14
11	四川省青年创业就业基金会	共青团四川省委员会	地方	公募	四川省	2009/11/26
12	阿里巴巴公益基金会	民政部	全国	非公募	浙江省	2011/11/9
13	上海玛娜数据科技发展基金会	上海市科学技术委员会	地方	非公募	上海市	2016/9/12

注：基金会中心网．2019-06-30．www1.foundationcenter.org.cn．

（二）资助信用项目的 13 家其他领域基金会的业务范围和宗旨

资助信用项目的 13 家其他领域基金会分布在不同领域，一是 5 家基金会关注科学研究、教育领域，分别是中国企业管理科学基金会、中国金融教育发展基金会、北京市鸿儒金融教育基金会、深圳市综研软科学发展基金会、上海玛娜数据科技发展基金会。二是 3 家基金会关注儿童、青少年、教育、公共服务领域，分别是阿坝藏族羌族自治州教育基金会、内蒙古公益事业发展基金会、上海真爱梦想公益基金会。三是 4 家基金会关注创业就业领域，分别是中国青年创业就业基金会、四川省青年创业就业基金会。四是中国生物多样性保护与绿色发展基金会关注动物保护、国际事务、环境领域。五是大连慈善基金会关注扶贫助困、教育、医疗救助领域。六是阿里巴巴公益基金会关注公安全救灾、扶贫助困、公益事业发展、环境领域。虽然资助信用项目的 13 家其他领域基金会的业务范围并没有明确提出信用的内容，但是其宗旨都是促进该领域事业的发展；而加强信用建设正是促进各领域事业又好又快发展的迫切要求，对该领域优化秩序、改善整体环境、推动文明进步意义重大。详见表 4。

表4 13 家其他领域基金的业务情况

序号	社会团体名称	业务主管单位	业务范围	宗　旨
1	中国企业管理科学基金会	国务院国有资产监督管理委员会	募集资金、资助科研、书刊编辑、国际交流、合作培训、专业展览、咨询服务	通过资助经济领域热点问题研究、产业政策研究和企业管理科学研究工作，奖励在经济、管理领域做出杰出贡献的人士，推进中国经济发展和企业管理科学事业
2	中国生物多样性保护与绿色发展基金会	中国科学技术协会	募集资金、国际合作、专项资助、业务培训	广泛动员全社会关心和支持生物多样性保护与绿色发展事业，保护国家战略资源，促进生态文明建设和人与自然和谐，构建人类美好家园
3	中国金融教育发展基金会	中国人民银行	集资金、专项资助、业务培训、专业展览、书刊编辑、国际合作与交流咨询服务	争取社会各界特别是金融系统的支持捐助，发挥非营利公益组织优势，整合各方资源按需提供服务，推动中国金融教育事业的创新和发展

续 表

序号	社会团体名称	业务主管单位	业务范围	宗 旨
4	阿坝藏族羌族自治州教育基金会	四川省教育厅	开展基金会正常业务和各种筹集基金的活动；开展与国内外教育组织以及热心全州教育事业的其他组织、个人的友好往来和相互合作的活动，扶持阿坝州基础教育和牧区教育，奖励优秀师生，帮助贫困儿童入学。表彰、宣传、奖励为发展我州教育事业作出贡献的社会各界人士、团体和单位	支教优先济困助学，推动阿坝州教育事业的发展
5	大连慈善基金会	辽宁省民政厅	接受国内外社会各界的慈善捐赠，资助慈善公益活动和兴办慈善产业	弘扬中华民族的传统美德，发扬人道主义精神，资助社会慈善公益事业，推动完善社会保障体系，促进社会公平正义与社会和谐
6	中国青年创业就业基金会	共青团中央委员会	募集资金、专项资助、创业扶持、专业培训、信息服务、理论研究、社会倡导、国际合作	通过资金扶持、技能培训、信息服务、政策协调和社会倡导，帮助青年创业就业，促进青年发展
7	北京市鸿儒金融教育基金会	北京市社会科学界联合会	开展金融科学研究专项奖励、资助、研讨等活动；支持、促进、兴办金融教育；从事与金融教育、金融科学研究相关的公益活动；专项救助；资助有利于金融院校发展的公益活动	通过捐赠、奖励，促进金融科学的创新、发展与进步

续 表

序号	社会团体名称	业务主管单位	业务范围	宗 旨
8	深圳市综研软科学发展基金会	/	资助"公共政策研究项目""中国智库论坛";资助设立并评选"中国软科学奖"	支持和推动深圳市软科学建设和发展,为经济研究的发展和经济与社会决策的科学化、民主化服务,为公共政策研究和建设和谐社会奉献力量
9	内蒙古公益事业发展基金会	内蒙古自治区民政厅	多渠道募集资金,接收物质捐助、技术援助,开展各种敬老、扶幼、助学、济困活动	敬老、扶幼、助学、济困
10	上海真爱梦想公益基金会	上海市民政局	扶贫帮困;辅助改善教育设施;资助组织和能力教育;促进就业	以专业化管理模式,通过扶贫帮困、辅助改善教育设施、资助素质和能力教育、促进就业等方式为社会弱势群体的自我发展提供更多的机会和可能性
11	四川省青年创业就业基金会	共青团四川省委员会	面向青年创业就业开展资金扶持、技能培训、信息服务、政策协调、社会倡导	通过资金扶持、技能培训、信息服务、政策协调和社会倡导,帮助青年创业就业,促进青年发展
12	阿里巴巴公益基金会	民政部	自然灾害救助、扶贫助残;开展环境保护宣传,支持环保类公益性组织的发展;支持非营利性组织发展及组织培训、国际交流等活动	营造公益氛围,发展公益事业,促进人与社会、人与自然的可持续发展。资助重点包括:水环境保护,环境保护宣传,以及支持环保类公益组织的发展
13	上海玛娜数据科技发展基金会	上海市科学技术委员会	资助和开展数据科技创新项目;资助数据科技创新领域的公益组织发展;奖励在数据科技创新领域取得突出成果的先进个人和组织	/

从基金会的主管部门看，其中4个基金会的业务主管部门是民政部门；3个基金会的业务主管部门是科学领域部门；2个基金会的业务主管部门是共青团委员会；另外3个基金会的主管部门分别是国务院国有资产监督管理委员会、中国人民银行、四川省教育厅；深圳市综研软科学发展基金会的业务主管部门未见批露。

全国多领域的基金会在政策引导和主管部门的推动下，已经参与到社会信用体系建设中。各基金会在各自领域对信用项目的投入，将会强化细分领域的信用体系建设，对信用基金会起到有益的补充作用。

（三）资助信用项目的13家其他领域基金会的规模

在资助信用项目的13家其他领域基金会的规模方面，不同领域的基金会规模相差较大（见图1）。

一是中国青年创业就业基金会的原始基金最高，超过2亿元。

二是4家基金会的原始基金在1000万~5000万元之间，分别是阿里巴巴公益基金会、深圳市综研软科学发展基金会、大连慈善基金会、中国金融教育发展基金会。

三是2家基金会的原始基金为800万元，分别是中国企业管理科学基金会、中国生物多样性保护与绿色发展基金会。

四是6家基金会的原始基金为在200万~430万元之间，分别是阿坝藏族羌族自治州教育基金会、内蒙古公益事业发展基金会、上海真爱梦想公益基金会、四川省青年创业就业基金会、北京市鸿儒金融教育基金会、上海玛娜数据科技发展基金会。

众领域的多基金会对信用建设项目的参与，说明基金会已经认识到信用建设项目对该领域的发展重要性，以及在该领域开展信用建设的紧迫性。

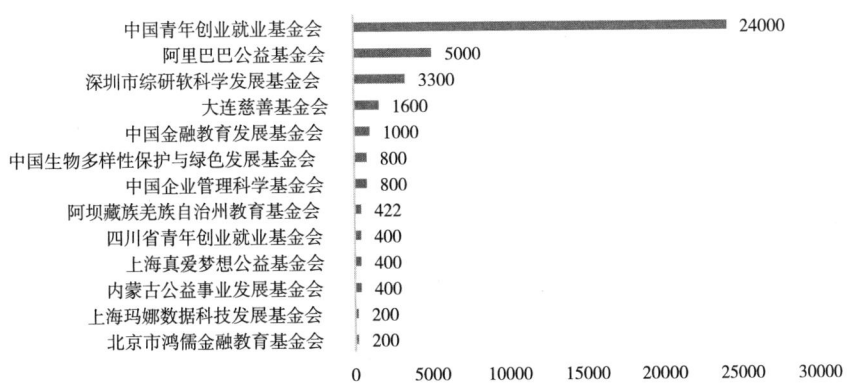

图 1　13 家其他领域基金会的原始基金规模（万元）[1]

（四）资助信用项目的 13 家其他领域基金会的透明度

中基透明指数 FTI 得分（2019）高于所在类别平均分（非公募类型基金会平均分/公募类型基金会平均分）的基金会有 10 家基金会，在 13 家基金会中占比 76.92%。其中，中基透明指数 FTI 得分（2019）满分的基金会有 4 家，在 13 家基金会中占比 30.77%。

在 4 家非公募基金会中，一是 2 家基金会中基透明指数 FTI 得分高于非公募类型基金会平均分（48.7 分），其中北京市鸿儒金融教育基金会获得中基透明指数 FTI 满分，阿里巴巴公益基金会获得中基透明指数 FTI 得分 65.42 分。二是 2 家基金会的中基透明指数 FTI 得分低于非公募类型基金会的平均分（48.7 分），分别是上海玛娜数据科技发展基金会和深圳市综研软科学发展基金会。

在 9 家公募基金会中，一是 8 家基金会中基透明指数 FTI 得分高于公募类型基金会平均分 53.19 分，其中有 3 家基金会获得中基透明指数 FTI 满分。二是只有阿坝藏族羌族自治州教育基金会的中基透明指数 FTI 得分（2019）45.6 分，低于公募类型基金会平均分。详见表 5。

---

[1] 基金会中心网.2019-06-30. www1.foundationcenter.org.cn.

表5　13家其他领域基金的中基透明指数FTI得分

序号	社会团体名称	类别	中基透明指数FTI得分（2019）
1	北京市鸿儒金融教育基金会	非公募	100
2	上海真爱梦想公益基金会	公募	100
3	中国金融教育发展基金会	公募	100
4	中国生物多样性保护与绿色发展基金会	公募	100
5	中国青年创业就业基金会	公募	91.6
6	中国企业管理科学基金会	公募	74
7	阿里巴巴公益基金会	非公募	65.42
8	四川省青年创业就业基金会	公募	62.8
9	大连慈善基金会	公募	58.8
10	内蒙古公益事业发展基金会	公募	53.2
11	上海玛娜数据科技发展基金会	非公募	47.2
12	阿坝藏族羌族自治州教育基金会	公募	45.6
13	深圳市综研软科学发展基金会	非公募	42.8

注：参见基金会中心网. 2019-09-18. fti1.foundationcenter.org.cn.

第二节　信用基金会主要工作成效

仲丽华　陈志真　李跃飞　蒋敦雄*

在基金会业务主管单位的政策引导下，无论是专业信用基金会，还是资助信用项目的其他领域的基金会都在社会信用体系的建设中探索务实的信用项目，已经取得初步成效。一是开展了多方面的信用宣传项目，在一定程度上起到了有效推广了诚信理念、诚信意识、诚信道德和诚信知识的作用；二是探索着培养信用人才的方式，有利于深入开展信用理论、信用管理、信用技术、信用标准、信用政策等方面研究；三是资助了信用修复活动，以及开发信用技术、开发信用大数据系统和建立信用评价模型等信用创新课题，助推守信联合激励和失信联合惩戒机制逐步完善，有力推动了信用体系建设。

一、3家专业的信用基金会主要工作成效

在信用领域专门成立的3家信用基金会都有一些积极探索和主动作为（见表1）。一是河南省民营企业信用发展基金会主要是通过开展多种形式的宣传活动来宣传信用理念，2012—2017年，公益支出总额达到525万元。二是虽然厦门市致诚信用大数据基金会和泉州市品尚社会信用建设基金会成立时间较短，但是厦门市致诚信用大数据基金会举办了全国（厦门）首届信用修复学习班，并结合农村扶贫、校园活动等开展诚信教育活动，进行"诚信伴我行"主题宣传活动，以及资助了信用课题研究，从

---

* 仲丽华，厦门市致诚信用大数据基金会理事长；陈志真，全国信用大数据创新应用重点实验室研究员；李跃飞，全国信用大数据创新应用重点实验室研究员；蒋敦雄，全国信用大数据创新应用重点实验室研究员。

2018年9月至今，公益支出总额已经达到97.83万元；泉州市品尚社会信用建设基金会也已经承办了信用修复学习班并开发了考试程序。

表1　3家专业信用基金工作成效

序号	基金会	年份	已经发生的年度公益支出	已经发生的公益支出总额	公开渠道可查的部分信用项目
1	河南省民营企业信用发展基金会	2012年	20万元	525万元	打造诚信大戏——新编大型历史豫剧《龙门大佛》，于诚信日当晚在市工人俱乐部公益上演
		2013年	100万元		河南豫剧院大型公益巡演的编排及演出
		2014年	101万元		河南豫剧院公益巡演的编排及演出
		2015年	300万元		河南豫剧院大型公益演出的服装、道具、编排及演出
		2016年	/		开展各项募捐活动，对证券公司和5家新上市的新三板公司宣传基金会的办会理念、讲解捐赠免税办法。与北大校友会共同组织学习罗伯特议事规则，宣传了信用文化。配合洛阳城乡信用协会进行诚信日宣传活动。与小型商会和商家俱乐部共同开展信用文化座谈会
		2017年	4万元		信用建设诗歌朗诵会。信用大讲堂，向北京大学河南校友会开设信用讲堂。与各行业企业家30余人开展以信用为主题的《罗伯特议事规则》讲座。主题为"诚信教育要从娃娃"的诚信日选拔"诚信小天使"

续 表

序号	基金会	年份	已经发生的年度公益支出	已经发生的公益支出总额	公开渠道可查的部分信用项目
2	厦门市致诚信用大数据基金会	2018—2019年	97.83万元	97.83万元	举办2018年全国（厦门）首届信用修复学习班。 开展西刘庄村诚信教育扶贫三年行动计划（项目进行中）。 开展诚信文化进校园活动（项目进行中）。 开展"美丽新农村，诚信伴我行"活动。 资助信用蓝皮书项目（项目进行中）
3	泉州市品尚社会信用建设基金会	2018年	/	/	承办泉州市第一期公益性信用修复培训活动。 研发了一套考试程序，可以通过手机在线考试

注：基金会中心网．2019-06-30．www1.foundationcenter.org.cn．

二、资助信用项目的13家其他领域基金会主要工作成效

虽然13家基金会并非专门的信用基金会，但是对信用项目的投入非常可观（见图1、表2）。一是两家创业就业领域的基金会在信用建设中的投入表现突出，分列13家基金会的第一名和第三名，分别是中国青年创业就业基金会（连续3年，总计资助762万元）、四川省青年创业就业基金会（资助192万元）。二是排名第二名的基金会是上海真爱梦想公益基金会，资助269万元。三是大连慈善基金会排名第四，在连续两年里资助91.1万元。四是其他9家基金会资助金额分别在14万~40万元之间。

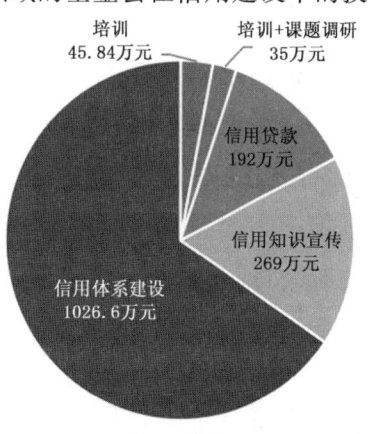

图1 其他13家基金会对各类信用项目投入的资金额统计图

表2 13家其他领域基金工作成效

序号	基金会	年份	已经发生的公益信用支出	已经发生的公益信用支出总额	公开渠道可查的部分信用项目	信用项目类别
1	中国青年创业就业基金会	2015年	100万元	762万元	中国青年信用体系建设	信用体系建设（中国青年）
		2016年	220万元		中国青年信用体系建设：完善政策环境；完善中国"信息系统，加强青年信用信息归集，推进青年信用体系建设试点工作和青年信用信息应用	
		2017年	442万元		中国青年信用体系建设：围绕建立完善信用联合奖惩机制，深入推进青年守信联合激励工作；大力开展青年诚信宣传教育；推进"志愿中国"信息系统建设	
2	上海真爱梦想公益基金会	2016年	215万元	269万元	芝麻信用专项基金：普及信用知识，推广信用理念，参与信用文化传播，促进社会的诚信体系建设	信用知识宣传
		2017年	54万元		真爱梦想-芝麻信用专项公益基金：通过研发信用课程及活动等创新的教育方式，面向包括但不限于大学生的公众，普及信用知识，推广信用理念，参与信用文化传播，促进社会的诚信体系建设	
3	四川省青年创业就业基金会	2013年	192万元	192万元	四川青年小额贷款项目：支持青年创业，解决创业资金问题，提供信贷支持，并针对信用记录良好、按期还本付息的青年客户成立"诚实守信青年"奖项	信用贷款

续 表

序号	基金会	年份	已经发生的公益信用支出	已经发生的公益信用支出总额	公开渠道可查的部分信用项目	信用项目类别
4	大连慈善基金会	2014年	10.5万元	91.1万元	信用培训	培训
		2015年	80.6万元		困难职工救助及信用体系建设	信用体系建设（困难职工）
5	深圳市综研软科学发展基金会	2017年	40万元	40万元	智库论坛（2017）及会议文辑：项目内容是，"中国智库论坛（2017）"以"新经济与旧体制"为主题，讨论在生命健康、分享经济、互联网金融、跨境电商、新能源等新经济领域如何开放优化产业准入，规范行业标准，建立健全信用体系，推动新旧动能的转换	信用体系建设
6	中国企业管理科学基金会	2015年	38万元	38万元	银行涉企收费第三方评估项目：征求政府有关部门的意见，从完善银行涉企收费目录管理、建立健全企业信用体系，引导银行更好服务实体经济、深化金融改革，大力发展我国债券市场等方面提出了规范银行涉企收费，减轻企业融资负担的建议	信用体系建设
7	上海玛娜数据科技发展基金会	2017年	36万元	36万元	玛娜公益信用分：以第三方的身份研发公益信用评分系统，对个人及社会组织提供第三方独立评估和参考体系	信用体系建设（信用评分系统）

续表

序号	基金会	年份	已经发生的公益信用支出	已经发生的公益信用支出总额	公开渠道可查的部分信用项目	信用项目类别
8	北京市鸿儒金融教育基金会	2014年	18.4万元	35.34万元	农村信用互助组织培训教材项目	培训
		2016年	16.94万元		农村信用互助组织培训教材项目	
9	阿坝藏族羌族自治州教育基金会	2017年	35万元	35万元	国家开发银行生源地信用助学：为了做好2017年国家开发银行助学贷款工作，进一步提升藏羌民族地区各级资助中心人员业务水平以及推进藏羌民族地区大学生助学贷款业务培训会及民族地区大学生征信教育课题调研	培训、课题调研
10	中国生物多样性保护与绿色发展基金会	2016年	20万元	20万元	科研伦理和科研诚信体系建设：鼓励、建立和科研人员、科研成果相关的数据收集系统，让收集充分发挥作用，在所有职称评定、论文、经费、科研领域中充分发挥大数据作用	信用体系建设（科研）
11	中国金融教育发展基金会	2015年	18万元	18万元	金融教育回顾与展望年会：浙江农信普惠金融服务，做好金融的重点要解决信息不对称问题，特别要把握好"信息"和"信用"两个关键	信用体系建设（信用信息归集）
12	内蒙古公益事业发展基金会	2017年	18万元	18万元	社会信用体系建设：用于资助内蒙古公共信用服务中心进行社会信用体系建设	信用体系建设

续　表

序号	基金会	年份	已经发生的公益信用支出	已经发生的公益信用支出总额	公开渠道可查的部分信用项目	信用项目类别
13	阿里巴巴公益基金会	2016年	14万元	14万元	守护青山绿水-福建清源行动：建立便于公众参与环境监督的企业环境信用平台，引导公众有效参与监督并建立当地企业环境信用档案，加强对周边企业的环保日常监督；并实现线下与政府部门的良性沟通与互动，推动地市环保局重视污染投诉与反馈，推动企业整改	信用体系建设

注：基金会中心网. 2019-06-30. www1.foundationcenter.org.cn.

第三节　信用基金会展望

仲丽华　陈志真　李跃飞　蒋敦雄[*]

根据国务院于 2014 年发布的《社会信用体系建设规划纲要（2014—2020 年）》，我国社会信用体系是以法律、法规、标准和契约为依据，以健全覆盖社会成员的信用记录和信用基础设施网络为基础，以树立诚信文化理念、弘扬诚信传统美德为内在要求，以守信激励和失信约束为奖惩机制，目的是提高全社会的诚信意识和信用水平。

社会信用体系主要针对市场中违背法律法规、不执行合同契约、不兑现承诺等突出问题，也要推动政务诚信、商务诚信、社会诚信和司法公信方面的建设。在数字化时代，信用体系的建设需要适应变化并不断完善，不能只靠国家之力，还需要更多信用基金会参与其中。

一、专业的信用基金会展望

（一）专业的信用基金会开展的公益信用项目更广泛、更深入

伴随着专业信用基金会在前期的信用项目和信用活动积累下相关经验，其对信用建设的认识水平和理解深度将随之提升，也将会以更专业的态度提升基金会资金的使用水平和效率，提升基金会在信用建设中所发挥的效能。

1. 更深入资助诚信教育和诚信宣传项目

（1）当前诚信教育和诚信宣传未达到预期效果。

当前国家相关部门和社会力量都已经开展了一些关于诚信的宣传和教

---

[*] 仲丽华，厦门市致诚信用大数据基金会理事长；陈志真，全国信用大数据创新应用重点实验室研究员；李跃飞，全国信用大数据创新应用重点实验室研究员；蒋敦雄，全国信用大数据创新应用重点实验室研究员。

育工作，也取得了一定效果，然而，还远远没有达到预期效果。最明显的，例如目前初级教育未专门开设诚信课程，企业也普遍未设立专门的信用管理团队等。

（2）专业的信用基金会将有助于深入推进诚信教育和诚信宣传。

一是在国家相关部门引领的和指导下，专业信用基金会将会助推诚信教育和诚信宣传达到更高水平、取得更好效果，让诚信教育和诚信宣传不再以"唱独角戏"的方式进行，而是以更接地气的结合生产、生活、人们利益点的形式开展，深入到现实的生产和生活场景。

二是专业的信用基金会探索结合"互联网+"、大数据和人工智能等技术，协助政府部门在准入环节对经营者进行诚信教育；探索更多形式的诚信教育和宣传，让人民持续地接收到关于诚信教育的信息，从而有效提升人们的诚信意识、诚信知识和诚信水平。

2. 资助建设重点领域信用管理平台

（1）当前消费市场存在种种信用问题。

近年，在经济增长和人口大规模流动的情况下，在消费市场上出现一些不容忽视的信用问题。一是教育培训机构鱼龙混杂、教师素质良莠不齐；二是幼儿园虐童事件频发；三是房产中介或专业的房屋出租商虚假宣传，虚高要价，蒙骗押金；四是民办养老机构缺乏官方出具的服务认证和有资质第三方的评价；五是食品药品行业弄虚作假，尤其是一些保健品欺骗老人；六是家政服务市场价格乱，服务质量和信息不透明；七是医疗机构（尤其是民办机构）增加不必要检查项目，收费缺乏监管；八是餐饮行业存在食品安全、质量、真假等问题；九是旅游行业低价诱骗消费者、缩减旅游路线，诱骗购物，食宿与宣传大相径庭；十是电子商务市场存在刷单和假冒伪劣商品；十一是租车行业押金管理不规范、跑路；十二是知识产权领域侵权盗版和假冒频现，专利代理水平参差不齐；十三是高新技术产业园区的市场主体准入流程烦琐，缺乏完善的审核体系，缺少信用管理平台的支撑等。

不断满足人民日益增长的美好生活需要是提高保障和改善民生水平的

必然要求，也是我国经济社会发展的根本出发点和落脚点，这就要求必须推进供给侧结构性改革，加快产业转型升级。我国居民消费需求已经从数量型转向质量型，对产品和服务质量要求越来越高，消费品供给结构升级滞后已成为消费市场扩大的严重障碍。优化营商环境是增强企业发展信心和动力，也是增强消费者信心的必要条件。然而，在市场交易中，信用信息不对称、"劣币驱逐良币"等问题扰乱了市场秩序、提升了交易成本、增加了交易纠纷、约束了市场活力。

（2）专业的信用基金会将资助建立信用管理平台。

要解决失信问题，急需专业的信用基金以一些重点领域为着力点资助建立信用管理平台。一是探索建立信用大数据模型，实现诚信画像、诚信风险预警，便于跨部门形成合力、全链条、全环节、协同监管。二是信息归集渠道多元化，但是"终极"平台要求统一、全覆盖和标准化，能高效连接信用主体和监管单位，实现数据与各领域分管部门高效同步，解决信用信息不对称和信用交易成本过高的问题，全方位揭示信用风险，为信用优良者创造更好的发展条件。三是在重点消费领域加快形成和完善全过程信用管理机制，建立典型消费纠纷案件、违法违规记录公示制度，有利于跨部门协同监管，惩罚和警诫失信行为，褒扬和奖励诚实守信行为。

3. 资助建立小微企业信用评价体系

（1）当前小微企业面临融资难的难题。

很多守诚信、有创新的小微企业依然面临融资难的问题，尤其是在科技企业、互联网企业、电商企业领域更加普遍。

（2）专业的信用基金会将资助建立细分行业的信用评价模型。

信用基金会资助建立各领域细分行业的信用评价模型意义重大。一是能推进第三方信用评价系统建设，建成与经济社会发展水平相适应的社会信用体系框架；二是能结合政府部门鼓励社会信用服务机构开展信用评价业务，有利于产业和金融行业有机结合，既能解决小微企业融资问题，也有利于企业发展、促进科技创新；三是能帮助金融机构提高风控水平。

4. 资助能反映自然人守法履约状况和社会生活信用水平的区域性信用项目

（1）当前缺乏对自然人信用水平的成熟评价方式。

自然人在一个城市工作和生活，会对这个城市做出贡献、付出心力，在工作和生活中，也会形成守法履约状况和社会生活信用水平，但是尚未形成成熟的、可量化的评价模型和评估方式。

（2）专业的信用基金会将能助推针对自然人的信用评价的项目。

对个人信用情况进行评价，需要信用基金资助针对自然人建立的多维度信用评价体系项目，从而量化个人信用积分，形成个人的信用证明，既能保证自然人在享受社会公共服务的合法权益，也能提升个人的获得感和社会的运行效率。

5. 资助国家信用人才培养、信用异议赔偿、信用创新课题研究

（1）当前信用人才培养、信用异议赔偿、信用创新课题研究的广度和深度无法满足社会发展需求。

信用学科的专业在国内的历史很短，理论教学体系和实践教学体系尚不完善，人才的质量和数量还有待提升，尤其是缺乏素质高、专业能力强的高端专业信用人才；信用主体也还不清楚信用异议赔偿机制是什么，以及如何运行；信用课题的研究成果面临社会对信用需求猛增的巨大挑战。

（2）专业的信用基金会有助于提升国家信用人才培养、信用异议赔偿、信用创新课题研究的效率、质量和水平。

一是信用基金会能发现和结合信用体系建设的实际需求，有针对性地资助国家在信用方面的人才的培养。

二是信用基金会能联合主管部门，建立信用异议赔偿机制，探索出针对各种情况的赔偿的金额、方式、程序。在守信激励和失信惩戒联合奖惩机制的基础上，如果信用主体对信用评价或信用报告提出异议，在履行相关程序后，则启动信用异议赔偿程序，以保障信用主体的合法权益。

三是信用基金能主动配合主管部门组织开展针对信用评级评价、信用规划与信用管理、征信系统建设等方面课题研究。例如开展社会信用体系建设政策研究、信用技术应用研究、信用数据收集与分析系统开发和应用研究、信用评级评价报告研究、地方信用体系建设研究、行业信用研究、"海上丝绸之路"信用数据库方案调研等。

（二）专业的信用基金会的数量更多、规模更大

1. 当前专业的信用基金会的数量和规模无法满足社会的需求

信用基金会的规模应该与社会经济发展水平相匹配。虽然中国经济逐年增长，但是与之匹配的社会信用体系尚未完全建立，信用主体的积极性尚未被充分调动起来，专业的信用基金会的数量和规模尚且不能满足社会需求。

2. 更多数量、更大规模的专业的信用基金会能适应社会经济发展所需

伴随着经济的快速发展，中国需要更大规模、更多数量的专业信用基金会。一是有助于社会信用体系的建设解决跨区域、跨行业等更加复杂的问题和覆盖更加细分的领域，形成成熟的征信系统、信用制度、信用评价的运行机制；二是形成成熟的信用修复机制；三是促进信用体系建设与"互联网+"、人工智能、大数据等技术有机结合。

（三）专业的信用基金会透明度更高、公信力更强

当前专业的信用基金会透明度的问题是：信用基金会的中基透明指数FTI得分不高或尚无得分，表明基金会的透明度水平较低，尤其是作为信用领域的基金会，更加凸显做好信息披露工作的重要性和紧迫性。

专业的信用基金会有必要提升透明度和公信力。信用基金会如果要在基本信息、财务信息和项目信息的披露方面做到更加充分、真实、及时和易得，从而提升信用基金会的透明度和公信力。一是要依据《中华人民共和国慈善法》《基金会管理条例》等法律法规；二是要研究中基透明指数FTI的评价方式。只有内化成真正的透明和公信力，推动自身的廉洁建设，才有利于信用基金会本身及信用体系建设的可持续发展。

二、其他基金会在信用建设中的展望

如果只靠专业的信用基金会，就无法达到其他信用基金会共同协作所

能实现的效果。一是专业的信用基金会的影响力有限；二是专业的信用基金会缺乏其他基金会所在领域的专业能力。与此同时，已经对信用项目有投入的其他基金会数量有限，也尚未全面覆盖所有行业领域。

我国经济已经由高速增长阶段转向高质量发展阶段，正处在转变发展方式、优化经济结构、转换增长动力的攻关期，建设现代化经济体系是跨越关口的迫切要求和我国发展的战略目标。经济工作的主线是推进供给侧结构性改革，而制度的创造和创新恰恰是供给侧结构性改革要素。居于制度创新之首的，应当是政府管理经济、社会方式的创新，而推进社会信用体系建设符合"放管服"的改革要求。营商环境评价的核心和基础是社会信用体系建设。现代市场经济的本质是信用经济。守信履约，是维持良好市场秩序、进经济和社会健康发展的必要条件。

伴随着国家信用体系建设的深入，以及各主管部门的进一步推动，将会有更多各领域的基金会参与到信用项目。其他基金会在自己所关注领域参与到信用建设项目，无疑在其所关注领域有更强的专业优势，更有利于在该领域的运用场景中获取鲜活的微观信用数据。

一是其他基金会将会为了推动各自所关注领域适应经济发展、提升主体的行为效率、保障该领域高效的运行机制和良好秩序，将会在信用项目中有更多投入，以促成该领域的信用建设与国家信用体系有机衔接，从而影响更多领域的主体关注和遵守信用体系的制度，参与到信用评价的运行机制当中。

二是其他基金对信用项目的参与，将会放大信用评价运行机制的影响力。在细分领域应用场景的叠加，会将守信激励和失信惩戒的效果差异进一步放大；同时，也更有利于完善守信联合激励和失信联合惩戒制度和机制，有利于信用机制的运行做到法治化、公平透明、可预期。

三是其他基金通过所在领域的权威性和影响力，将会让被评价的信用对象更清楚地知道守信有什么激励，失信有哪些惩戒；失信行为是否能修复，通过什么方式和渠道修复，修复效果如何，有助于深入探索信用修复机制；与此同时，有助于完善信用异议赔偿机制，做更多信用创新课题研究，培养更多、更专业的信用人才。

社会信用体系建设作为实现治理体系现代化的重要环节，会将更多社会行为体纳入共建共治中来，提升社会治理效率。其他基金会对信用项目的参与，是对专业信用基金会的有益补充，其作用至关重要。未来，包括大、中、小型企业以及个人在内都会有信用评价，信用基金会将有广阔的发挥作用的空间，也将有更高的站位、更宽的视野、更大的使命和更重的责任。

参考文献：

［1］韩家平．中国社会信用体系建设的特点与趋势分析［EB/OL］．（2018－11－05）［2019－09－18］．https：//www.creditchina.gov.cn/toutiaoxinwen/201806/t20180628_119346.html.

［2］王海鹰．诚信是经济社会发展的基石［EB/OL］．（2018－06－25）［2019－09－18］．http：//www.rmlt.com.cn/2018/0625/521776.shtml.

［3］杨柳．以信用建设为重点营造国际一流营商环境［N］．光明日报，2019－07－05（11）．

［4］李睿哲．紧盯行业标准和信用体系建设完善信息公开促百姓安心消费［N］．新华日报，2019－09－09（01）．

［5］王伟．信用建设：国家治理体系现代化的重要环节［N］．学习时报，2016－07－11（A4）．

［6］张纵华．以信用体系建设助推社会治理［N］．人民法院报．2019－09－06（02）．

［7］包涵．社会信用体系建设的路径探析［N］．民主与法制时报．2018－12－27（08）．

［8］李勇，陈方敏，杨琨，杨明娜．我国社会信用体系建设探析：基于多维视角［J］．成都大学学报（社会科学版）．2019（2）．

［9］林兆木．坚持以供给侧结构性改革为主线（经济形势理性看）［N］．人民日报，2019－02－14（09）．

［10］张国，刘世昕．习近平：中国经济已由高速增长阶段转向高质量发展阶段［EB/OL］．（2017－10－18）［2019－09－18］．http：//news.cyol.com/content/2017-10/18/content_16597594.htm.

［11］冯俏彬．制度创新是重中之重［EB/OL］．（2015－11－03）［2019－09－18］．http：//theory.gmw.cn/2015-11/03/content_17586952.htm.

后记

近年来，在党中央、国务院的高度重视下，社会信用体系建设迎来了全面发展时期。2019年7月16日，《国务院办公厅关于加快推进社会信用体系建设 构建以信用为基础的新型监管机制的指导意见》公开发布，提出创新性的监管理念、监管方式、监管机制和监管手段，大力推进信用分级分类监管，为加强社会信用体系建设，深入推进"放管服"改革，提升社会治理能力和水平、规范市场秩序、优化营商环境等方面奠定了良好基础，加之云计算、大数据、人工智能、区块链等新一代信息技术的强有力推动，我国信用行业进入了飞速发展的风口，充满了蓬勃向上的力量和生机。

2018年11月，厦门国信信用大数据创新研究院迎风而生。自成立之日起，我们在国家公共信用信息中心和厦门市发展改革委的指导下，注重自身研究工作沉淀和积累的同时，搭建全国性信用领域"产学研用资"创新型研究平台。经过一年的努力，我们承担了多项国家级课题，在信用立法、联合奖惩、区块链与信用结合、"信易+"等方面形成了一批有一定价值的、可落地的研究成果，在推动信用大数据产业形成、推广创新性应用成果方面展开了一批切实有效的工作。一是结合我国社会信用体系建设发展实际，在公开媒体上发表有关研究成果，推动信用行业发展；二是创立《信用建设决策参考》，作为咨政建言内部刊物，为国家社会信用体系建设主管部门提供决策参考；三是编辑出版有关专著，除本书以外，2020年初还将出版社会信用体系建设五年回顾（2015—2020年）信用蓝皮书；四是作为智力支撑，推动厦门信用大数据创新中心建设，推动厦门信用产业集聚发展；五是组织策划2019中国城市信用建设高峰论坛主论坛之高端对话环节等全国性论坛活动，加强行业交流，进一步提高社会各界对社会信用建设的认识。

我们以国家级研究机构为定位，频繁地与各级信用主管部门、企业、研究机构、垂直领域的工作者们交流、碰撞，也使我们有机会更直接了解信用工作者们的工作需求，更深入掌握当前社会信用体系建设的现状及亟待解决的问题。正是在与他们交流时我们发现，信用行业虽然小却渗透了人们工作生活的方方面面，在开展信用工作时，大家都需要对全国信用建设现状以及短期内发展趋势有较全面的了解，于是我们萌生了出版一本能系统、客观、全面地反映我国社会信用体系建设的，具有一定权威性的书籍的想法，这个想法很快得到了国家公共信用信息中心和厦门市发展改革委的支持，在他们的指导下我们完成了书籍大纲的编写。为使章节内容更立体、更饱满，我们邀请了来自国家、省级、市级信用体系建设主管部门、信用服务机构、高校、研究机构、行业协会的专家学者为本书供稿，高度凝练并概括性呈现出他们完备的理论知识和丰富的实际工作经验，使本书兼具理论性与实践性。本书的出版为广大信用工作者提供了可以互相了解和借鉴宝贵成功经验的媒介，为社会信用体系建设的发展方向提供建设性建议，也为对我国社会信用体系建设感兴趣的人们提供了客观合理的信息参考，希望本书对政府、企业、个人都能发挥一些作用，成为重要的参考书。

值此信用蓝皮书《社会信用体系建设年度报告（2019）》付梓之际，由衷感谢为本书编写付出时间和心血的专家学者们，感谢一直以来为国信研究院提供全力指导和支持的领导，感谢对国信研究院平时工作提供建议的业界朋友们，感谢厦门市致诚信用大数据基金会和中国市场出版社对本书出版的支持和帮助，因为有了他们，本书才能完整地呈现在大家面前，与大家交流。我们深知国信研究院成立时间尚短，自身研究力量和研究水平还有着较大提升空间，囿于当前的认识和实践，书中可能存在错漏之处，欢迎大家提出宝贵的批评意见，也希望大家能一如既往地给予我们更多的支持和帮助。

厦门国信信用大数据创新研究院
2019年11月